Blogger
Edición 2013

Blogger
Edición 2013

Víctor Alós Yus

GUÍAS PRÁCTICAS

© EDICIONES ANAYA MULTIMEDIA (GRUPO ANAYA, S.A.), 2013
Juan Ignacio Luca de Tena, 15. 28027 Madrid
Depósito legal: M. 22.339-2012
ISBN: 978-84-415-3213-7
Printed in Spain

Para Susana, quien durante estos últimos 22 años ha sido mi faro y mi guía. Y los que nos quedan por vivir…

Agradecimientos

La redacción de este libro no podría haberse llevado a cabo sin la infinita paciencia de Susana Mora, mi mujer, y la comprensión de Álvaro, Claudia y Sofía, mis hijos. Los cuatro han visto como me encerraba en el estudio horas y horas para dar forma a esta guía.

También mis cuñados, Elvira, Miguel Ángel, Isabel y Antonio, a sus hijos, Alejandro, Eva, Inés, Iris y Carlos, y a mi suegra, Elvira, que han tenido que pasar de puntillas junto a mi mesa de trabajo en las reuniones familiares. El silencio es un buen aliado cuando se hacen estas cosas.

No puedo dejar de agradecer, otra vez, la paciencia, pero en esta ocasión de Mar Medina, responsable del proyecto, que ha tenido que revisar el texto y que ha sido de gran ayuda para aclarar mis dudas.

Índice

Introducción

Internet comenzó a experimentar un gran cambio a principios de la primera década del siglo XXI. Las páginas web que en un principio eran solo propiedad y responsabilidad de empresas y cuatro aficionados con mucho conocimiento y tiempo libre, comenzaron a florecer en la red de redes y cada vez más gente podía sentarse delante de un ordenador y volcar en la pantalla sus inquietudes, sus aficiones y compartir con desconocidos todas esas cosas que les gustaba. Había nacido la Web 2.0.

Pero los orígenes del Blog, tal y como lo conocemos hoy son anteriores a la llegada del nuevo siglo, y la persona que se puede colgar la medalla de haber sido el primer usuario que lo utilizó es precisamente el creador y desarrollador de los protocolos HTML y las URL, Tim Berners-Lee, el que ha sido considerado como "el padre de Internet".

En 1993, creó una página web en la que listó varias de las recién creadas páginas web, con sus correspondientes enlaces, para que el lector de su web pudiera acceder desde allí sin necesidad de teclear su dirección.

Al poco tiempo, comenzaron a aparecer nuevos lugares en Internet que esbozaban elementos de lo que hoy consideramos un blog. Al principio, no había muchos que utilizaron este sistema. En concreto, fue un estudiante la primera persona que comenzó a publicar en una web, utilizando un sistema de organización temporal, en la que aparecía la última publicación en primer lugar y se movía hacia abajo cuando publicaba una nueva entrada.

Se trata de Justin Hall, un estudiante de la Universidad de Swarthmore, quien publicó varias entradas contando pequeñas cosas de su día a día en el campus. No eran más que unas pocas frases, con pequeños cotilleos, opiniones sobre algún tema y confesiones sobre su vida de estudiante. No tenía excesivo interés, pero hoy todavía se puede ver en la dirección `http://links.net/vita/web/start/original.html`. Un documento sin más interés que ser el primer blog de la historia de Internet, aunque ni siquiera se llamaba todavía así.

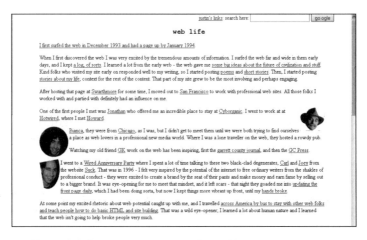

Figura I.1. Blog de Justin Hall, disponible en `http://www.links.net/vita/web/index.html`

La primera palabra que definió a este tipo de páginas web fue weblog, un término que se le atribuye a Joh Barger, que la formó con la unión de las palabras We Blog, en 1997. Más adelante, apareció el término más corto, "Blog", que permanece hoy y que ha dado pie a los términos "bloguear" para referirse a la actualización de la web y "blogger" ("Bloguero" en español) para denominar al editor de un blog.

En 1996, apenas existían un par de centenares de blogs, pero en pocos años, comenzaron a multiplicarse, llegando hasta los millones que existen en la actualidad y que aumentan constantemente cada día.

La ventaja del blog, y lo que causó este aumento espectacular de su uso, es la comodidad y facilidad con que se actualizan. Su estructura permite que los últimos contenidos estén visibles en la parte superior de la página web, y los anteriores se encuentran de manera cronológica, más abajo, con los más recientes siempre por encima de los más antiguos.

La posibilidad de compartir los artículos con el resto de usuarios es muy sencillo y los enlaces permiten mostrar a los lectores los otros lugares de la red que pueden resultar interesantes para los lectores, tanto como para el editor y autor del blog.

Hoy, existen muchas herramientas que permiten crear y gestionar blogs, añadiendo cada vez más funcionalidades y herramientas para que sea sumamente sencillo ofrecer contenido y compartir con los lectores mucha información.

Blogger es una de esas plataformas, gratuita y en formato web, que fue creada en 1999 por la compañía Pyra Labs. Su intención era facilitar el uso de esta manera de crear una página web y poder comenzar a compartir esa información con el resto de usuarios de Internet.

Su principal ventaja era, y continúa siendo, la usabilidad y la sencillez, que ha ido incrementándose con las diferentes versiones que han ido apareciendo a lo largo de los años. Y la principal revolución llegó a través de Google.

La empresa compró Pyra Labs, y en consecuencia, su plataforma de blogs. Poco a poco, Google ha ido implementando novedades y creando herramientas para facilitar la publicación, entre ellas, la posibilidad de añadir fotografías e imágenes, gracias a la inclusión de Picasa a las funcionalidades de Blogger.

Hoy, existen millones de blogs, que nacen día a día, ofreciendo a los internautas miles de millones de contenidos originales, o reciclados y traspasados de uno a otro blog para que llegue a todo el mundo.

No importa el idioma que se hable o lea, ni el tema que se conozca y sobre el que se quiera encontrar información relevante, siempre habrán personas, en cualquier lugar del mundo, que hablarán y compartirán su conocimiento e información con el resto de internautas. Y todo sin esperar a cambio nada más que un comentario o un reconocimiento a su trabajo basado en un agradecimiento compartiendo ese contenido con más personas.

En este libro, recorreremos la plataforma de creación y edición de Blogger y conoceremos todas las posibilidades que ofrece para realizar un vistoso blog, en el que poder compartir los contenidos que creemos y los que encontremos en la red, de una manera mucho más completa y personal que como lo hacemos en las redes sociales.

En esta guía también se intentará mostrar las principales funcionalidades que se pueden añadir para hacer que esta herramienta de comunicación, los blogs que surgen de Blogger, puedan ofrecer una experiencia única, especial y sobre todo agradable para el visitante que se acerque a ellos.

La posibilidad de ganar dinero con la edición de blogs, creando redes temáticas y contenidos que produzcan ingresos para el creador y editor (o editores) de ellos será otro apartado importante para comprender la importancia que tienen en la red los contenidos de calidad, que son el corazón y el motor de los blogs.

En resumen, todo lo necesario para iniciar el camino como creador de blogs a través de Blogger, una herramienta que permite disponer una página web fresca, original y muy dinámica, para compartir con el resto del mundo todo tipo de contenidos.

Convenciones tipográficas

Como cualquier otro libro, éste se encuentra dividido en capítulos que cuentan con diferentes apartados, cada uno de ellos encabezado por sus correspondientes títulos. Además, en el texto se utilizan ciertos estilos o tipografías específicas con el objetivo de hacer su lectura más rápida, facilitando la identificación de elementos. Estos estilos son:

- Algunas opciones se activan mediante combinaciones de teclas. Cuando nos referimos en el texto a estas combinaciones, escribimos las teclas separadas por un guión. **Control-C** indica que debe mantener pulsada la tecla **Control** y, después, pulsar **C**.
- Los nombres de botones y combinaciones de teclas irán en **Negrita** y con el nombre asignado por el programa.
- Los nombres de comandos, menús, opciones, cuadros de diálogos y todo lo que queremos diferenciar aparecen en un tipo de letra diferente (Arial).
- Cuando haya que seleccionar determinado comando de un menú o submenú, abreviaremos la escritura presentando los menús y comandos en el orden en que deben seleccionarse y separados por el signo mayor que (>). Por ejemplo, en lugar de indicar en el menú Inicio el submenú Programas indicaremos Inicio>Programas.
- También encontrará a lo largo del libro recuadros con elementos destacados sobre el texto normal:

Nota: *Para facilitar o concretar información relacionada con el tema que estamos tratando.*

Crear un blog en Blogger

1.1. ¿Qué es un blog?

Un blog es una página web, que permanece en Internet, y que puede ser actualizada por el propio editor, sin necesidad de grandes conocimientos de programación ni de acciones complejas. En un blog se puede acceder, introducir textos, imágenes y vídeos, y una vez publicado, aparecerá en la página principal de la web, ordenado cronológicamente.

Desde hace varios años, este tipo de páginas web han substituido a las tradicionales y se han popularizado, tanto por su diseño sencillo como por su facilidad de manejo. Sobre todo, en el ámbito personal, donde se puede compartir con centenares de miles de personas vivencias diarias, inquietudes, aficiones y todo lo que se nos ocurra sin necesidad de tener más que unos conocimientos básicos y elementales.

En un blog vemos aparecer, de manera cronológica, todas las entradas que hemos ido efectuando, de manera que la primera que vemos es la última que se ha introducido. Cuando se añade una nueva entrada, llamadas *posts*, ésta se sitúa la primera, desplazando hacia abajo la anterior. Así, se sabe siempre cúal es la última, y podemos retroceder para releer y repasar las anteriores.

En los blogs se puede compartir texto, pero también enlaces que nos lleven hasta otros lugares que creemos que nuestros lectores han de conocer y pueden resultarles interesantes.

La opinión sobre una película puede ir acompañada por una fotografía de los protagonistas y un vídeo incrustado con el tráiler de la misma. Incluso se puede dirigir al lector hacia la crítica realizada por un profesional en un periódico, o a otro blog, especializado en cine.

La sencillez de herramientas como Blogger permiten que todo esto esté al alcance de cualquier usuario y se consigan páginas muy profesionales con pocos recursos, utilizando todos los que ponen a disposición de los editores.

Simplemente con una cuenta de Google, se puede acceder al menú inicial y comenzar a dar forma a la bitácora, para que todos puedan compartir con nosotros lo que queramos publicar en ella.

1.2. Abrir una cuenta en Blogger

Para comenzar a trabajar con Blogger, necesitamos una cuenta de correo electrónico que esté operativa y nos permita activar la cuenta. No es necesario que sea de Gmail, el servicio de email de Google, pero contar con una cuenta en su servicio nos ayudará a disfrutar de las muchas funcionalidades que podemos encontrar para potenciar nuestro blog.

Por lo tanto, el primer paso será darnos de alta en el correo Gmail, creando una cuenta que más adelante podremos utilizar en todos los servicios de la compañía, que nos ayudarán a dar un valor añadido a la bitácora.

Primero, iremos a la dirección de Gmail, `http://www.gmail.com`, donde nos dirigiremos a la opción **Crear tu cuenta de Google**, que encontramos en el lado izquierdo de la pantalla.

1. Entraremos en la pantalla de registro en Gmail, donde tendremos que rellenar los diferentes campos que nos solicitan: **Nombre, Apellidos, Nombre de usuario, Contraseña**, etc.

2. Si el nombre elegido como **Nombre de usuario** está ya en uso, el sistema nos avisará, y deberemos elegir otro, hasta encontrar uno que nos sea útil y no esté ya en uso.

3. La **Contraseña** ha de ser fácil de recordar, pero lo suficientemente compleja como para no ser adivinada fácilmente.

4. Se ha de confirmar la contraseña. Esto evitará posibles errores en la misma y servirá para recordarla mejor.

5. Elegiremos el sexo, **Hombre, Mujer** o, si no queremos determinarlo, la opción **Otro**.

6. El **Teléfono** móvil es opcional, y no es necesario introducirlo.

Figura 1.1. Página de acceso a Gmail, desde donde se puede crear la cuenta en Google.

7. Si se dispone de otra dirección de correo electrónico, es conveniente dejarla registrada en el cajetín correspondiente, para facilitar la recuperación de la cuenta si se olvida la contraseña.

8. Veremos un cuadro de texto con dos palabras, que se han de introducir en el lugar correspondiente, señalizado con el texto Escribe la palabra.

9. Por defecto, en el apartado de Ubicación aparece España, así que no es necesario cambiarlo.

10. Por último, aceptamos las Condiciones de servicio y la Política de privacidad de Google, marcando la casilla correspondiente.

La última casilla se refiere a compartir la información sobre las recomendaciones que se realizan en webs externas a Google pulsando el **Botón +1** que encontramos en muchas de ellas. Activando la casilla, se puede ver quien de nuestros contactos ha realizado esa recomendación. Si no la activamos, en esa web se verá el cómputo global de recomendaciones, pero no quien las ha realizado. Es aconsejable dejarla activada, para disfrutar del máximo rendimiento de las redes sociales.

La siguiente pantalla nos invita a añadir una imagen al perfil. Lo podemos hacer en ese momento, o dejarlo para más adelante, si lo necesitamos.

Para hacerlo en este momento, haremos clic en la pestaña Añadir Foto de Perfil.

En la pantalla que se nos abrirá, podemos ver un botón que dice **Selecciona una foto de tu ordenador.** Haciendo clic en él se abrirá una ventana mostrando la carpeta de Mis Imágenes donde podremos seleccionar la imagen que queremos que sea nuestro avatar en la cuenta de Gmail. La seleccionaremos y quedará guardada y visible cada vez que iniciemos sesión en el servicio de Email.

Figura 1.2. Página de subida de la imagen en la cuenta de Gmail.

La pestaña junto a ésta nos llevará hasta la última página del registro, que nos invita a disfrutar de la cuenta que acabamos de abrir.

Ya tenemos una cuenta de correo electrónico de Gmail, y podemos abrir una cuenta en Blogger para comenzar a crear nuestro blog.

Una vez creada la cuenta de correo en el servicio de correo electrónico de Google, tecleamos la dirección de Blogger, http://www.blogger.com para dar de alta la cuenta en el servicio y comenzar a crear la bitácora.

La página que se nos abre es la de creación de cuenta o acceso, si ya la tenemos. Si disponemos de cuenta de Gmail, utilizaremos la misma cuenta y contraseña. Si utilizamos otro correo electrónico, distinto al de Google, seguiremos los siguientes pasos.

Como estamos creando una nueva cuenta, nos fijaremos en el botón **Crear Cuenta**, aunque también podemos acceder a la misma función a través del botón **Continuar** que aparece junto al texto Crea un blog. Es gratuito.

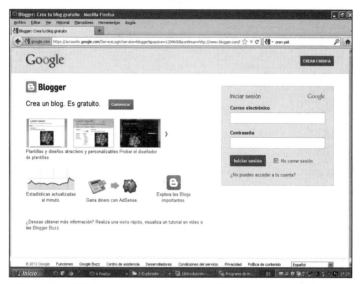

Figura 1.3. Página de acceso a la creación de cuenta en Blogger.

En la página de registro, nos piden los datos propios de cualquier servicio al que nos suscribamos en Internet, de la siguiente forma tal y como muestra la figura 1.4:

1. Correo electrónico: En este cuadro de texto pondremos nuestra dirección de correo de Gmail. Cómo he comentado, cualquier dirección vale, pero la que hemos creado en este servicio gratuito nos permitirá acceder a más utilidades y sacar más rendimiento al blog. Nos hará escribirla de nuevo para mayor seguridad.

2. Contraseña: Introduciremos una contraseña, de al menos seis caracteres, preferiblemente, alternando letras y números. Es conveniente que no sea muy difícil para poder memorizarla sin problemas. Una barra de

color nos indicará el nivel de seguridad de la palabra elegida. El siguiente punto es volverla a introducir, tal y como hemos hecho antes con la Dirección de correo electrónico.

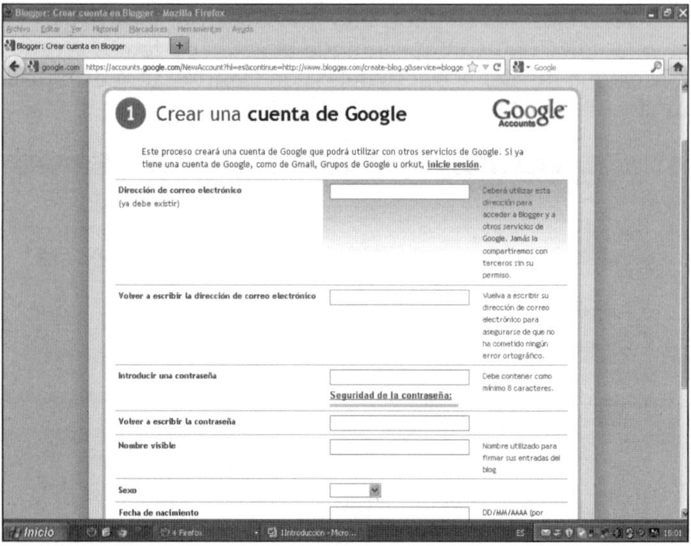

Figura 1.4. Página de introducción de datos para crear la cuenta de Blogger.

3. **Nombre Visible:** Es el nombre que debemos elegir para que se vea cuando publiquemos algo en el blog o interactuemos con otras bitácoras. Puede ser el nombre real, o un seudónimo con el que queremos que se nos reconozca.

4. **Sexo:** Marcaremos **Hombre**, **Mujer** o si no queremos determinarlo, la opción **Otros**.

5. **Fecha de nacimiento:** En este cuadro de texto, pondremos la fecha de nacimiento, con el formato dd/mm/aa.

6. **Verificación de la palabra:** Anotaremos las palabras que aparecen sobre el cuadro de texto, para demostrar que somos personas físicas, y no un robot que abre cuentas indiscriminadamente.

7. **Aceptación de las condiciones:** Para finalizar el registro, leeremos el texto que aparece marcado y que nos conduce hasta la hoja de condiciones, que explica el

funcionamiento del servicio. Entendemos que las habrás leído, comprendido y estarás de acuerdo con ellas, así que simplemente hay que marcar la casilla y continuar con el siguiente paso.

En este supuesto, tras pulsar el botón de **Continuar** nos solicitará un número de teléfono para enviar un código de activación. El sistema es totalmente seguro, y permite la activación de la cuenta en unos pocos segundos, a través de un mensaje de texto o una llamada automatizada.

Si se entra con una cuenta de Google, como la que hemos abierto para Gmail, la pantalla que aparece es distinta.

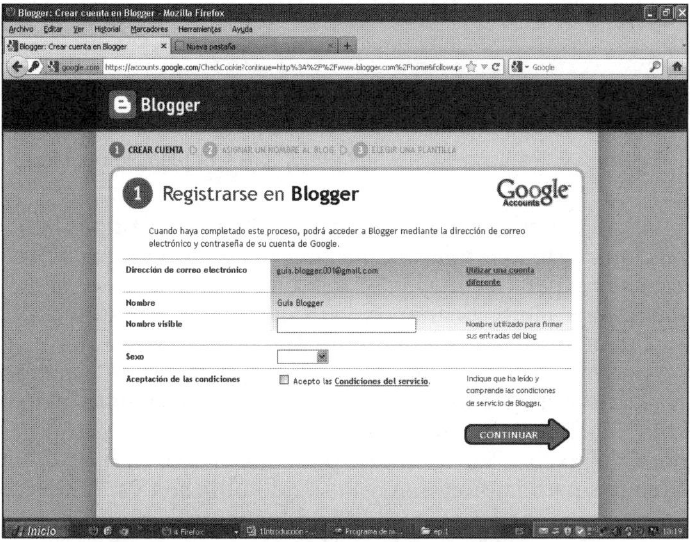

Figura 1.5. Pantalla de acceso a la cuenta Blogger desde la cuenta de Google creada anteriormente.

Aquí, debemos poner el nombre que utilizaremos para escribir entradas y relacionarnos con otros blogs. También añadiremos el sexo, y leemos las Condiciones del servicio. Si estamos de acuerdo con ellas, marcamos la casilla correspondiente, y continuamos creando el blog.

En la siguiente pantalla ya tenemos la opción de Crear un nuevo blog, así que pulsamos el botón **Nuevo Blog** y pasamos a una nueva pantalla.

Figura 1.6. Pantalla para elegir el nombre y la plantilla del blog.

En ella escribimos el nombre que hemos elegido y la dirección que tendrá nuestra bitácora. Es importante que ambas coincidan, para facilitar la búsqueda de Google, una vez comencemos a introducir artículos y queramos difundirla.

Puede ocurrir que el nombre que queremos para el blog no podamos utilizarlo en la dirección, porque ya está siendo utilizado por otra persona. Entonces es conveniente buscar combinaciones de las palabras, para ser lo más cercano al nombre posible. Por ejemplo, podemos llamar al blog **Guía Blogger**, pero la dirección está siendo utilizada ya. Entonces buscaremos combinaciones como **bloggerguia**, **blogger_guia** o **guia_blogger001** en la dirección.

El mismo sistema nos indicará si la dirección elegida está disponible o no. Hay que ser originales, para establecer una personalidad propia para la web, y que no se parezca a otras similares. Juguemos con los nombres y los conceptos, hasta dar con los más adecuados para definirla correctamente y que sea original y no dé lugar a equívocos y confusiones con otras similares.

Para establecer esas diferencias, encontramos también unas plantillas, situadas bajo esos dos campos a completar. Son la piel que dará imagen a la página, lo que verá el usuario cuando acceda a la dirección que hemos elegido.

De entrada, hay siete maneras posibles de dar forma a la página, y tendremos que escoger una de ellas. Si más adelante queremos cambiar se puede hacer de forma muy sencilla e intuitiva, por lo que no tenemos que dudar demasiado al principio. Llegado el momento, se pueden realizar cuantas modificaciones se quiera.

Al hacer clic en el botón **Continuar,** volveremos a la pantalla anterior, aunque comprobaremos que en el apartado de Nuevo Blog hay un texto invitándonos a comenzar a publicar artículos en él. El botón de creación continúa activo, por si queremos crear más blogs.

Nos detenemos en esta página, ya que inmediatamente debajo de este apartado, encontramos la primera herramienta que utilizaremos como usuarios de una cuenta de Blogger.

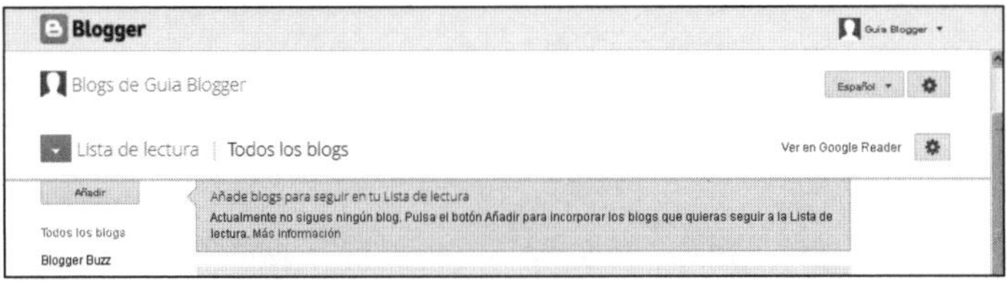

Figura 1.7. Pantalla principal de Blogger para comenzar a trabajar con el blog.

Se trata de la opción que nos permitirá añadir blogs de otros usuarios para seguirlos y estar permanentemente informados de las nuevas actualizaciones y nuevos artículos en ellos. Al hacer clic en **Añadir**, se abrirá una nueva ventana, en la que se debe introducir la dirección del blog que se quiere seguir (véase la figura 1.8).

Si se dispone de una cuenta en Google Reader, el servicio de la empresa para recopilar los *feeds* de las webs que ya seguimos, se puede importar, utilizando la opción que encontramos en la ventana.

Nos consulta, también, si queremos seguir a esos blogs como el nombre de usuario que hemos elegido, o si lo hacemos de manera anónima, sin que el propietario de los mismos sepa que lo hacemos.

Si no queremos seguir ninguna publicación, pulsaremos el botón **Cancelar.**

Podemos volver a estas opciones más adelante, a medida que vayamos conociendo nuevos lugares y estemos interesados en seguirlos. Por defecto, el blog que podemos seguir desde el principio es el mismo de Blogger, que nos mantendrá informados sobre las novedades que vayan surgiendo con la herramienta.

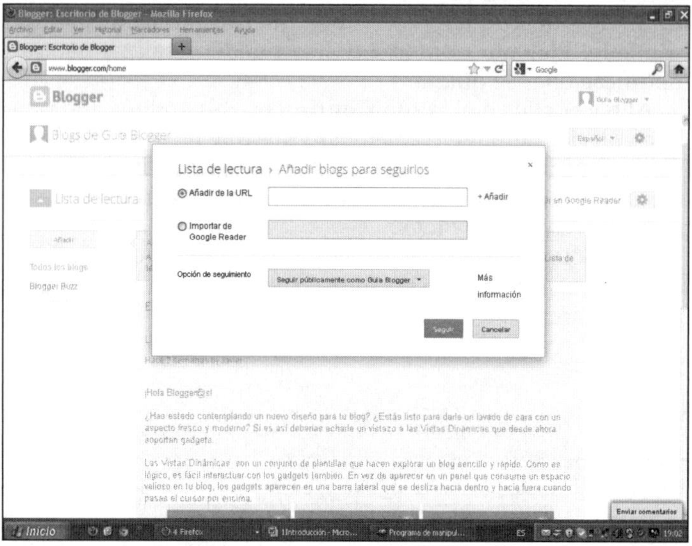

Figura 1.8. Ventana de introducción para añadir la dirección de los blogs que se quieren seguir.

1.3. Diseñando el blog

Ya hemos abierto la cuenta, hemos bautizado al blog y ahora hay que darle forma.

En la página donde hemos vuelto tras crearlo, nos encontramos con unos nuevos botones, que antes no aparecían.

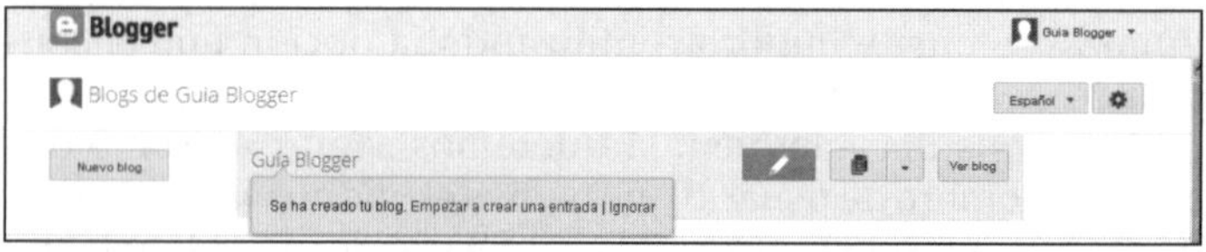

Figura 1.9. Página de inicio para comenzar a trabajar con el blog, con el nombre del mismo y el botón para comenzar a publicar.

Uno de ellos es un botón naranja con un lápiz dibujado en él, y junto a éste, hay un menú desplegable que nos ofrece nuevas herramientas para diseñar el aspecto del blog y algunas funcionalidades destinadas a mejorar la apariencia y la usabi-lidad de nuestra recién estrenada web.

Entre uno y otro vemos otro botón, que muestra unas hojas. Haciendo clic en él, accedemos en las entradas que ya hemos realizado, aunque por el momento, y al no tener ninguna to-davía, nos conducirá a una página en la que se nos avisa que no hay entradas.

Al final, y separado un poco de estos dos botones, encon-tramos otro que nos lleva hasta el blog. Haciendo clic sobre él veremos su aspecto inicial, antes de comenzar a publicar y personalizarlo.

Figura 1.10. Vista del blog recién creado, antes de aplicar las modificaciones para personalizarlo.

El aspecto que tiene ahora el blog es el que Blogger presenta por defecto, y sobre el que podemos trabajar para personali-zarlo a nuestro gusto. Se puede modificar su aspecto, creando una nueva imagen que se acerque más a los gustos del usuario. Desde el título hasta el tipo de letra, color del fondo, tamaño de la zona de publicación y la columna del lateral, todo es susceptible de un cambio.

Personalizar el blog

2.1. Personalizar el blog desde una plantilla base

Una vez la cuenta creada y el blog operativo, vamos a comenzar a personalizarlo, a darle el aspecto que queremos ofrecer a los lectores que se acerquen a él.

El primer impacto que se suele tener al acceder al blog es el título. El sistema le asigna un aspecto general, de acuerdo con el tema elegido a la hora de crearlo. Pero ese puede ser que no sea de nuestro agrado. Podemos modificarlo sin problemas.

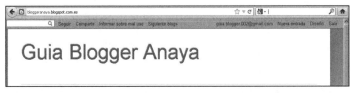

Figura 2.1. Imagen del título del blog, con el aspecto designado por defecto por Blogger.

Sobre el título encontramos la barra de Blogger, que en su esquina derecha permite acceder a la opción Diseño. Tras hacer clic en ella, se accede a la página de gestión del blog. Desde ella, comenzaremos a modificar el aspecto del mismo hasta dejarlo a nuestro gusto.

La página de entrada es la correspondiente a la Plantilla, que determina la visualización de la página.

Figura 2.2. Pantalla correspondiente a la opción Plantilla del blog.

En el centro de la página vemos dos recuadros con vistas del blog. El más grande de los dos es el que nos muestra la página tal y como se ve en el navegador de Internet. El más pequeño es la versión para móviles y tabletas. Como se puede apreciar, son diferentes, aunque mantienen una coherencia entre ellos. La imagen es importante para identificar el blog y por eso, aunque cambien los métodos de acceder a él, se mantiene en ambos casos.

No hay que tener miedo de efectuar cuantos cambios se quieran realizar. Si no nos convence, se pueden modificar tantas veces como se quiera. Así que, sin miedo se pueden probar distintas posibilidades.

No obstante, es aconsejable hacer una copia de seguridad de la plantilla, por si queremos volver a ella en cualquier momento, descartando cualquier modificación que se haya realizado. De esta manera, simplemente volvemos a cargar el archivo que se descarga, y recuperamos la configuración que teníamos.

Es mejor hacer una de estas copias de seguridad cada vez que hagamos cambios, por si nos interesa recuperar la plantilla anterior.

Para comenzar a personalizar el aspecto del blog, debemos hacer clic en el botón **Personalizar** que se encuentra bajo la ventana de visualización de la web en el navegador, el cuadrado grande.

Al seleccionar este botón, se abrirá una nueva página que nos presenta una imagen de nuestro blog, pero separada con una banda superior negra en la que se pueden observar diversas opciones.

Figura 2.3. Pantalla de edición personalizada de la Plantilla.

Este es el menú para modificar su aspecto, y está compuesto por las siguientes opciones:

1. **Plantillas:** En esta opción, que es la que se abre por defecto, se encuentran las plantillas que ofrece Blogger a sus usuarios. Podemos escoger una de ellas. Se puede modificar el estilo de la página, partiendo de la plantilla base elegida, mediante las opciones que tienen cada una de las plantillas principales, y que aparecen debajo de ellas.

2. **Fondo:** En esta opción se puede cambiar el color del fondo, manteniendo el estilo elegido. Únicamente cambia éste, sin resultar afectado el resto del estilo.

3. **Ajustar ancho:** En este menú, se puede cambiar la anchura que tendrá el cuerpo central del blog, destinada a la publicación de los artículos, y de la barra lateral, donde se ubicarán los enlaces y todos los complementos que añadamos al blog.

4. **Diseño:** La plantilla da una forma y un estilo al blog, pero estos pueden ser cambiados y modificados al gusto del usuario. También se pueden añadir barras laterales, ampliando la capacidad de los espacios secundarios, donde se colocan los elementos complementarios. Hay que tener en cuenta que el espacio cedido a una segunda barra lateral se resta de la zona central, donde se visualizarán los contenidos.

5. **Avanzado:** Desde esta opción se pueden establecer valores tales como el color de los tipos de letra, el color de las palabras resaltadas como enlaces, fondos, tipografía del título, etc. Lo revisaremos todo, punto por punto, en las siguientes páginas.

Figura 2.4. Imagen de la opción Avanzado, con los distintos apartados para personalizar el blog.

2.1.1. Cambiar la plantilla del blog

La plantilla del blog es la que indica el aspecto que tendrá éste para el lector que visite nuestra web. Determina el color del fondo, el tipo de letra utilizado, los anchos de los distintos elementos y en resumen, todo lo que da forma a la página.

Al comenzar, se elige una de las predeterminadas por Blogger, pero ahora es el momento de trabajar con ella y personalizarla para crear un aspecto que se acerque a lo que el usuario quiere ofrecer.

En el apartado Plantilla de la página de modificación de la misma, podemos encontrar los distintos tipos de ellas que pueden aplicarse al blog. El primero de ellos se llama Vistas dinámicas.

Estas son un tipo de plantillas que ofrecen cierta espectacularidad a las entradas del blog, ya que las maquetan de manera dinámica y pueden ser cambiadas por el propio lector del blog según varios modelos. Es una manera bastante interesante de organizar las entradas, huyendo de la estructura más típica de la bitácora y permitiendo cierta interactividad con el lector.

Por el contra, este modelo de presentación impide añadir una columna lateral, donde se ofrecen aplicaciones interesantes para los lectores y que pueden hacer su lectura más entretenida.

Figura 2.5. Pantalla con la opción de Plantilla desplegada.

Si únicamente se pretende mostrar las entradas, puede resultar una opción bastante interesante, aunque no lo es si se quiere implementar el blog con otras funcionalidades.

El segundo modelo es Sencillo, en el que se puede escoger entre siete combinaciones de fondo y contenido diferentes. Este modelo de plantilla no tiene ningún diseño especial como fondo, solo un color plano y el resto del blog es también muy básico. Aunque se pueden modificar todos estos elementos y personalizarlos, no resulta muy visual, como se puede comprobar en el blog de ejemplo, creado desde esta plantilla (véase figura 2.6).

El tercer modelo para utilizar recibe el nombre de Picture Window y tiene como principal diferencia con el anterior que el fondo está ocupado con una imagen. Esta es una fotografía que representa estar tomada desde una ventana. Así, se ven tres paisajes distintos, según la opción seleccionada. El sitio destinado a los *posts* queda destacado en un color plano, y resulta más agradable de ver.

Figura 2.6. Pantalla con la opción de Plantilla desplegada y con el modelo Sencillo seleccionado.

Figura 2.7. Pantalla con la opción de Plantilla desplegada y con el modelo Picture Window seleccionado.

Por último, se puede escoger la plantilla **Fantástico, S.A.** Esta última opción contiene distintas versiones de un modelo que tiene como fondo un dibujo de fantasía, que varía según el color del fondo. Recordemos que este se puede modificar en otras pantallas, así que si gusta un fondo, pero no su color, se puede arreglar en otro de los apartados de la página.

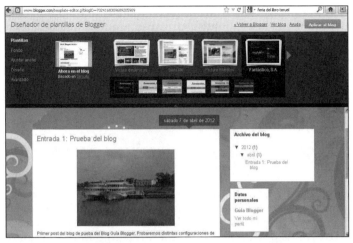

Figura 2.8. Pantalla con la opción de Plantilla desplegada y con el modelo Fantástico S.A. seleccionado.

2.1.2. Modificar el fondo de la Plantilla

El siguiente punto del menú es Fondo, con el que se puede modificar el color e incluso la imagen que se puede ver como fondo del blog.

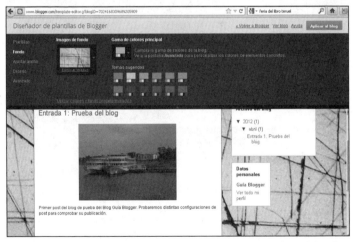

Imagen 2.9. Pantalla con la opción Fondo desplegada y el fondo del blog modificado.

La pestaña muestra una pequeña ventana con la posibilidad de cambiar el fondo, junto a otra, más pequeña, para cambiar los colores principales del blog. Con esta segunda opción se pueden modificar los colores de los títulos, bordes y otros elementos. En el apartado Avanzado, que desglosaremos un poco más adelante se pueden modificar estos elementos por separado, en lugar de en conjunto, como ocurre en esta opción.

2.1.2.1. Cambiar el Fondo

La primera de las pequeñas ventanas que se muestran tiene por título Imagen de fondo y en el lado derecho de la misma hay una flecha hacia abajo. Haciendo clic sobre ella, se abre un menú desplegable en pantalla con diversas opciones. Estas nos indican qué tipo de fondo se quiere utilizar. Se pueden encontrar fondos basados en diseños **Abstracto, Arte, Negocios, Celebraciones, Entretenimiento, Comida y bebida, Familia, Salud y belleza, Aficiones y artesanía, Casa y jardín, Naturaleza, Patrones, Recreación, Ciencia, Compras, Tecnología, Texturas, Transparente y Viajes.**

Todas ellas tienen varios modelos para elegir y enriquecer el aspecto que se quiere aportar al blog.

Figura 2.10. Ventana de motivos para el fondo desplegada.

En la parte superior de este listado de posibilidades hay otra opción, Subir imagen, que permite añadir una desde el ordenador para utilizarla como fondo. Para hacerlo, hay que hacer clic sobre ella y se abrirá un nuevo menú.

En él se puede navegar por el ordenador y localizar una imagen que queramos utilizar como fondo. Se cargará en la aplicación y se podrá elegir para ser la imagen que estará detrás del área de publicación y las barras laterales.

Una vez seleccionada la imagen, se tiene que confirmar haciendo clic en el botón **Finalizado** y quedará fijado al blog.

2.1.3. Ajustar el ancho del blog

La siguiente opción se llama Ajustar ancho, y cuando hacemos clic sobre ella, en la pantalla aparecen dos barras con un botón. La primera de ellas, más ancha, representa al blog completo, y define la anchura total del blog.

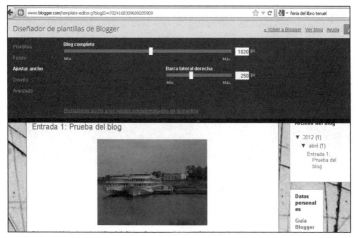

Figura 2.11. Pantalla con la opción Ajustar ancho desplegada.

Lo ideal es mantener el blog completo dentro del área observable de la pantalla, no haciéndolo muy ancho. Un tamaño ideal para encajar en todas las resoluciones de pantalla podría ser haciendo que tuviera un máximo de 1024 píxeles. Moviendo el botón por la barra se ajusta el ancho, que viene reflejado en píxeles en el lado derecho de la misma.

El más pequeño representa el tamaño de la barra lateral (si hubiera más de una, habría tantas como las hay en el blog). Desplazando el botón por ella, se hace más o menos ancha. Cuanto más ancha sea la barra lateral, más pequeño será el espacio destinado a la publicación de los artículos, así que hay que tenerlo en cuenta. Lo ideal es dejar un 75% del espacio total para estos, y el 25% restante para la barra.

De todas maneras, bajo el menú aparece una previsualización del blog, en el que se reflejan en tiempo real todas las modificaciones que se hagan en la anchura.

2.1.4. Diseño de las zonas del blog

Tras definir el ancho del blog, en la opción Diseño se puede cambiar la configuración de zonas de publicación, la barra lateral y el pie de página. En estas barras laterales es donde irán situados los diferentes *widgets* o aplicaciones con los que se añadirán funcionalidades al blog.

Se pueden añadir barras laterales a los dos lados de la zona de publicación o dejarlas tal y como están. Si se modificara el número de las barras laterales, se tendría que volver al apartado anterior, Ajustar ancho, para optimizar los tamaños de éstas.

Figura 2.12. Pantalla con la opción Diseño desplegada con los distintos tipos de configuraciones de la Plantilla.

2.1.5. Modificar otros elementos

Finalmente, la opción Avanzado permite realizar cambios en otros elementos de la página, como el color de los textos, de los títulos o añadir el código de nuevas plantillas para añadirlas al catálogo del servicio.

En este menú se pueden modificar:

1. **Página**: Desde esta opción se puede elegir el tipo de fuente del texto, así como su color y tamaño. También se puede elegir si se publica de manera normal o en negrita y/o cursiva.

Figura 2.13. Pantalla con la opción Avanzado desplegada y con las modificaciones de texto de la página seleccionadas.

2. **Enlaces**: El color de los textos con enlaces e hipervínculos, que abren otras páginas, puede cambiarse en esta opción. Así se puede determinar el color que aparecerá en el *post*, el color que tendrán cuando se detenga el cursor sobre él y el que mantendrá una vez pulsado (véase figura 2.14).

3. **Título del blog**: El título puede tener varios tipos de letra, color y tamaño, como el propio texto de los contenidos. Desde esta opción se puede modificar todo ello, aunque en otro apartado hablaremos de cómo añadir un diseño propio en el espacio del mismo.

4. **Descripción del blog**: Si se opta por añadir bajo el título una breve descripción del contenido del mismo, con esta opción se puede cambiar el estilo y la apariencia del texto.

5. **Texto de la pestaña**: Si se utilizan pestañas para acceder a páginas generadas en el blog, como una biografía del autor, un listado de obras de interés o cualquier otra cosa que se quiera añadir en el blog, desde esta opción se modifica el texto de las mismas.

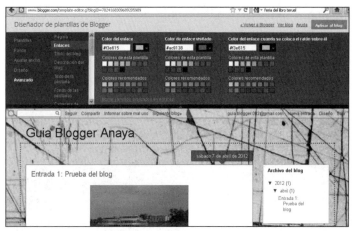

Figura 2.14. Pantalla con la opción Avanzado desplegada y con las modificaciones del color de los enlaces desplegadas.

6. **Fondo de las pestañas:** Desde aquí se modifica el color del fondo de las pestañas, y el borde, que puede ir en un color diferente si se prefiere así.

7. **Cabecera de fecha:** En esta opción se cambia el color del fondo de la fecha y el del texto de la misma.

8. **Pie de página:** El pie de página es donde están todos los datos de edición del *post*, como la fecha, la hora, los botones de redes sociales y los comentarios que se han efectuado sobre el *post*.

9. **Gadgets:** Desde esta opción se pueden modificar el color y el tipo de letra de los títulos del apartado de aplicaciones en las barras laterales.

10. **Imágenes:** Las imágenes que se colocan en los *posts* pueden estar rodeadas por un marco de diferentes colores y por un borde de distinto color. Esta es la opción para modificarlos.

11. **Acentos:** Se llaman acentos a las barras de separación entre la zona de edición de *posts* y las barras laterales. En esta opción se puede modificar su color.

12. **Mobile Button Color:** Se utiliza para determinar el color del blog en dispositivos móviles. Se pueden modificar todos los que aparecen en el diseño original y volver a éstos si se quiere.

13. **Añadir CSS:** Con esta opción se añade el código de una nueva plantilla. Es una opción que no se utiliza normalmente, a menos que se sepa programar y es la

que menos se usa, ya que tiene la dificultad de tener que programar desde cero la plantilla.

Utilizando todas estas opciones, se puede dar al blog un aspecto único y personalizado, diferenciándolo del resto de webs que pueden estar utilizando la misma plantilla.

En cuanto a la diversidad de plantillas, hay páginas web que comparten plantillas para Blogger, creadas por usuarios. Por ejemplo, hay una gran cantidad en http://www.plantillasblogger.com o http://btemplates.com, que se pueden descargar en el ordenador y subir a Blogger para utilizarlas para el blog.

Figura 2.15. Web de BTemplates, donde se pueden encontrar cientos de plantillas gratuitas para Blogger.

Estas páginas web contienen una gran cantidad de plantillas descargables que pueden ser muy visuales y dar una imagen distinta al blog. Es recomendable visitarla, ver los distintos modelos que se ofrecen y buscar uno que se amolde al contenido que se busca generar.

Pero eso sí, es aconsejable utilizar el antivirus para comprobar que no existe ningún virus o *malware* insertado en los archivos instalados, que podrían causar problemas en el funcionamiento del ordenador. Esta es una precaución que se debe de tener siempre a la hora de instalar nuevos archivos, programas o códigos en el ordenador.

Complementos del blog

3

3.1. Añadir complementos básicos al blog de Blogger.

En la barra lateral aparecen todos los *widgets* o complementos que se van incorporando al blog. Por defecto, solo aparecen dos en el momento de crear la bitácora. Uno es el archivo de *posts*, y el otro el que enlaza con la página del perfil del creador del blog.

El archivo de *posts* muestra por meses cada una de las entradas realizadas. Al principio, estará vacío, y a medida que se vayan publicando artículos, aparecerán reflejados en esta sección. Se trata de un menú desplegable, así que se puede reducir en cualquier momento, si molesta.

Para comenzar, puede ser que esté bien, pero se necesitan más aplicaciones para ofrecer más información sobre el autor y sus gustos al lector, así que ahora descubriremos cómo se pueden añadir más.

Se ha de hacer clic en la pestaña Diseño, situada en la esquina superior derecha de la pantalla. Se abrirá la página de gestión del blog, y desde allí podemos comenzar la búsqueda de nuevos *widgets*.

La página que se abre es la correspondiente a Plantilla, de la que hemos hablado en el capítulo anterior.

En la lista que se encuentra a la izquierda de la pantalla la encontramos marcada en naranja. Justo encima de ella se encuentra la opción Diseño, sobre la que se ha de hacer clic para acceder a la página que nos permitirá añadir estas aplicaciones.

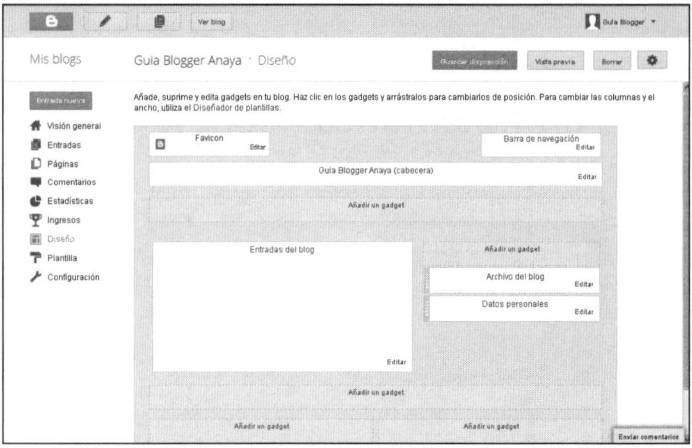

Figura 3.1. Pantalla de edición del diseño del blog.

En esta página encontramos un esquema del blog, con los distintos apartados que tiene en estos momentos.

1. **Favicón:** Se encuentra en el lado superior izquierdo, y se trata de una pequeña imagen que representa al blog y que aparece en la barra de la dirección. Si no se añade uno, aparecerá por defecto el logotipo de Blogger. Para hacer la página más visible, es aconsejable añadir uno. La imagen debe ser cuadrada y tener un tamaño máximo de 100 Kb. Se trata de una imagen que se verá muy pequeña, por eso no conviene que sea demasiado grande, o se perderán los detalles cuando se reduzca. Para cambiarla, se ha de hacer clic en la opción Editar que se ve en el cuadro correspondiente. Se abrirá una nueva ventana en la que se pedirá que se elija una imagen del ordenador para subir al servidor de Blogger. Esta imagen debe haberse preparado antes con un programa de edición de imagen. El más conocido es el Adobe Photoshop, aunque existen otros, de carácter gratuito como el Gimp2, que cumplen las mismas funciones que los de pago. Una vez seleccionada la imagen, se hace clic en guardar y el sistema ajusta la imagen al tamaño necesario.

2. **Barra de navegación:** En el lado derecho está la casilla de **Barra de navegación**, que permite cambiar el color de la barra que hay en la parte superior del blog. Si se quiere modificar, se ha de seleccionar la opción elegida y hacer clic en **Aceptar**.

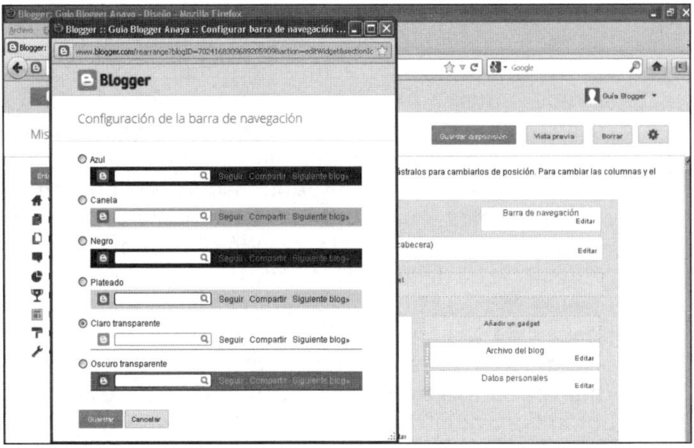

Figura 3.2. Opciones de visualización de la Barra de navegación.

3. **Cabecera:** La cabecera del blog es el título y la primera imagen que se percibe del blog. Por defecto, Blogger añade el título que se ha puesto al mismo en el momento de su creación. Desde esta opción se puede modificar el nombre y añadir una descripción del contenido, o sustituirlo todo por una imagen que se haya creado antes y que se encuentre archivada en el ordenador. La tipografía del título, como se ha podido ver en el capítulo anterior, se modifica desde las opciones para personalizar del menú Plantilla.

Al hacer clic en la opción Editar, se abre una ventana en la que se ofrecen varias opciones.

Primero se puede ver el título actual del blog, y se puede modificar si es necesario. Cambiar el nombre no modifica la dirección URL del mismo, un punto que hay que tener en cuenta. Aunque se le ponga otro nombre, su dirección continuará siendo la misma que al principio.

En la sección Descripción del blog, que está inmediatamente debajo de la primera, se puede añadir un breve texto indicando qué se puede encontrar en el blog y cuál es su tema principal. Si se deja en blanco, simplemente aparecerá solo el título.

La siguiente opción permite sustituir el título escrito por una imagen cargada desde el ordenador o tomada desde una dirección URL. Es aconsejable subirla desde el ordenador, porque si la imagen tomada de otra web desaparece, también desaparecerá del blog.

En los apartados siguientes se puede especificar si se quiere que la imagen aparezca en lugar del título, como fondo del mismo o si se desea que la descripción aparezca debajo de la imagen y el título.

La última opción permite que la imagen se ajuste al ancho del blog, cuadrando perfectamente con éste. Si no se marca esta casilla, la imagen se subirá al tamaño original. Se ha de tener en cuenta de que Blogger puede reducir la imagen, pero no aumentarla, así que una imagen de tamaño inferior a 940 píxeles de largo no ocupará todo el espacio de la cabecera.

Una vez realizados todos los cambios, se hace clic en el botón **Guardar**.

4. **Entradas del blog**: Éste es el cuerpo principal del blog, donde se publican las entradas al mismo. También se puede editar parte de sus características, al hacer clic en **Editar**, como veremos a continuación.

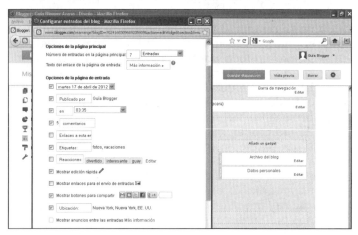

Figura 3.3. Menú de opciones para mostrar en las entradas principales del blog.

- **Opciones de la página principal:** En este apartado se puede determinar el número de entradas o artículos que se visualizarán cuando se acceda a la página principal, también llama Home. Por defecto, y según plantillas, este número puede ser de siete, pero se puede cambiar a más cantidad o menos, según se prefiera.

Los artículos pueden dejarse completos en la página de acceso o cortarlos, forzando al lector a que haga clic en un enlace para leer el artículo completo, como se verá en el capítulo correspondiente a la creación de contenidos. En esta opción se puede cambiar el texto al que va vinculado este enlace. Por defecto pone **Más información**, pero puede sustituirse por otro texto como **Hacer clic para continuar leyendo** o **Leer más**.

- Opciones de la página de entrada: En este apartado se pueden activar y modificar varios aspectos de la vista de los artículos, como el estilo de la fecha, la hora en que se publica, etc.

Primero se encuentra el estilo de la fecha, con un menú desplegable que puede cambiar la manera de presentar la fecha de publicación. El segundo apartado es referente a la autoría del artículo. Por defecto tiene el texto **Publicado por**, seguido del nombre del editor, pero puede sustituirse por el que se quiera que aparezca.

El tercer apartado es el de la hora de publicación, que por defecto tiene el texto **En** seguido de la hora, cuyo estilo se puede modificar mediante un menú desplegable.

El cuarto apartado nos permite elegir cuantos comentarios dejados por los lectores se pueden ver a continuación del artículo. Pueden ser 3, 5, 10 o los que se estime oportuno, aunque se aconseja que no sean demasiados, para no sobrecargar la página con muchos de ellos. El resto aparecerán en páginas de comentarios sucesivas.

Le sigue una opción que permite que el lector conozca otras páginas que han enlazado con ese artículo en concreto, listando todos los que han creado un enlace hacia esa publicación.

Las **Etiquetas** a las que se refiere la siguiente opción son aquellas que se ponen en las entradas o artículos para identificar el tema del que se está hablando en el mismo. Es aconsejable activar esta opción porque así se ayuda al lector a encontrar otros artículos etiquetados con el mismo tema, dentro del blog.

El apartado **Reacciones** habilita los botones para que el lector determine si el contenido del artículo le ha parecido interesante, divertido o cualquier otra cosa que se quiera añadir. Se pueden editar todas las posibilidades y como el resto de opciones, activar o desactivar según las preferencias del autor.

Activando Mostrar edición rápida, se muestra un pequeño icono en forma de lápiz al final del artículo. En la página principal del blog o en la página del artículo completo, y si se ha entrado a la cuenta de Blogger, el editor puede ver este icono y al hacer clic en él, se abrirá la página de edición del *post*, donde se podrán hacer las modificaciones y rectificaciones que se estimen necesarias. Una vez realizadas, se hace clic en el botón de **publicar** y esas modificaciones quedarán guardadas en el artículo y se mostrarán en el blog.

Activando la opción Mostrar enlaces para el envío de entradas aparece un pequeño icono con forma de sobre. En el *post*, haciendo clic en él, permite enviar por correo electrónico un enlace directo al mismo, de manera que desde el propio blog se puede hacer llegar a un contacto de la agenda del correo electrónico, sin necesidad de salir y copiar en el mensaje el enlace.

Mostrar botones para compartir permite que en el artículo aparezcan los botones de varias redes sociales donde compartir directamente el mismo sin salir del blog. Los botones que aparecen son **Gmail, Blogger** (los dos servicios de Google), **Twitter y Facebook,** además de un botón diferenciado para **Google +**, la red social de la empresa.

Para que funcionen los enlaces con Twitter y Facebook, se ha de introducir la contraseña cuando se abra la ventana para compartirlo. Es totalmente seguro y no permite más que Blogger a que acceda a estas dos redes sociales para enlazar la entrada.

Figura 3.4. Detalle de los botones de redes sociales para compartir las entradas en ellas.

La siguiente pestaña para seleccionar se refiere a la ubicación desde donde se ha realizado la publicación del artículo. Por defecto aparece el texto **Ubicación**, pero al igual que el resto de opciones, se puede modificar para añadir el que se quiera.

El último apartado está relacionado con Google Adsense, y solicita permiso para insertar anuncios de este servicio de publicidad entre cada una de las entradas. El tema de la monitorización del blog lo trataremos en un capítulo posterior, por lo que todo lo referente al mismo se verá allí.

Por último podemos ver un esquema de cómo quedará el *post* en el blog. Cada uno de los apartados que lo componen y su situación en el *post*. En este esquema se pueden mover, arrastrando con el ratón y haciendo clic, varios de los elementos para situarlos en otro lugar.

Figura 3.5. Detalle de la página de edición de ubicación de los elementos de la entrada.

No se pueden mover el título y el cuerpo del *post*, por motivos obvios, pero el resto de los elementos pueden variar su posición sin ningún tipo de problemas. La configuración por defecto es la más adecuada y efectiva, aunque cada editor tiene sus preferencias y puede experimentar con ello, y por supuesto, modificarlo cada vez que se quiera. Una vez modificados y seleccionados los que se necesitan o prefieren, haciendo clic en **Guardar** quedan registrados y visibles en la web.

Todos estos elementos pueden ser activados o des-activados a voluntad para ofrecer más servicios a los lectores. Por defecto, suelen estar activos los más adecuados, pero todos pueden ser útiles para ayudar a que los visitantes de la web compartan los artículos y atraigan más visitantes al blog.

5. La barra lateral: Se sitúan la mayoría de complementos que enriquecen el blog. Por defecto, están habilitados solo los más básicos, pero se pueden añadir tantos como se quieran. Hay infinidad de estas aplicaciones, unas más útiles que otras, pero que consiguen añadir valor a la bitácora y hacerla más atractiva y útil para el visitante.

   En un apartado más adelante nos detendremos en esta sección y en cómo conseguir los *widgets* más populares y cómo situarlos para que ayuden a atraer la atención de los lectores y fidelizarlos al blog.

6. La barra o barras inferiores: La mayoría de las plantillas para Blogger tienen una o varias barras inferiores, donde se pueden añadir *widgets*, igual que en la barra lateral, haciendo clic en **Editar**.

7. Atributtion: La última barra es la que indica el copyright o la autoría de la plantilla que se está utilizando. También es editable, pero es recomendable no hacerlo, ya que por muchos cambios que se hagan en la plantilla, está bien reconocer el trabajo de otras personas que aportan sus diseños. Si se cambia la plantilla por una propia, entonces sería éste el lugar donde aparecería el nombre del autor.

Hay otras barras, marcadas de manera más débil, en las que se puede leer Añadir un gadget. Estas son las zonas donde se pueden añadir esas aplicaciones de las que vamos a hablar en el siguiente apartado.

3.2. ¿Qué son los *widgets*?

Para hacer más agradable la visita al blog de los lectores, y ofrecerles una experiencia que vaya más allá de la simple lectura de la entrada elegida, Blogger pone a disposición del usuario una gran cantidad de aplicaciones que se pueden añadir al mismo.

Estas aplicaciones pueden utilizarse para mostrar el número de visitas, enlazar con servicios de imágenes o vídeos, mostrar enlaces con otros blogs del interés del autor, o incluso añadir aplicaciones de otros servicios mediante códigos html.

A todo esto se le llama *widgets* o *gadgets*, y se suelen encontrar en la barra lateral.

3.3. Añadir aplicaciones a la barra lateral del blog

La barra lateral es el lugar donde más aplicaciones, también llamadas *widgets* o *gadgets*, se sitúan. Como hemos visto, por defecto solo hay algunas de las más básicas activadas desde el principio, pero es muy sencillo comenzar a añadir nuevos apartados y funcionalidades.

Para comenzar, se puede observar que en la parte superior aparece un cuadro donde se lee **Añadir un gadget**. Al hacer clic, se abre una ventana nueva.

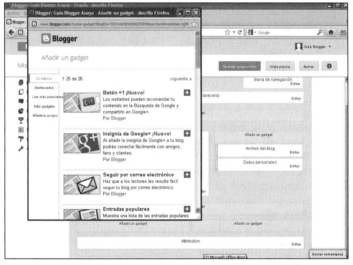

Figura 3.6. Ventana de *gadgets* ofrecidos por Blogger para añadir al blog.

Como se puede observar en la figura 3.6 se muestran los principales *gadgets* disponibles en Blogger para añadir a la barra lateral. Se seleccionan haciendo clic sobre el icono o en el símbolo **+** que se encuentra en el lado izquierdo de la opción.

La primera página de esta nueva ventana nos ofrece las aplicaciones básicas que han sido creadas por Blogger y que son, en consecuencia, las más utilizadas.

1. **Boton +1**: Es el botón de la red social Google +, que también está de manera conjunta con otros botones de diferentes redes sociales, como se ha podido ver en el anterior apartado. Si se selecciona desde aquí, quedará instalado en la barra lateral y no enlazará en la red social con una entrada concreta, sino con el blog al completo.

2. **Insignia de Google +**: Al igual que el anterior, conecta con Google +, pero en esta ocasión permite la interactuación de otros visitantes con la cuenta de la red social con la del usuario.

3. **Seguir por correo electrónico**: Al activar este *gadget*, se instala en la barra lateral un cuadro de texto donde el visitante puede escribir su correo electrónico, de manera que cada una de las posteriores actualizaciones del blog irá directa a su correo electrónico, sin necesidad de tener que visitar la web para comprobar si se ha actualizado.

4. **Entradas populares**: Con esta aplicación, se detectan los *posts* que han recibido más visitas y estos aparecen destacados en la barra lateral. Se puede configurar para que muestre las entradas que se desee mostrar. No conviene poner muchas, y lo más recomendable es poner 3 ó 5.

5. **Estadísticas del Blog**: Esta aplicación es otra de las más útiles, ya que permite llevar un control de las visitas que recibe el blog, el número total hasta el momento, pero de manera visible para los visitantes, no solo para el editor. Si se prefiere que no sea una información pública, hay otras maneras para controlar esto, como veremos en un próximo apartado. Hay varios estilos y modelos de contador es posibles.

6. **Páginas**: Si se han creado páginas (cómo se explicará en capítulos posteriores), esta aplicación permite mostrarlas en la barra lateral o la superior, que se encuentra bajo la cabecera. También allí y donde se vea la leyenda Añadir un gadget se pueden incorporar estas aplicaciones.

7. **Adsense**: Google tiene un programa de publicidad conceptual que permite al propio sistema añadir anuncios que ofrecen a cada lector productos que se aproximen a sus intereses, mediante un rastreo de su actividad.

También inserta publicidad de productos o servicios afines al tema del blog, para ajustar al máximo los posibles clics en estos anuncios. Cada vez que un lector hace clic en el anuncio, se ingresa una pequeña cantidad en la cuenta del editor del blog. Hay que abrir una cuenta en Google Adsense, y eso lo explicaremos en un próximo capítulo.

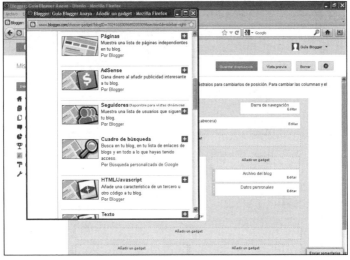

Figura 3.7. Más *gadgets* de Blogger para aplicarlos al blog.

8. **Seguidores**: Este *widget* permite a los lectores seguir el blog, es decir, hacer clic en la aplicación y quedar registrados como seguidores del contenido del mismo. De esta manera, se añade el blog al gestor de contenidos y se puede visualizar desde el escritorio de Blogger, junto con el resto de blogs a los que se haya suscrito mediante este botón. En el blog, aparecen los avatares de todos los seguidores, y haciendo clic sobre cada uno de ellos, se accede directamente a su perfil en Blogger.

9. **Cuadro de Búsqueda**: Al aceptar esta aplicación, se crea un cuadro de búsqueda en la barra lateral. Desde éste, se puede acceder a cualquier información aparecida en el propio blog, en la lista de enlaces de otros blogs que estén en el propio y en toda la actividad que se ha realizado recientemente. Es útil para buscar un determinado artículo en la bitácora y acceder a él de manera rápida y efectiva.

10. **HTML/Javascript**: Aceptándolo, se puede añadir un nuevo *widget* de otro sitio web, copiando en su origen el código y pegándolo en el cuadro de diálogo correspondiente. Ya sea un vídeo, un reproductor o cualquier tipo de aplicación, aparece en el blog y funciona como lo haría en su web de origen.

Figura 3.8. Detalle de la ventana de *gadgets* de Blogger para utilizarlos en el blog.

11. **Texto**: Permite añadir un texto en la barra lateral. Puede ser un mensaje de bienvenida, una pequeña biografía del autor del blog o una declaración de intenciones. Cualquier cosa que se le ocurra al editor y sirva para mejorar la imagen que se pueda tener de la página web.

12. **Imagen**: Permite añadir una imagen desde el ordenador o una dirección URL. Puede incluirse con un título descriptivo y se puede enlazar con la dirección URL que se quiera. Es aconsejable que, como en el caso de la cabecera, provenga del disco duro del ordenador y no de una dirección URL, ya que si ésta desapareciera, también lo haría la imagen del blog. Se utiliza para indicar qué libro se está leyendo, que película se quiere ver, etcétera, subiendo la portada del libro, disco o película, por ejemplo.

13. **Presentación**: Muestra una selección de fotografías desde un servicio de imágenes, como Picasa, Flickr, Photobucket, etc. Puede ser de la propia cuenta del editor del blog, que deberá autorizar al servicio a acceder a la misma, o de otros usuarios aleatoriamente. Se configura utilizando una palabra clave para que el propio sistema elija las fotos que contengan esa palabra clave. Por ejemplo, se puede querer mostrar imágenes de Picasa que tengan como tema los viajes, o más concretamente, los viajes por Europa. Se mostrarán las imágenes de ese tema en concreto desde la barra lateral del blog.

14. **Barra de vídeo**: Gracias a esta aplicación aparecerán una serie de vídeos directamente desde Youtube, sin necesidad de abandonar el blog. Se puede configurar para que se vean los vídeos más populares del momento, los más valorados o los últimos que se han subido a la popular plataforma de vídeos. También puede discriminarse para que aparezcan solo los de un canal determinado o los que contengan las palabras clave que se deseen buscar.

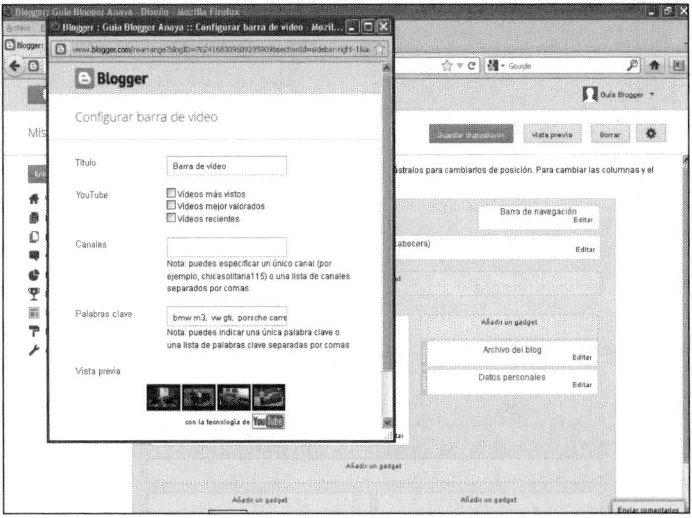

Figura 3.9. Imagen de configuración de la Barra de Vídeo .

15. **Encuesta**: Añade una encuesta para que los usuarios del blog puedan dar su opinión sobre la cuestión que se les plantee. Es útil para medir la implicación de éstos con el blog y si participan activamente en él.

16. **Lista de blogs**: Aquí se pueden añadir los blogs que se visitan con más frecuencia, para invitar al resto de usuarios a conocerlos. Como se ve en la imagen, se le puede añadir un título y se pueden organizar por orden alfabético o por fecha de actualización. El resto de opciones que se pueden encontrar en esta aplicación permiten ver el título del blog, añadir un breve extracto de esa actualización (no más de dos o tres líneas) o una miniatura del blog al que se enlaza. Para añadir blogs a esta lista, se ha de hacer clic en **Añadir un blog a tu lista**, opción que se encuentra en la parte inferior de la ventana. Al hacerlo, aparece un cuadro de diálogo donde se ha de incluir la dirección URL completa del blog a añadir. Si se ha optado por la opción Actualizado más recientemente, la lista se renovará cada vez que uno de los blogs añadidos tenga nuevo contenido.

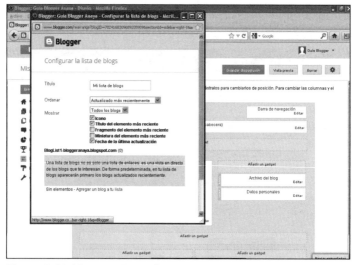

Figura 3.10. Ventana de configuración del *gadget* Listado de blogs.

17. **Lista de enlaces**: La lista de enlaces se diferencia de **Lista de blogs** en que en ella no aparecen elementos de los enlaces, sino que es simplemente una lista en la que aparecen los lugares que el editor del blog recomienda visitar, sin más. Cada enlace conduce a la página web o blog correspondiente, pero no ofrece una vista previa de lo que se encuentra allí.

18. **Lista**: Es un añadido en el que se puede poner una lista de, por ejemplo, películas preferidas, discos recomendados o películas que se han visto, utilizando solo el texto.
19. **Feed**: El *feed* de un blog o una página web es un elemento que enlaza directamente con el sitio y se puede leer desde otro lugar. La lista de blogs que se ha visto anteriormente es una lista de *feeds* de blogs, y ésta se puede utilizar para otro tipo de enlaces.
20. **Actualidad**: Se instala en la barra lateral un *gadget* que permite acceder a los principales titulares de Google News. Como se puede apreciar en la imagen, se puede configurar de manera que busque solo determinadas palabras clave y que muestre las noticias relacionadas con ellas en el blog. Se puede elegir que al hacer clic en los titulares se abra en la misma ventana o que lo haga en otra diferente. Es recomendable hacer esto, para evitar que el lector abandone la página.

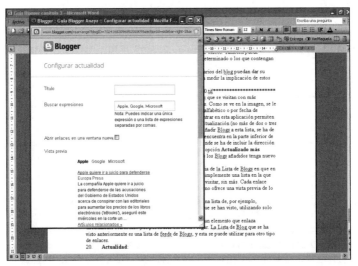

Figura 3.11. Ventana de configuración del *gadget* Actualidad.

21. **Etiquetas**: Las etiquetas o *tags* son palabras que se añaden cuando se publica un artículo o *post* en el blog para mostrar a los buscadores el tema o el contenido del mismo. Este *widget* las agrupa y las muestra en la barra lateral, para que cualquier lector pueda localizar el tema

que busca de manera rápida. Se pueden organizar por orden alfabético o solo las más utilizadas. Además, se pueden mostrar en un listado o en forma de nube, más dinámica. Ésta es una aplicación que se puede ver también en el modo de Vistas Dinámicas, que no admiten la mayoría de los *widgets*.

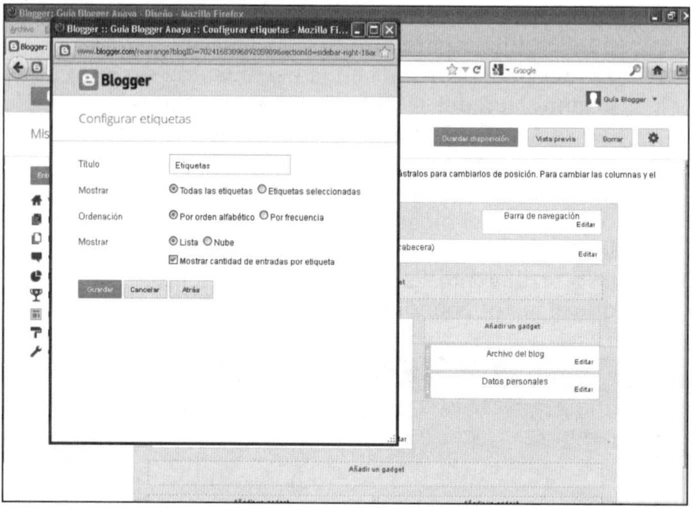

Figura 3.12. Ventana de configuración del *gadget* Etiquetas

22. **Enlaces de subscripción**: Un cuadro de texto invita al lector a subscribirse al *feed* del blog, de manera que puede recibir en su lector de *feeds* todas las actualizaciones del blog, sin necesidad de estar pendiente de si se actualiza a diario o no.

23. **Logotipo**: Se trata de una aplicación que añade un logotipo de Blogger al blog. Se puede incluir en varios colores y formatos, pero no es nada más que esto.

24. **Perfil**: Ya está añadido por defecto, y se trata de la información del editor del blog. Se puede editar exactamente igual que todo lo demás, y permite al visitante conocer quién es el editor y sus intereses. Cuanta más información se ofrezca, mejor para que sepa qué es lo que va a encontrar en él. Se trata de ofrecer información útil, no personal. Un correo electrónico para el contacto, y una imagen o avatar basta. Se añaden automáticamente los blogs que se siguen o a los que se está subscrito, para

aportar más trasfondo al perfil, pero es recomendable no dar ningún dato personal.

25. **Archivo del blog**: También es un *gadget* que se aplica de manera automática y permite al visitante navegar cronológicamente por todas las entradas del blog. Se organizan por año y mes, así que simplemente hay que desplegar los menús y se localizan los títulos de todas ellas.

26. **Cabecera**: La cabecera del blog ya está añadida por defecto. Desde esta opción no se puede modificar, sino que funciona como el bloque en que va insertada ésta. Para hacer modificaciones se ha de utilizar la función que se ha explicado en el capítulo anterior.

Éstas son las opciones principales que aporta Blogger para instalar en la barra lateral y en el resto de lugares donde se pueden añadir este tipo de aplicaciones.

En el esquema de la barra lateral que encontramos en este menú de **Diseño**, podemos observar que cada *widget* está en un rectángulo independiente. Gracias a esa disposición, el editor puede mover cada uno de ellos y situarlo en lugares diferentes, subiéndolo o bajándolo según le convenga al diseñar la barra lateral.

Para hacerlo, solo hay que hacer clic sobre uno de ellos, y con el botón izquierdo del ratón pulsado, arrastrar el rectángulo elegido hasta el espacio en el que se quiere situar. Esta opción sirve para todos los elementos.

3.3.1. Más *widgets* para la barra lateral

Después de ver los elementos más sencillos y prácticos, que son los que ofrece Blogger por defecto, vemos en la ventana de *gadgets* que existen otras opciones, en el listado que se encuentra en el lado derecho de la misma.

Allí podemos encontrar más, organizados en estos apartados:

1. **Destacados**: Estos son los *gadgets* que Blogger sitúa en primer lugar, y ello es debido a que muchos de ellos han pagado para estar en esta sección. Una vista del contenido de esta opción permite comprobar que muchos de ellos son de la web de venta en Internet Amazon. Otros enlazan con redes sociales como Twitter o Facebook o con servicios de Google, como Picasa. No tiene un contenido fijo, ya que varía según los intereses de Blogger.

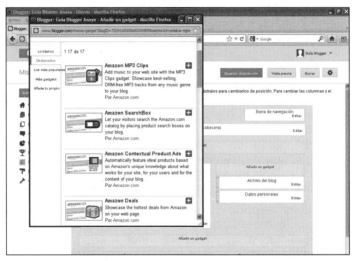

Figura 3.13. Listado de los *gadgets* marcados como Destacados.

2. **Los más populares**: En teoría, son los *gadgets* que más se aplican en los blogs de Blogger. El contenido de esta opción también varía con el tiempo, y cambia frecuentemente. Como en los casos anteriores, hay unos más útiles que otros y se ha de saber si realmente se necesita alguno de ellos (véase figura 3.14).

3. **Más Gadgets**: En esta sección se encuentran todos los *gadgets* de programadores distintos a Blogger que han creado empresas o aficionados de todo el mundo. Hay, desde aplicaciones para poder acceder a páginas de información, hasta visores de imágenes desde servidores ajenos al servicio, pasando por pequeños *widgets* que informan del tiempo en la ciudad elegida o que organizan eventos para los seguidores del blog. Hay que tener un poco de paciencia para verlos todos, ya que en el momento de cierre de la presente edición se contaban 1174 aplicaciones (véase figura 3.15).

Además de la incorporación de *widgets*, *gadgets* o aplicaciones desde el propio servicio de Blogger, también se pueden añadir desde otras páginas web.

Principalmente, las webs que ofrecen este tipo de servicios lo hacen mediante código HTML o Java, que crea un pequeño contenido en el blog y que enlaza con la información de sus servidores, que aparece reflejada en el mismo.

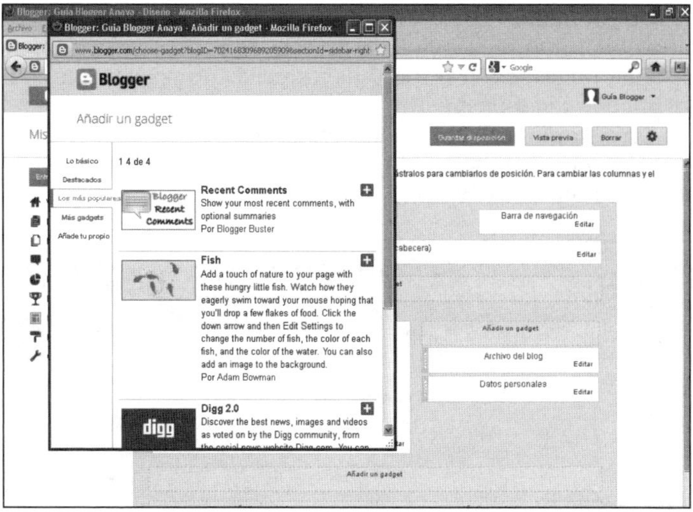

Figura 3.14. Listado de los *gadgets* marcados por Blogger como Los más Populares.

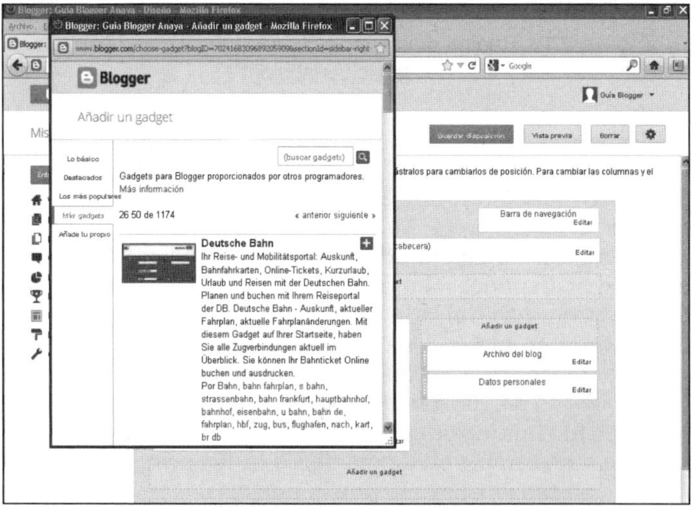

Figura 3.15. Listado de más *gadgets* disponibles en el servidor de Blogger.

Un ejemplo pueden ser los distintos tipos de contadores de visitantes.

Como hemos visto en puntos anteriores, Blogger facilita una aplicación para que se muestre, y cuenta con su propio sistema de estadísticas, pero hay muchas otras opciones que se pueden tener en cuenta.

Un ejemplo es Statcounter.com, uno de los muchos servicios que existen para incluir un contador de visitas y estadísticas independientes de Blogger.

Figura 3.16. Página del servicio *StatCounter* para el control de las visitas al blog.

Primero se ha de crear una cuenta en el servicio, que es totalmente gratuito. Una vez creada, ofrece varios servicios de pago, pero para un blog de pequeñas dimensiones, es suficiente el servicio sin coste.

En la pantalla de entrada, se ha de seleccionar el idioma, en este caso Español. Para hacerlo, se ha de desplegar el menú que se encuentra en el lado izquierdo de la pantalla, y que por defecto está en inglés. Una vez se hace clic en el idioma elegido, se puede observar que los cambios son pocos, ya que la *Landing Page* o página de aterrizaje del servicio, la inicial donde se ha llegado tras introducir la dirección URL es prácticamente idéntica y no cambia el idioma de los textos principales, pero sí de las pestañas, que es lo que importa.

Se ha de hacer clic en la pestaña Sign Up, que es la que permite crear la cuenta.

La página que se abre solicita varios datos para comenzar con el registro, como son el Username o nombre de usuario que se utilizará a partir de ese momento, un correo electrónico válido (que puede ser la cuenta de Google que se ha creado para comenzar a editar el blog), el **nombre completo**, para dirigirse al usuario por su nombre en los correos electrónicos que envíe el servicio y una **contraseña**.

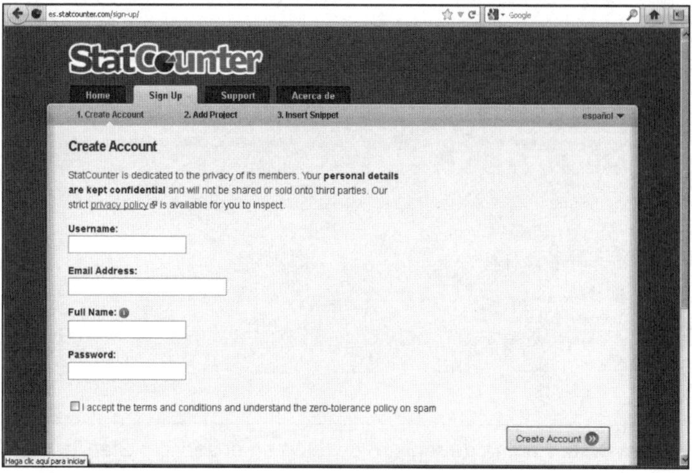

Figura 3.17. Página de registro al servicio de *StatCounter*.

Una vez todos los requisitos cumplimentados, se pide que se aprueben las condiciones de uso, para lo que se ha de marcar la casilla de confirmación que aparece bajo los datos ofrecidos. Haciendo clic en el botón **Create acount**, se comienza a configurar el *widget* que se quiere añadir al blog.

En la siguiente página se tiene que añadir la dirección del blog, para que el sistema lo reconozca.

La dirección URL del mismo se introduce en el cuadro de texto que se encuentra en primer lugar. Es necesario anotar la dirección completa. En el caso del ejemplo, ésta sería `http://bloggeranaya.blogspot.com.es/`. Para hacerlo más rápido, basta con copiar la dirección desde la barra de direcciones y pegar en el cuadro de texto. Seguidamente se añade el nombre del blog. En este caso es **Guía Blogger**.

En el menú desplegable se ha de buscar **Spain**, y en el siguiente se ha de seleccionar el uso horario, en este caso **GMT +2** si se realiza en la Península o **GMT +1** si se selecciona desde las Islas Canarias.

El siguiente apartado nos indica si se desea que las estadísticas de visita al blog sean públicas, y que cualquiera pueda consultarlas o si solo pueden ser consultadas por el editor.

Al marcar la casilla de verificación, se permite que cualquier visitante del blog pueda conocer esos datos.

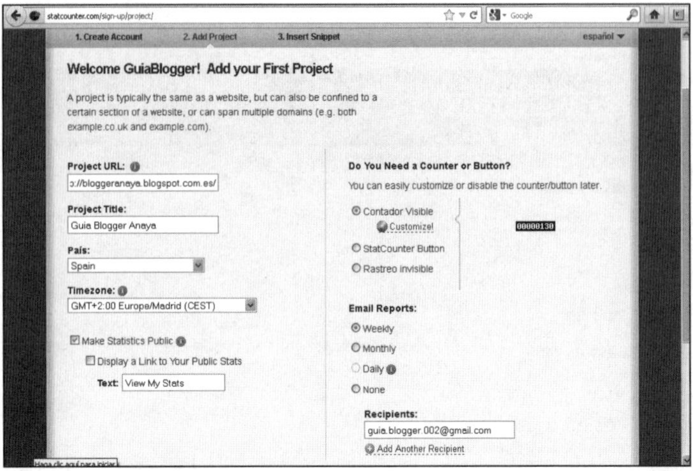

Figura 3.18. Página de registro del blog en el servicio *StatCounter*.

El texto se puede modificar, ya que por defecto en el apartado correspondiente al enlace a la página de los datos pone *View my Stats*. Si se desea que ponga otro texto, simplemente se edita, sustituyéndolo por otro.

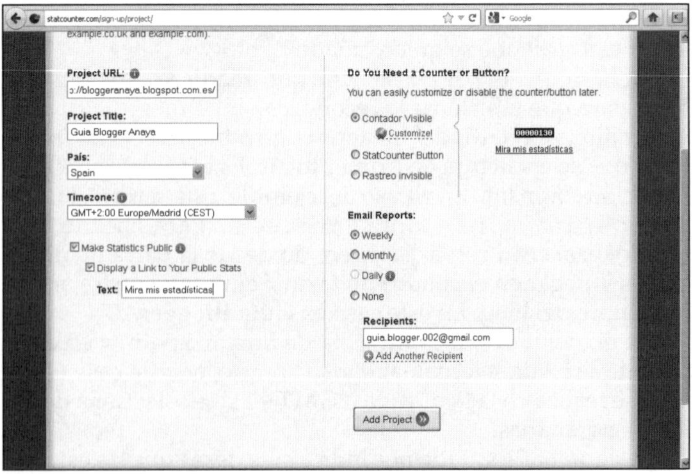

Figura 3.19. Configuración del contador de visitas de *StatCounter* que se podrá consultar en el blog.

En la parte derecha de la pantalla hay más opciones para acabar de configurar el *gadget*. Primero se ha de determinar cuál es el modelo de contador que se quiere tener en el blog, mediante las opciones que se ofrecen.

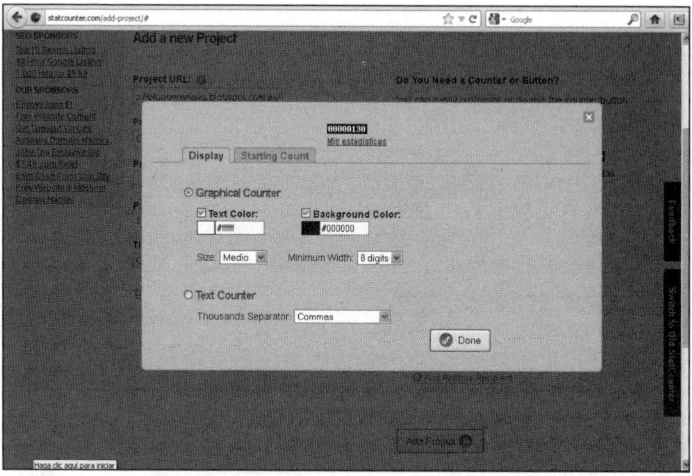

Figura 3.20. Ventana de configuración del color del contador de visitas de *StatCounter* que se verá en el blog.

1. **Contador Visible:** Este contador es el que registrará cada una de las visitas que reciba el blog. Se puede modificar su aspecto para hacerlo más acorde con el diseño del mismo, cambiando el color del fondo o del texto. También se puede cambiar el tamaño y la cantidad de dígitos a mostrar. En cuanto a la opción para mostrar el número de visitas en formato texto, se puede modificar el signo que separa los millares, con comas, puntos o espacios.

   La otra pestaña de esta pantalla, llamada **Starting Count**, permite determinar qué datos ha de utilizar *Statcounter* para contar las visitas. Puede ser por página vista o por visitante único, es decir, marcando una visita independientemente de la cantidad de páginas que visite ese lector.

2. **E-mail Reports**: Esta sección solicita la frecuencia con que el servicio se pondrá en contacto con el usuario para informar de los datos recogidos. Se enviará un mensaje a la dirección de correo electrónico facilitada al principio

con la información referente a las visitas, páginas vistas, procedencia de éstas y más datos que se recogen en el servicio. Se puede modificar también la dirección, por si se prefiere recibir en otra.

Haciendo clic en el botón **Add Project**, el blog queda registrado y solo falta un paso más, obtener el código e incluirlo en él.

La ventana que se abre nos ofrece el código que se ha de copiar y pegar en el blog.

Figura 3.21. Ventana con el código del contador de visitas de *StatCounter* que se ha de copiar al portapapeles de Windows.

Para hacerlo se sitúa el cursor en el cuadro de diálogo donde se encuentra el código y se selecciona todo el texto. Haciendo clic en el botón derecho del ratón, se hace clic en la opción Copiar, con lo que el texto quedará guardado en el portapapeles del ordenador.

Ya se ha habilitado la cuenta, y ahora solo queda volver al menú **Diseño** del blog e insertarlo en el mismo. Para hacerlo hay que seguir los siguientes pasos:

1. Seleccionar uno de los apartados marcados con **Añadir Gadget** de la barra lateral.
2. Cuando se abra la ventana de los *gadgets*, desplazarla hasta abajo hasta localizar el que recibe el nombre de **HTML/Javascript** y hacer clic sobre el nombre o el pe-

queño icono marcado con el signo **+**. Entonces se abrirá una ventana con espacio para pegar el código.

Figura 3.22. Detalle de la ventana de *gadgets* de Blogger con el que se ha de elegir para añadir el código obtenido en *StatCounter*.

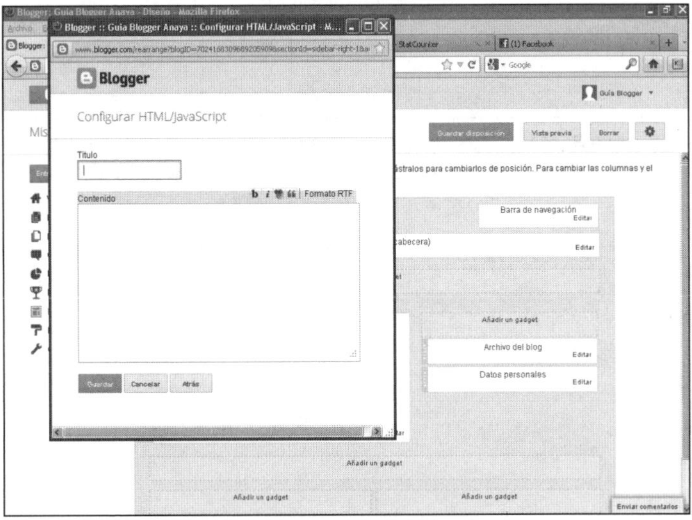

Figura 3.23. Ventana del *gadget* HTML/Javascript para su configuración.

3. En primer lugar se puede añadir un título, que podría ser algo similar a **Mis Estadísticas**. Se puede dejar en blanco, ya que solo es el nombre que se le quiere añadir al *gadget*. En el cuadro de texto más grande, es donde se ha de pegar el código. Para hacerlo, se ha de situar el cursor en su interior y pulsar el botón derecho del ratón. Se hace clic sobre la opción **Pegar** y el código quedará pegado en el lugar que le corresponde.

4. Al pulsar el botón **Guardar** el *gadget* quedará instalado en el blog y aparecerá reflejado en la página principal, además de en la sección **Diseño** como un elemento más.

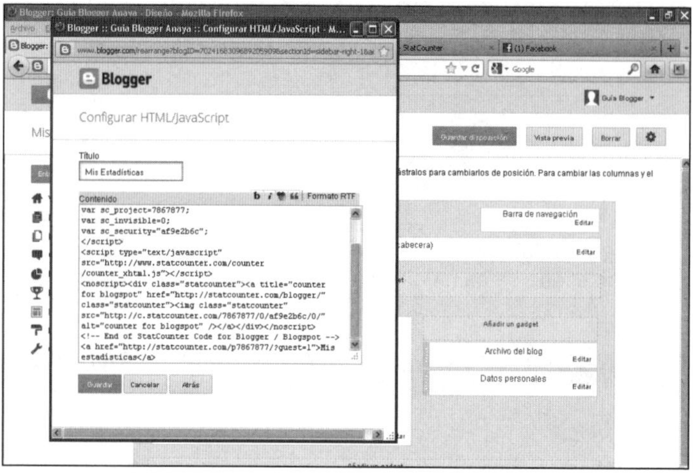

Figura 3.24. Detalle de la ventana de configuración del *gadget* HTML/Javascript con el código de StatCounter pegado en la caja de texto correspondiente.

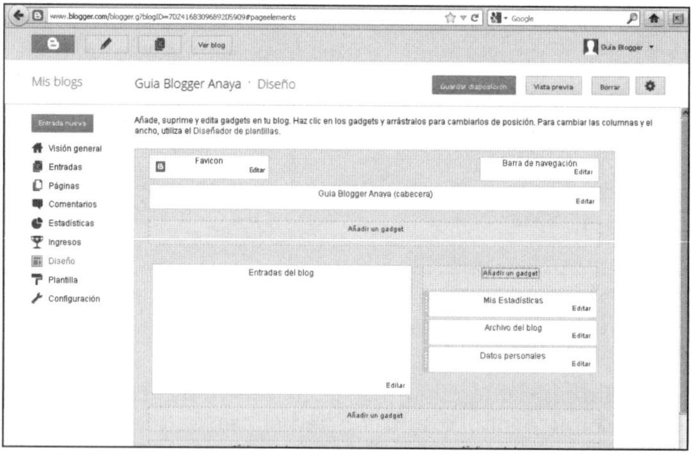

Figura 3.25. Pantalla de Diseño del blog con el *gadget* añadido.

Como vemos en la imagen, el contador de visitas ha quedado en la parte superior de la barra lateral, que es un sitio en el que se aconseja tener preferentemente la información del blog y de su editor. El lugar correcto del contador de visitas suele ser el final de la barra lateral, ya que no es una información relevante para el visitante, sino una información secundaria.

Para mover el *gadget* y situarlo en el lugar elegido, debemos hacer clic sobre el elemento en la página de **Diseño** y mantener pulsado el botón derecho del ratón. De esta manera, se puede desplazar hasta el lugar que se considere más adecuado para él.

Figura 3.26. Detalle del *gadget* desplazado hasta otra ubicación en la barra lateral.

Una vez en el lugar elegido, se ha de liberar el botón derecho del ratón, para dejar definitivamente configurado el *gadget* en el lugar que le corresponde. En la parte superior derecha se puede ver el botón **Guardar configuración**. Al hacer clic en él, se quedarán grabadas todas las modificaciones realizadas, y de esa manera, el aspecto definitivo del blog, con éste la nueva aplicación instalada sería la siguiente.

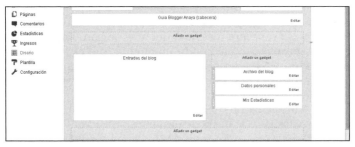

Figura 3.27. Detalle del *gadget* ubicado en su lugar definitivo.

Estos pasos son necesarios para incluir nuevos *gadgets* para el blog. Obviamente, cada web tiene sus propios pasos para la obtención del código que se puede obtener, y solo hay que seguir las instrucciones de cada una para registrarse y encontrar el código que se necesita.

En cuanto a la cantidad de *gadgets* que se pueden poner en un blog, depende de lo que necesite o quiera el editor. Mi consejo es que no se abuse de ellos y se utilicen los que se sepa con seguridad que pueden aportar valor al blog, y no añadir demasiados. Más vale ir cambiándolos de vez en cuando, que saturar la atención del lector con demasiadas opciones que, en realidad, no son necesarias.

Figura 3.28. Imagen del blog con el *gadget* instalado y ubicado en la barra lateral.

Para incluir *gadgets* en los apartados que se encuentran debajo de la cabecera o al final del blog se han de seguir los mismos pasos, pero teniendo en cuenta que el formato es diferente y no quedaría bien un *gadget* en forma cuadrada, que desaprovecharía el espacio y resultaría extraño para el visitante.

Estos espacios se suelen reservar para la publicidad de Google Adsense o la barra de pestañas para acceder a las distintas páginas que se creen en el blog, y de las que hablaremos en un próximo capítulo.

4

Comenzar a crear contenidos en Blogger

4.1. Crear la primera entrada en el blog

La primera entrada del blog es, probablemente, la más difícil de todas. Sirve para presentar el blog, su próximo contenido y el tema que se va a desarrollar en él. Una presentación personal, si se trata de una bitácora sobre la vida y el mundo del editor o una breve introducción del tema del que se va a hablar en lo siguientes artículos, puede ser suficiente.

4.1.1. Determinar el público del blog.

Después de haber creado el blog y haberlo dejado visualmente al gusto del editor, llega el momento de comenzar a aportar contenido. Éste será el principal motor del blog, lo que conseguirá que cada vez más lectores lleguen hasta la página web y lean lo que el editor quiere contarles.

Al crear el blog, se le ha puesto un nombre, de acuerdo con las intenciones y temas que se van a tratar en él, y esto es lo que ha de dirigir el contenido de los artículos publicados en él.

Si se ha creado un blog dedicado a los viajes, los *posts* han de ir orientados a rutas turísticas, experiencias del editor en sus viajes personales, recomendaciones de restaurantes u hoteles, etc. Si se trata de cine, se debería ceñir a la información referente a nuevos estrenos, o al mundo cinematográfico en general.

El lector que acuda al blog estará buscando una información concreta sobre un tema determinado, y se le debe ofrecer lo que está buscando.

Si no se pretende crear un blog temático, sino que simplemente se busca un lugar donde compartir experiencias y pensamientos personales, no es necesario ceñirse a un tema en concreto. En ocasiones, un blog particular cae en gracia entres los lectores y comienza a ser popular.

A la hora de escribir los artículos se ha de tener en cuenta qué buscamos realmente con ellos. Si se trata de compartir los conocimientos sobre un tema en concreto, se ha de utilizar un lenguaje claro y directo, que no confunda al lector. Hay que recordar que cuando se abre un blog, se está pensando en compartir estos temas con más gente, y si no reciben lo que buscan, se olvidarán de él y centrarán su atención en otro.

Si por el contrario se busca compartir algún tipo de pensamiento personal, a modo de diario, el estilo de redacción puede ser diferente, ya que influyen en él la manera de expresarse del editor.

Por encima de todo, se ha de pensar a quien va dirigido ese texto que se publica y por qué se quiere publicar.

4.1.2. Modos de redactar los artículos

Una vez se tienen claro todos estos temas, comienza el proceso de convertir al blog en un lugar interesante y con contenidos interesantes que atraigan la atención de los lectores.

Se puede acceder al menú de edición de entradas a través de varias opciones. Si se accede a la cuenta de Blogger, el menú que se nos presenta tiene, junto al nombre del blog, un botón de color naranja que representa un lápiz. Haciendo clic sobre él, se accede a la ventana de edición de entradas. Un botón similar aparece en la web Visión General, en la parte superior izquierda, que tiene otro botón en el que se lee **Entrada nueva**. La finalidad de un blog es introducir contenidos, así que es muy sencillo acceder a esta opción desde cualquier pantalla del mismo.

Figura 4.1. Botón de acceso a la página de edición de los artículos o *posts*.

La página de edición de entradas tiene varias opciones, además de los cuadros de texto donde incluir el título del artículo y el texto del mismo. Con esas opciones se pueden aplicar efectos al texto, programar la publicación del *post* en un día y hora determinado y otras funcionalidades que vamos a repasar en este capítulo.

Figura 4.2. Página de edición de los *posts*.

Junto al cuadro donde se escribe el título del artículo hay varios botones que cumplen diferentes funciones a lo largo de la escritura del artículo.

1. **Publicar**: Este botón, que aparece remarcado en naranja, permite que el *post* o artículo se publique en el blog, con todos sus elementos y modificaciones. Aunque aparezca en la página principal del mismo, se puede rectificar tantas veces como se desee, rectificando el texto, añadiendo imágenes, vídeos o eliminándolos si es necesario.

2. **Guardar**: Al hacer clic en este botón, el artículo se guarda en el apartado de borradores y no se publica en la página principal del blog. De esta manera, se puede dejar inconcluso, y volver a él en el momento en que se desee, para terminarlo y publicarlo cuando se termine de editar. Cualquier *post* terminado y publicado puede ser devuelto a **Borradores** en cualquier momento, ya que cuando se publica, el texto cambia y pasa a ser **Restablecer a Borrador**. Haciendo clic en este botón, el *post* desaparece de la página principal del blog y queda apartado hasta que se vuelve a publicar.

3. **Vista previa**: Haciendo clic en este botón se abre una nueva ventana, en la que se puede comprobar el aspecto final del *post* en la página principal del blog. La ventana

de muestra no es el blog auténtico, sino una imagen que el sistema crea simulando como se verá este artículo una vez publicado. Se pueden continuar realizando modificaciones en el contenido, ya que todavía no se ha confirmado. Si se hace clic nuevamente en el botón **Vista previa**, la imagen cambiará reflejando los cambios y modificaciones que se hayan realizado.

El cuadro de texto para el artículo está inmediatamente debajo del título. Es el lugar donde se escribe el *post* y es donde se pueden añadir las imágenes, los vídeos y todo lo que se quiera trasladar a los lectores.

Hay dos maneras de introducir el texto, según se seleccione el modo Redactar o HTML.

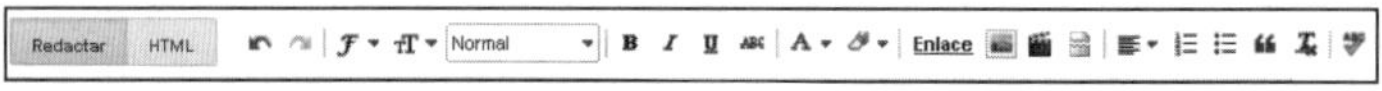

Figura 4.3. Botones de aplicaciones para la edición de textos.

4.1.2.1. Redactar

En este modo, el texto se introduce como si fuera un programa de tratamiento de texto, como el Word. No utiliza etiquetas HTML y tiene varias funcionalidades para enriquecer el texto.

- **Deshace**: Esta función, representada como una flecha dirigida hacia la izquierda permite deshacer la última acción realizada, restaurando el texto. Si se hace clic varias veces sucesivas, deshará las acciones realizadas de forma consecutiva.
- **Rehace**: Al igual que la anterior función, está representada por una flecha, pero orientada hacia la derecha. Su función es la contraria que la anterior. Si se ha deshecho una acción y se quiere recuperar, se hace clic en el botón y se restaura la acción eliminada.

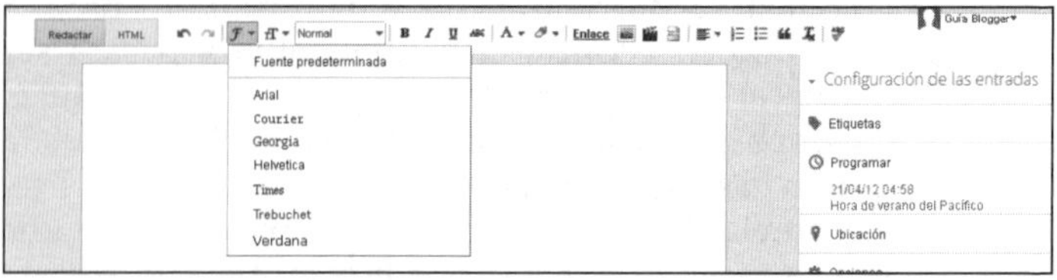

Figura 4.4. Tipos de fuentes para redactar el texto.

- **Fuente**: El texto puede ir redactado en cualquiera de las fuentes predeterminadas en Blogger. La fuente predeterminada por defecto es Arial, pero hay más que pueden utilizarse como en un programa de tratamiento de texto.

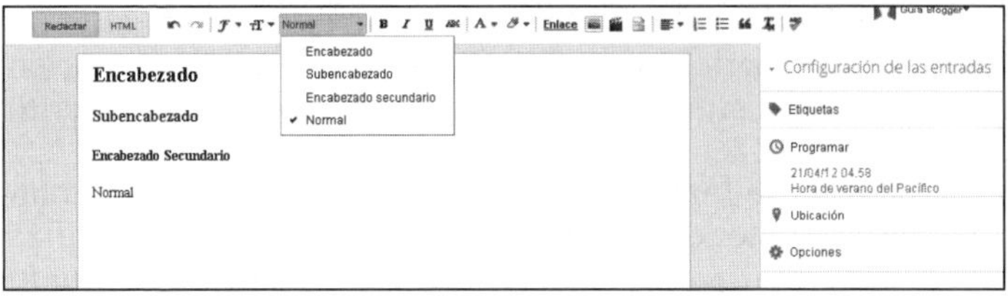

Figura 4.5. Tipos de texto según el estilo de los textos.

- **Tamaño**: El botón del tamaño de la fuente está representando por dos letras **T** de distinto tamaño. Al hacer clic en él, se despliega un menú en el que se pueden ver varios tamaños de texto, que son La más pequeña, Pequeña, Normal, Grande y La más grande. Se puede hacer clic en una de las opciones, y el tamaño del texto que se introduzca se añadirá en el tamaño elegido. Si se quiere modificar, se puede seleccionar el texto a cambiar y hacer clic en el tamaño elegido, con lo que se convertirá automáticamente.

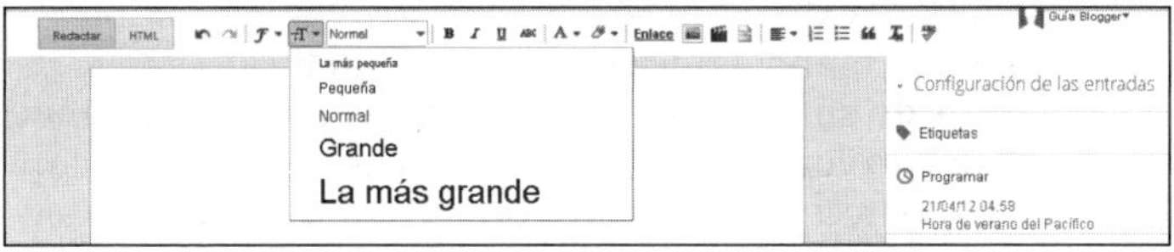

Figura 4.6. Tamaños de letras predeterminados.

- **Menú de estilo**: Este menú desplegable permite que se adapte el tamaño y situación del texto, según sea un Encabezado, Subencabezado, Encabezado secundario y Normal. El primero es un título de un bloque de texto, el segundo es un subtítulo, mientras que el tercero es un título de tercer nivel. La opción Normal permite escribir el texto del párrafo en tamaño estándar.
- **Botón de Negrita**: Está representado por una letra **B** en negrita, y se utiliza para escribir en negrita parte del texto. Se puede hacer clic en él y dejarlo activado para

escribir remarcando el texto. Al seleccionar un texto y haciendo clic en el botón, el texto aparece remarcado en negrito automáticamente.

- **Botón de letra cursiva**: El botón que convierte el texto plano en texto en cursiva. Su funcionamiento es idéntico que el anterior, y está representado por la letra *I*.

- **Botón de subrayado**: Al activar este botón, el texto seleccionado se convierte en texto subrayado. Como en los casos anteriores, si se deja activado, el texto escrito hasta desactivarlo aparece subrayado.

- **Botón de texto tachado**: Funciona igual que los anteriores botones, presentando un texto tachado. Se utiliza para resaltar una idea que se ha desechado y sustituido por otra frase, y se quiere que se conozca.

Figura 4.7. Distintos estilos de texto editados.

- **Menú de color de caracteres**: Este menú desplegable permite elegir el color del texto. Eligiendo el color se escribirá de esa manera. Si se quiere cambiar el color de algún texto en concreto, se ha de elegir y cambiar el color, de manera que cambiará automáticamente.

- **Menú de subrayado**: Al igual que el anterior, permite elegir el color, pero en esta ocasión es del subrayado. El texto aparecerá subrayado con el color escogido, y se selecciona una parte del mismo, solo lo hará la selección.

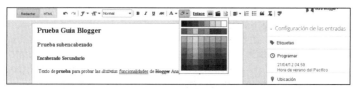

Figura 4.8. Paleta de colores del subrayado desplegada.

- **Botón de enlace**: Cuando se quiere que un texto enlace con otra página, se ha de seleccionar el texto y después hacer clic en este botón. Se abre entonces una ventana que permite añadir el enlace que llevará al lector a la web que se quiere enlazar. Está dividido en varios apartados. El primero indica el texto a mostrar. Si no se añade nada en el cuadro de texto, aparecerá el texto que se ha seleccionado en el *post*. Si se quiere cambiar, en este cuadro se puede realizar este cambio.

El segundo cuadro de texto es para pegar la dirección URL de la página a la que se quiere enlazar. Si no se sabe exactamente, es aconsejable buscarla con un motor de búsqueda, como Google, Bing o Yahoo, acceder a ella y copiar la dirección URL en la caja de texto.

También se puede enlazar con un correo electrónico, de manera que al hacer clic sobre él, el sistema abrirá automáticamente el cliente de correo, del estilo Microsoft Outlook, para enviar un correo electrónico.

Figura 4.9. Ventana de enlaces sin completar.

Los enlaces aparecerán remarcados y subrayados en la caja de edición de texto una vez se confirme, aunque en el *post* publicado aparecerá en la forma que se haya elegido en la plantilla, tal y como se vio en el capítulo 2.

Antes de confirmar se puede comprobar la validez de la dirección URL, por si ha habido algún problema a la hora de copiarlo y pegarlo en el lugar correspondiente.

Antes de hacer clic en el botón **Aceptar**, se pide dos acciones más.

La primera es determinar si la web que surge al hacer clic en el enlace se abre en la misma ventana o en una nueva. La segunda es activar la opción No Follow, haciendo clic en el botón de activación.

Esta es una opción que evita que los robots de seguimiento de los buscadores sigan ese enlace, dándole una
relevancia que no se quiere dar desde nuestro blog. De
esa manera, se ignorará ese enlace y no contará para
posicionar esa web por encima de la propia. Se puede
obviar esta opción si se tiene algún tipo de contacto con
el editor de esa web y se quiere vincular ambas.

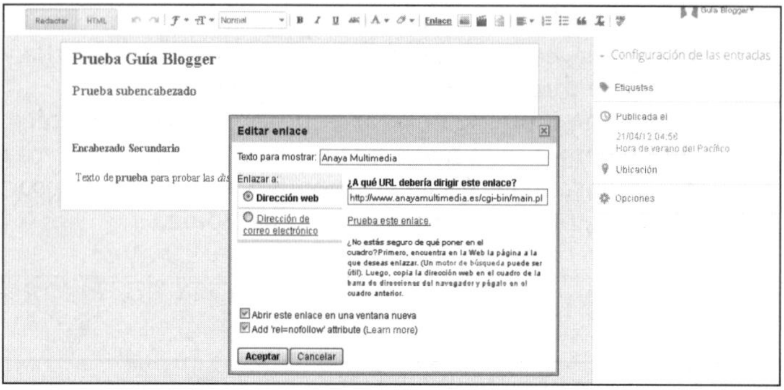

Figura 4.10. Ventana de enlaces completada y con las opciones
activadas.

- **Subir Imagen**: El botón para subir una imagen al *post*
  está representado como un icono que representa una
  fotografía. Al hacer clic, se abre una nueva ventana con
  las opciones de subida. En el lado izquierdo de la nueva
  ventana se puede elegir la procedencia de la imagen. Ésta
  puede proceder de una carpeta del ordenador, desde la
  opción Subir; repetir una imagen del mismo blog, con la
  opción Desde el mismo blog; importarla desde el servicio
  Picasa, haciendo clic en Desde Álbumes web Picasa;
  desde el teléfono o desde la webcam y finalmente, desde
  otra web, añadiendo la dirección URL de la misma.
  Como ya se ha comentado en los capítulos anteriores,
  es aconsejable subir una imagen desde una carpeta o
  ubicación local del ordenador, porque así se asegura su
  permanencia en el blog. Si la imagen está ya subida a
  una galería de la web Picasa, también es seguro, ya que
  proviene de una cuenta propia y se puede controlar su
  presencia en la Red. De otra manera, si la imagen desapareciera de la web de referencia, también desaparecería
  del blog.

Para seleccionar una imagen desde el ordenador, se hará clic en la opción **Subir**, y se abrirá una ventana con las carpetas almacenadas en el mismo. Navegando por ella, se ha de encontrar el archivo de imagen elegido y seleccionarlo.

Figura 4.11. Carpeta del disco duro con archivos de imágenes para insertar en el *post*.

En la opción **Desde el mismo blog** se muestran todas las imágenes existentes en el mismo, para elegir la que se quiere añadir al nuevo *post*.

Para elegir una imagen desde Picasa, se ha de tener una cuenta abierta en el servicio. Si no se tiene una habilitada, las imágenes que se pueden ver son las que se han subido al blog, que se almacenan por defecto en él.

Para subir fotos desde el teléfono, es necesario habilitar la aplicación para Google +, ya que las fotos provenientes desde el mismo se suben en la red social de Google y de ahí se pueden recuperar para el blog. Se ha de descargar en el teléfono la aplicación de la red social y subir desde la aplicación móvil las imágenes que queremos agregar a nuestro blog.

Para subir al blog una imagen desde la webcam, al hacer clic en esta opción, una ventana pedirá permiso para activar el dispositivo de captura de imagen anexado al ordenador, bien sea la incorporada en el monitor o una externa. Tras autorizar la acción, se puede tomar la imagen que se desea subir al *post*.

Figura 4.12. Permiso para acceder a la webcam para adquirir imágenes a través de ella.

La última opción para ilustrar el *post* con una imagen es enlazar una imagen existente en otra web, y mostrarla en el blog. Para encontrar la dirección de la imagen elegida, hay que hacer clic en la imagen de la web de referencia. Se abrirá entonces una nueva ventana con la imagen en su tamaño completo.

En la barra de dirección aparece la URL de la imagen, así que copiándola y pegándola en el cuadro de texto correspondiente a esta opción, aparecerá también en el blog.

Una vez elegido el método de adquisición de la imagen, ésta aparecerá en el cuerpo central de la ventana.

Haciendo clic en la imagen seleccionada, ésta aparecerá enmarcada en azul, y solo faltará confirmar la aparición de ésta en el blog mediante un clic en el botón **Añadir las imágenes seleccionadas**. Se puede añadir más de una imagen, seleccionándolas todas en el menú de la aplicación.

- **Subir vídeos**: Esta aplicación es similar a la anterior, aunque utilizando el formato vídeo. Como en el caso de las imágenes, se pueden elegir varias fuentes para incorporar los vídeos al blog.

  La primera fuente es el propio ordenador, buscando el archivo en las carpetas almacenadas en el mismo. El modo de subir el vídeo es idéntico a lo que se ha podido leer en el anterior apartado. Seleccionando el archivo, se pide después una confirmación para subirlo y aparece en el *post*.

La segunda posibilidad es buscar un vídeo desde Youtube. En la caja de texto se ha de poner una palabra o frase para encontrar un vídeo de esas características. En el apartado central de la ventana aparecen los vídeos que se ajustan a los criterios de la búsqueda, para seleccionar el que interese.

Figura 4.13. Ventana para insertar vídeos al *post*.

Desde Youtube se pueden encontrar los vídeos propios, si se han subido a través de una cuenta en el servicio de vídeos.

La opción **From your phone**, que permite subir los vídeos desde el teléfono móvil, necesita la aplicación de Google +, que puede descargarse para interaccionar con la red social de Google desde el teléfono.

Finalmente, para grabar un vídeo desde la webcam del ordenador, éste solicitará permiso para acceder al dispositivo y utilizar las imágenes obtenidas por él en el blog.

- **Salto de página**: Este botón, representado por un folio partido por la mitad, permite cortar el *post*, dejando un fragmento de éste, en la página principal del blog, y el resto del artículo en su propia página. De esta manera, se evita sobrecargar la página principal y permite al lector acceder al contenido completo de cada uno de los *posts* solo si le interesa el tema tratado.

- **Alineación**: Este menú desplegable permite modificar la alineación del texto, justificando las líneas en la izquierda, en la derecha, centrado o haciendo que se justifiquen en ambos lados.

Figura 4.14. Menú de justificación o alineación del texto del *post*.

- **Lista numerada:** Esta opción se selecciona cuando se quiere escribir una lista en la que cada una de las entradas debe de tener un número de orden.
- **Lista con viñetas:** Es idéntica a la anterior, excepto que en lugar de un número, cada entrada de la lista aparece marcada con un punto.
- **Cita:** Cuando se quiere remarcar una frase, sentencia o fragmento del texto, e indicar que es una copia literal de otro texto, se puede utilizar esta opción. En el artículo aparece destacado y con una maquetación diferenciada para destacarlo sobre el resto del texto. Para aplicarlo, basta con escribir el texto y después, seleccionarlo y hacer clic en el botón, que marca automáticamente todo lo seleccionado como una cita.
- **Elimina el formato**: Con este botón, se elimina el formato del texto seleccionado, para publicarlo sin él o modificarlo a la conveniencia del editor.
- **Comprobar ortografía:** Una vez escrito el texto del artículo, es conveniente asegurarse de que está correctamente redactado y que no se ha colado ninguna falta de ortografía. Es muy molesto encontrarse con una pequeña falta, producto quizás de un descuido involuntario. Por eso, esta opción permite evitar esas desagradables sorpresas. La aplicación subraya las palabras de ortografía dudosa con una banda de color, para que el editor las rectifique o confirme si es el caso.

4.1.2.1. HTML

Esta es la segunda opción para redactar los artículos. Se diferencia del anterior en que se utilizan códigos HTML, en lugar de utilizar los botones que se han visto en el apartado **Redactar**.

Es un método de introducción de texto poco aconsejado para usuarios de nivel medio y bajo, ya que hay que conocer un poco el lenguaje HTML. Cuando se quiera añadir un código en este lenguaje en el *post*, como un vídeo de Youtube, un reproductor de audio o cualquier otro *gadget* externo, es aconsejable cambiar a este método, ya que el modo **Redactar** no admite este tipo de códigos y no permite que se integren.

Como en el caso anterior, tiene varios botones que ayudan a la edición del artículo, aunque son pocos, ya que las mismas funciones que cumplen aquellos se suplen con el código HTML correspondiente.

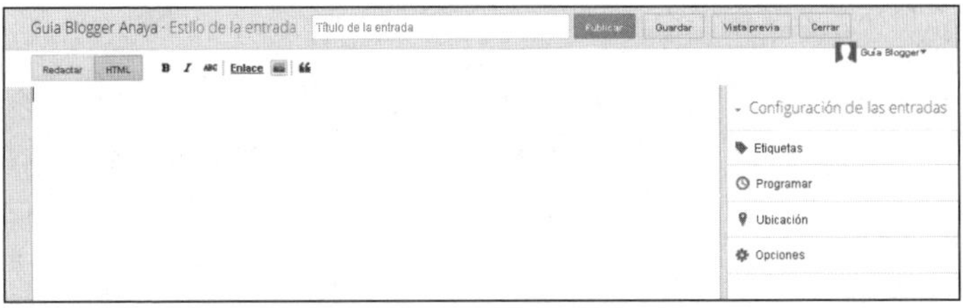

Figura 4.15. Página de edición del texto del *post* en el modo de introducción de textos en HTML.

- **Negrita**: Esta función está representada por una **b** en negrita. Cuando se hace clic sobre ella, se abre la etiqueta `<br>`, que determina que a partir de ella todo el texto aparecerá resaltado, aunque en el texto que se introduzca en la caja del artículo no aparezca de esa manera. Para cerrar la etiqueta, se ha de hacer clic nuevamente en ella. Entonces aparecerá la etiqueta de cierre, `<br/>`, que indica el final del texto en negrita.
  También se puede escribir el texto completo, sin añadir estas etiquetas y luego utilizarlas. Se puede seleccionar todo el texto que se quiere resaltar en negrita y después hacer clic en el botón de negrita. De esa manera, el texto seleccionado aparecerá entre las dos etiquetas, de apertura y cierre y en el blog aparecerá en negrita.
- **Cursiva**: Permite que el texto aparezca en cursiva, utilizando en este caso la etiqueta `<i>` y su correspondiente etiqueta de cierre `</i>`. Su uso es idéntico que en el botón de **Negrita**.
- **Tachar**: Presenta el texto seleccionado tachado con una línea, utilizando la etiqueta `<strike>` y la de cierre `</strike>`. Se utiliza igual que las dos anteriores.

- **Enlace**: Al igual que en el modo **Redactar**, se puede seleccionar un texto y enlazarlo con otra web. En este caso, la ventana que aparece es distinta, y mucho más sencilla.

  Simplemente hay que introducir en la caja de texto la dirección URL completa (incluyendo http://) a la que se quiere enlazar. En este caso, la representación sería de la siguiente manera: `<a href="http://www.anaya-multimedia.es/">Anaya Multimedia</a>`. En el blog, una vez editado el *post*, aparecerá remarcada con el color elegido para este tipo de textos y subrayados.

Figura 4.16. Imagen de la página de edición de *posts* con la ventana para añadir un enlace al texto en modo HTML.

Siendo el mismo texto, y con idéntica edición, en cada uno de los dos modos aparecerá de manera diferente en la pantalla de edición.

Figura 4.17. Imagen de un texto de muestra, editado en el modo HTML.

Figura 4.18. Imagen del mismo texto en el modo Redactar.

4.1.3. Redactar el primer *post*

El contenido del blog que se muestra son los *posts*, llamados también artículos o entradas. En ellos se desarrollan los temas elegidos, y es donde se incluyen los vídeos, imágenes y demás elementos que permiten a los visitantes complementar la lectura de los temas propuestos.

Se comienza poniendo un título que identifique el *post*. Debe estar relacionado con el tema y escrito de manera clara y concisa. De esa manera, se ayudará a los robots de los buscadores a encontrarlo y mostrarlo a las personas que utilicen estos buscadores para localizar ese tema en concreto.

Para introducir el texto, es mejor hacerlo en el modo **Redactar**, ya que es mucho más sencillo y ayuda al editor a visualizar mejor el contenido final antes de confirmarlo.

El texto ha de ser sencillo y directo, aunque dependiendo el tipo de texto que se quiere compartir puede variar la manera de redactarlo.

Si se pretende crear un blog para compartir reflexiones destinadas a un grupo reducido de personas, sin tener pretensión de posicionarse en los buscadores, no es necesario seguir los consejos de posicionamiento.

Lo que sí es recomendable es seguir unas normas básicas de de redacción.

- **Claridad**: Hay que ser consciente del tema o temas que se están escribiendo. Lo mejor es escribir sobre algo que se conoce y del que se tiene buena información, de manera que quede todo claro para el lector, tanto el que vuelve de manera habitual como del ocasional.

- **Buena ortografía**: La redacción no solo ha de ser clara y centrada en los temas que se quieren reflejar, sino que ha de ser correcta y teniendo en cuenta las normas de ortografía. No vale escribir como si se tratara de un SMS, dejándose letras o cambiándolas por otras siguiendo la moda en curso. Una impecable redacción ayuda a crear fidelidad entre los lectores y a dar una imagen seria al blog.

- **Seguir las normas de Netiqueta**: La Netiqueta es un conjunto de normas enfocadas a la comunicación en Internet. Se basa en una serie de normas de comportamiento lógicas, que ayudan a la convivencia de opiniones en blogs, redes sociales y demás lugares de encuentros digitales. Básicamente, lo que dictan estas normas es a respetar la opinión de los demás, no proferir insultos ni descalificaciones y hablar correctamente. Se incide, sobre todo, en conocer los mecanismos del diálogo y evitar prevalecer sobre los demás utilizando la prepotencia y los malos modos.

Además, indica las maneras de redactar y su significado en el mundo virtual. Por ejemplo, solo se debe escribir en mayúsculas cuando lo que se pretende es incidir en una idea o enfatizar una frase. En el mundo "real", el uso de las mayúsculas sería el equivalente a subir la voz o, directamente, gritar.

Por este motivo, hay que evitar este recurso y sustituirlo, por ejemplo, por la marcación en negrita del texto elegido. Se ha de evitar escribir siempre en mayúscula, porque no solo es una falta de respeto hacia el lector, como si se le estuviera hablando a voz en grito, sino que también dificulta la lectura, y lo que se pretende al publicar un blog es que se lean los contenidos, no que resulte engorroso hacerlo.

- **Posts no demasiado largos**: Quien decide escribir en un blog suele ser alguien a quien le gusta leer y, además, escribir. Se tiende a escribir mucho, a dejar volar la imaginación. Pero el lector de Internet es un lector rápido, que busca información concreta y textos ajustados al poco tiempo al que dedica a la lectura.

Por este motivo, los artículos deben oscilar entre los tres y los diez párrafos. Estos, además, han de ser cortos, de entre tres y siete líneas cada uno. Así mismo, es aconsejable que las frases sean cortas y vayan directas al tema en cuestión. Es importante mantener el interés del lector, y no dejar que lo pierda y decida buscar otro blog que cumpla con las expectativas que le han llevado hasta el que se está creando.

Teniendo en cuenta estas apreciaciones, se puede comenzar a redactar el *post*. En un blog informativo, que trata solo un tema y pretende convertirse en una referencia para los lectores interesados en él, hay que ser más claros todavía. Es aconsejable poner varias palabras clave, como se verá en el capítulo dedicado al SEO, para atraer la atención de Google, el buscador más utilizado en el mundo.

Por ejemplo, si se habla de coches y se pretende escribir sobre el nuevo modelo de determinada marca, es aconsejable que el título incluya algo similar a "Descubre el modelo X de la marca Y y sus novedades".

El artículo debería incluir esas mismas palabras en el primer párrafo, para que el lector que encuentre este artículo en Google pueda conocer mejor el contenido del *post*. Esto ayudará a que se fije en el blog y lo visite.

El contenido del *post* se puede estructurar según lo que sea, pero manteniendo una coherencia con el estilo elegido y con una maqueta predeterminada. Es aconsejable realizar varias pruebas de estilo antes de hacer público el blog, para dotarle de una imagen propia.

Se pueden editar varios artículos de distintas maneras, hasta que se encuentre el más adecuado a la temática elegida.

Un ejemplo de primer *post* es un texto breve, presentando el blog, al editor y la temática a la que se va a orientar el mismo. Un par de párrafos pueden ser suficientes, y permiten al lector que entre en él, conocer un poco más de lo que se va hablar en sucesivos *posts*.

Como se puede comprobar, hago mucho hincapié en ofrecer la máxima información posible sobre estos asuntos. Internet es un gran océano donde existen millones de blogs y páginas web que tocan todos y cada uno de los temas que se puedan imaginar. Para atraer la atención del internauta que busca un tema en concreto, hay que hacer que su vista vaya directamente a lo que se ofrece en ese blog que estamos creando. Actualmente, la mayoría de visitas a las webs se producen a través de los buscadores, especialmente Google. Es raro que una visita llegue a través del nombre del blog o directamente anotando la dirección en la barra de direcciones, y todo esto se ha de tener en cuenta.

Por eso, el título del *post* es tan importante. Define el contenido y es lo primero que se ve.

Figura 4.19. Posible título del primer *post* del blog

A continuación, en la caja de texto principal, se escribirá una pequeña presentación.

Como presentación, este texto es suficiente, pero es aconsejable darle algo más de contenido, para que no quede tan estático. Se puede, por ejemplo, utilizar las funcionalidades que se han repasado más arriba, como las negritas, la cursiva y el resto de opciones para texto que ofrece Blogger.

No hay que abusar de ellos, porque pueden llegar a cansar al lector, así que hay que racionalizar su uso.

Figura 4.20. Ejemplo de texto de un primer *post* en el blog.

Se pueden seleccionar palabras como el título del blog, o la temática para resaltarlos en negrita, e incluso el primer caso, el título, puede editarse para que se vea en cursiva.

Figura 4.21. El texto anterior, una vez editado.

4.1.3.1. Incluir una imagen en el primer *post*

Una vez remarcadas las palabras y conceptos principales, el texto se ha enriquecido y se percibe de otra manera, más trabajada y cuidada. Sin embargo, continúa siendo simplemente texto, y no tiene la fuerza visual para atraer miradas. Le hace falta una imagen para atraer mejor la atención del posible lector.

Para incluir una imagen, primero se ha de encontrar una que sea adecuada con el texto, que conjunte de una manera efectiva con lo que se ha escrito y que debe tener una relación con el tema tratado. Se trata del primer *post*, uno en el que se presenta el nuevo proyecto, así que no se puede, por lógica, añadir una fotografía de un yate si se va a hablar de coches, o una imagen de una frutería si el tema elegido por el editor es acerca de libros.

Esta coherencia permitirá, una vez más, que el lector identifique el blog con el tema del que busca información.

Es importante que la imagen que deseamos incluir esté libre de derechos. Normalmente, se tiende a pensar que las fotografías que se encuentran en páginas web se pueden tomar prestadas sin problemas y publicarlas en otras páginas. Eso no es cierto.

Normalmente, no ocurre nada por tomar una imagen de otro lugar encontrado en la red, pero si ésta tiene los derechos reservados, y está registrada bajo copyright de su creador, puede llegar al correo del blog algún mensaje avisando de que no se puede utilizar.

Lo más común es que, si sucede esto, sea simplemente un aviso para retirar la imagen, y no vaya más allá, pero mejor ahorrarse esas situaciones, utilizando fotografías o imágenes libres de derechos.

Un lugar muy habitual para encontrar este tipo de imágenes es la red de fotografía Flickr. Si en el buscador, como Google o Yahoo, se incluye la búsqueda Flickr Creative Commons, aparecerá un resultado que nos dará acceso a la sección de la popular red de fotografías compuesta por esas imágenes libres de derechos y que son de uso público.

Hay varios tipos de licencia Creative Commons, que permiten al autor que la registra con esta licencia, compartir de manera gratuita y sin cobrar derechos de autor en determinados supuestos.

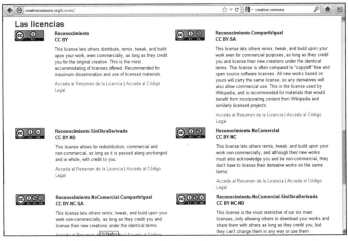

Figura 4.22. Tipos de licencia Creative Commons, extraídas de la página web; http://www.creativecommons.org

Estos son los tipos de licencias que existen en Creative Commons.

- **Atribución**: Esta licencia permite utilizar la obra a cualquier persona, para uso privado o comercial, sin necesidad de pedir permiso al autor, con el único requisito de acreditar la autoría.
- **Reconocimiento sin obra derivada**: Es idéntica a la anterior, pero exige que la obra sea compartida de manera íntegra, sin realizar ningún tipo de modificación en la misma.
- **No Comercial**: Compartir una obra con esta licencia determina que se puede compartir con el requisito de acreditar la obra, pero solo en lugares donde no se realice una actividad comercial.
- **Compartir Igual**: Se aplica a las obras derivadas, que se pueden compartir pero con la misma licencia que se ha transmitido esta obra derivada.

Todas estas licencias se pueden combinar para ajustar el tipo de licencia que se busca para la obra creada.

Para el blog, es preferible buscar imágenes registradas bajo la licencia Atribución, para evitar problemas.

En el buscador aparece Flickr Creative Commons, el enlace en el que se ha de hacer clic para acceder a las imágenes con este tipo de licencia.

Figura 4.23. Resultado de la búsqueda en Google de la web Flickr Creative Commons.

Este enlace lleva hasta la página de Flickr donde se muestran todos los tipos de licencia. Se debe elegir la primera de ellas, ya que es Licencia de Atribución, la más abierta y que permite el uso total de las fotografías.

Figura 4.24. Página de la red de imágenes Flickr donde se muestran las fotografías licenciadas con Creative Commons.

En la parte inferior del apartado Atribution Licence aparece una opción entre paréntesis llamada **See More**, donde se debe hacer clic para acceder al apartado correspondiente.

Al acceder a la página de las imágenes, se pueden ver las 100 primeras imágenes registradas con esta licencia, y sobre ellas, un cuadro de búsqueda marcado con las palabras Explore/ Creative Commons, y el símbolo de la licencia, una figura humana rodeada con un círculo (véase figura 4.25).

En el cuadro de búsqueda se ha de introducir la palabra clave elegida. Si se trata de coches, barcos, tartas o cualquier cosa que estemos buscando. El buscador encontrará todas las imágenes etiquetadas con esas palabras y las mostrará. Por ejemplo, en la imagen siguiente se puede comprobar cómo se ha realizado una búsqueda de imágenes con la etiqueta "ciudades de España", que ha producido el resultado que se puede ver en ella (véase figura 4.26).

Por defecto, Flickr ofrece unas 24 imágenes por página de resultados. A los pies de las imágenes se encuentran los números de las páginas sucesivas que contienen más resultados. Siguiendo el ejemplo, se puede observar que se ha hecho clic sobre la página 2 y allí se muestran nuevas imágenes para elegir (véase figura 4.27).

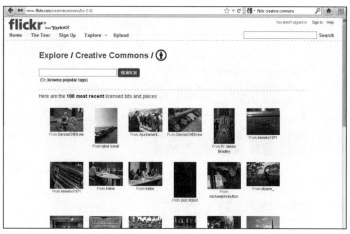

Figura 4.25. Página de imágenes con Licencia Atribución en Flickr.

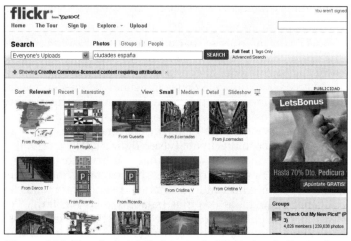

Figura 4.26. Resultados de la búsqueda "Ciudades de España" en la sección licencia de Atribución.

Si se quiere elegir la tercera imagen de la primera fila, por ejemplo, se hará clic sobre ella, y el sistema abrirá la página donde se almacena la fotografía.

Figura 4.27. Página de Flickr resultado de la búsqueda en el apartado de imágenes registradas con la licencia Atribución de Creative Commons.

Figura 4.28. Página de Flickr de la imagen seleccionada para descargar al disco duro del ordenador.

Al situar el cursor sobre la fotografía, éste se convierte en una lupa. Haciendo clic en el botón derecho del ratón, se abre un menú en el que se puede leer, en la parte superior, que la imagen tiene algunos derechos reservados.

Figura 4.29. Ventana de selección de tamaño que informa que la imagen elegida tiene algunos derechos reservados.

Para comprobar que realmente está registrada con la licencia de atribución, se hará clic en la zona remarcada. Se abrirá entonces una nueva pantalla en inglés que informa que, efectivamente, se permite compartir y modificar si fuera necesario.

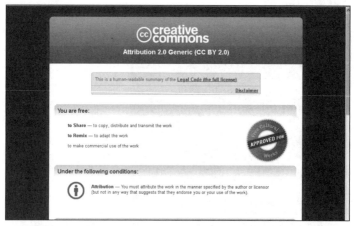

Figura 4.30. Imagen de información de la licencia de la imagen.

Para volver a la pantalla de Flickr donde se encuentra la imagen seleccionada, se ha de hacer clic en la flecha de retroceso del navegador. De nuevo, una vez en ella se ha de colocar otra vez el cursor sobre ella. Volverá a tomar la forma de una lupa, y se debe de hacer clic en el botón derecho del ratón.

En la parte inferior del menú que se despliega, se pueden ver distintos tamaños de la imagen.

Como se va a insertar en el blog, y el sistema de Blogger ajusta automáticamente la imagen, es conveniente seleccionar un tamaño grande. Entre las opciones suele aparecer Médium 640, que es un tamaño lo suficientemente grande para no perder calidad y al reducirse, queda bien publicado en el *post*.

Al hacer clic sobre esta opción, se accede a la página donde se almacenan todos los tamaños disponibles de la imagen. La que se visualiza en la pantalla es la que tiene el tamaño seleccionado. Si se desea cambiar, sobre ella están las distintas opciones para seleccionar.

Una vez elegido el tamaño (en este caso, Médium 640), se puede comprobar que el lado superior de la imagen hay un texto que dice Download the Medium 640 Size of this Photo. Al hacer clic en esa opción, comenzará el proceso de descarga de la imagen hasta el disco duro del ordenador.

El sistema solicitará permiso para descargar el archivo, y al confirmarlo, se guardará en el disco duro. Por defecto, se suele guardar en la carpeta de descargas, así que es mejor memorizar o apuntar el nombre del archivo, para localizarlo con más rapidez.

Otro sistema de guardar la imagen en el disco duro es situar el cursor sobre ella y hacer clic en el botón derecho del ratón. Se abrirá un menú en el que aparece la opción Guardar imagen como…

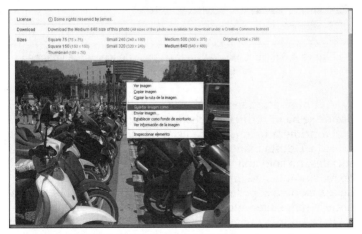

Figura 4.31. Imagen con el menú de descarga a través de las opciones de Windows.

Al hacer clic en ella, se abrirá una ventana con las distintas carpetas. Al elegir una carpeta, por ejemplo con el nombre del blog, que se habrá creado antes para guardar las imágenes, se hace clic en el botón **Guardar**, con lo que quedará almacenada en esa carpeta para ser subida al servidor del blog para que aparezca en el *post*. En este caso es mejor cambiarle el nombre a la imagen, para localizarla mejor y sobre todo, porque así tendrá un nombre nuevo, que Google no reconocerá como proveniente de otra web y le dará más valor. Una sugerencia puede ser #nombredelBlog#_01, así ayudará también a los buscadores, ya que se trata del nombre del blog que se está editando, seguido de un número de orden, o un nombre que la defina y permita localizarla rápidamente.

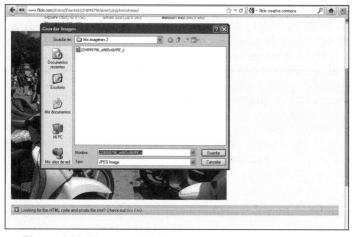

Figura 4.32. Ventana de Windows para descargar la imagen en la carpeta seleccionada.

A continuación se volverá a la pantalla de edición de *posts*, donde se ha introducido el texto y se quiere subir la imagen.

La primera imagen suele estar situada en la cabecera del artículo. De esta manera, cuando se comparte éste en las redes sociales, no solo aparece el título y las primeras palabras del texto, sino que, además, se puede ver la imagen, ayudando de esa manera al posicionamiento del artículo y sobre todo, a hacerlo más sugerente para el posible lector.

Para subir la imagen, se ha de hacer clic en el botón **Subir Imagen**, que como se ha visto anteriormente, está representado por un icono que representa una fotografía. La ventana que se abre a continuación tiene un botón llamado **Elegir Imagen**, y se ha de hacer clic en ella. Al hacerlo aparecerá una ventana del Explorador de Windows en el que aparecen las distintas carpetas almacenadas en el disco duro. Se ha de localizar la que contiene la imagen descargada, bien en la carpeta **Descargas**, si ha almacenado allí o en la correspondiente a las imágenes del blog, que es aconsejable abrir para tener localizadas y agrupadas todas las fotografías o ilustraciones que se quieran añadir al mismo.

Si todavía no se ha cambiado el nombre, es el momento de hacerlo, antes de subir el archivo al servidor de Blogger. Para hacerlo, se ha de seleccionar la imagen, que aparecerá resaltada en azul. Se puede hacer de dos maneras, utilizando el botón derecho del ratón o bien con el teclado.

Una vez seleccionada la imagen, se ha de hacer clic sobre ella con el botón derecho del ratón. En el menú que aparece en pantalla, se puede ver una opción llamada Cambiar nombre, con la que se puede modificar el mismo.

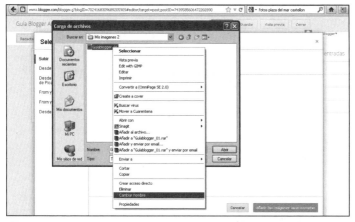

Figura 4.33. Menú para cambiar el nombre del archivo de imagen.

Con el nombre cambiado, ya solo queda seleccionar la imagen, hacer doble clic sobre la misma y se subirá al servidor de Blogger (véase figura 4.34).

Una vez almacenada en el sistema del servicio de blogs, aparecerá en la ventana de **Subir Imágenes**. Para seleccionarla y llevarla hasta el blog, hay que hacer clic sobre ella. Se verá enmarcada en un marco de color azul, y es entonces cuando se ha de hacer clic sobre el botón **Añadir las imágenes seleccionadas** (véase figura 4.35).

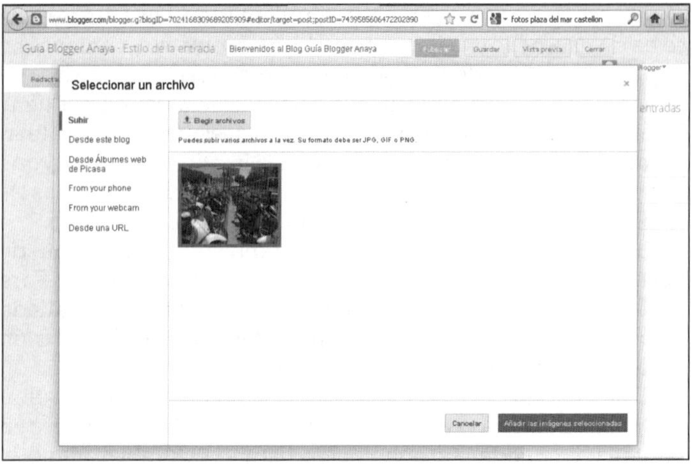

Figura 4.34. Ventana de la imagen seleccionada, tras ser subida al servidor de Blogger.

Figura 4.35. Pantalla de edición del *post* con la imagen colocada en la cabecera del artículo.

Una vez en el blog, la imagen se situará en la cabecera del artículo. Por defecto se subirá centrada, de manera que presentará un tamaño medio que es adecuado al ancho de la zona de texto, es visible, pero no tiene un tamaño ni muy grande ni muy pequeño. Si se hace clic sobre ella una vez publicada en el blog, se abrirá una nueva pantalla con la imagen en su tamaño real, que es independiente de la visualización que se tiene de ella en el *post*.

También se pueden modificar las características de la imagen.

Para cambiar su situación respecto al texto, tamaño o enlazarla a una página web externa o a otro *post* del blog, se ha de hacer clic sobre ella utilizando el botón izquierdo del ratón. Al seleccionarla, aparecerá debajo de ella un pequeño menú horizontal con diversas funciones.

- **Tamaño de la imagen**: Se puede modificar a cuatro tamaños, Pequeño, Mediano, Grande o Extragrande. Es aconsejable el tamaño Mediano o Grande, ya que el Extragrande normalmente excede el espacio disponible para mostrarla encajada en el *post*.

- **Alineación**: Puede estar centrada, alineada a la derecha o alineada a la izquierda. En los casos en que se sitúe en uno de los extremos, el texto aparecerá junto a la imagen, si es de un tamaño que lo permita.

Figura 4.36. Pantalla de edición del *post* con la imagen seleccionada, alienada a la izquierda y mostrando el menú de opciones de imagen.

- Añadir Leyenda: Se puede añadir un pie de foto a la imagen, Al hacer clic sobre esta opción, aparece un pequeño texto editable bajo la misma. Se puede borrar y añadir el texto que se prefiera. Aparecerá en el *post* como un texto editado con el tamaño de letra El más pequeño, que se puede modificar si desea. En esta leyenda es donde se añadiría, de necesitarlo, la acreditación de la imagen que se ha tomado de Flickr. La manera de hacerlo sería #nombreautor# – Flickr, y enlazar este texto con la página de donde se ha obtenido la imagen.

- **Propiedades:** Al seleccionar esta opción, se abre una ventana con dos cajas de texto, en las que se puede añadir información sobre la imagen, como un nombre, que se verá cuando se sitúe el cursor sobre ella.

Figura 4.37. Cuadro de texto de las propiedades de la imagen.

- **Eliminar:** Con esta opción, se elimina la imagen del *post*, aunque continúa estando disponible en la ventana de Subir Imágenes, por si se quiere subir en el mismo *post* posteriormente. Permanecerá en ella hasta que se dé por finalizada la edición o se salga de la cuenta. También se puede eliminar haciendo clic sobre la imagen, seleccionándola y pulsando la tecla **Supr** del teclado.
Una vez terminada de editar la imagen, ya está la entrada para ser publicada. Para asegurarse de que todo está en su sitio, tal y como se pretende que se vea, existe una opción. El botón **Vista previa**, que se encuentra en la parte superior de la pantalla de edición de entrada, junto al título, permite que se abra una ventana con la maquetación definitiva, pero sin haber sido publicada todavía.

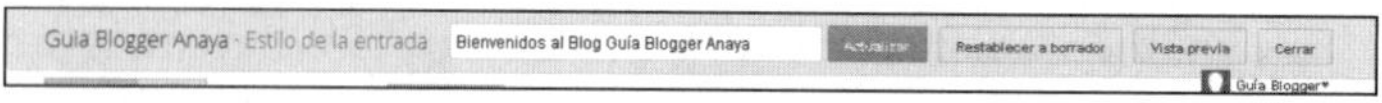

Figura 4.38. Detalle de los botones superiores de la pantalla de edición de *posts*, con el botón de Vista previa a la derecha del título.

De esta manera se puede comprobar que todo está como se pretende que esté y no haya sorpresas en el blog una vez publicado. Si esto ocurriera, no es ningún problema, ya que se puede editar el *post* tantas veces como se quiera o se necesite.

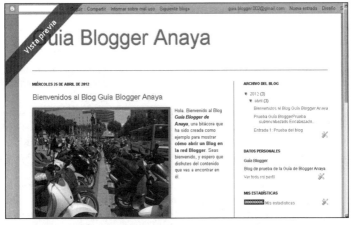

Figura 4.39. Imagen de la pantalla de Vista previa con el blog tal y como se vería hasta el momento.

Si no se ha terminado de escribir el *post*, simplemente, se vuelve a la plantilla y se continúa trabajando sobre él.

En el siguiente ejemplo, se han escrito varios párrafos más, y se ha devuelto la imagen a su posición de encabezamiento, además de editarla al tamaño Mediano. Es el tamaño y la posición más adecuada para ello, aunque también se puede presentar de cualquier otra manera que se prefiera.

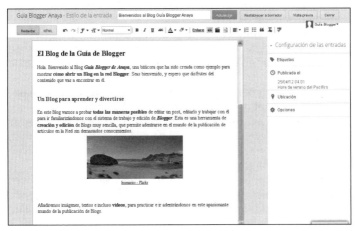

Figura 4.40. Imagen de la pantalla de edición con más texto y una fotografía más.

Se pueden añadir más imágenes al artículo, para enriquecer visualmente la presentación.

La manera de subir más fotos es la misma que se ha seguido anteriormente. Simplemente se hace clic sobre el icono de la fotografía y se vuelve a seleccionar una imagen de una carpeta del disco duro y seleccionarla. De esta manera, se subirá al servidor de Blogger y se puede utilizar también.

La imagen aparecerá en el lugar donde se sitúe el cursor, así que hay que tener la precaución de dejar éste en el sitio en el que se quiere insertar la fotografía. Si no es así, puede aparecer en mitad de un párrafo, rompiendo el esquema del mismo.

Si sucediera esto, se puede solucionar manteniendo el botón izquierdo del ratón pulsado y arrastrando la imagen hasta el lugar en que se quiere situar. El texto volverá a su esquema anterior y la imagen estará en el lugar adecuado.

4.1.3.2. Insertar un vídeo

Para insertar un vídeo en el *post*, hemos visto que se puede añadir directamente haciendo clic en el botón que representa una película. En ese momento se abrirá una ventana similar a la de subir imágenes y se buscará el vídeo que se quiere insertar en el artículo, tal y como se ha explicado en el apartado correspondiente a la inserción de imágenes en este mismo capítulo.

Hay otras maneras de insertar un vídeo, a través de su código de inserción o código *embed*.

Este es un código en formato HTML, que se puede añadir al *post*, de manera que queda insertado en el artículo y se puede visualizar en el blog sin necesidad de que provenga de Youtube.

Se puede obtener de prácticamente todos los vídeos disponibles en Internet, y se puede copiar y añadir al *post*.

Si se trata de un vídeo de Youtube, que se quiera buscar en la propia página del servicio, se debe acceder a la misma, a través de http://www.youtube.com, o buscando la web a través de un buscador.

En el buscador de Youtube se introducen las palabras claves a buscar. En el ejemplo, se ha introducido la palabra "Blogger", para localizar vídeos relacionados con el servicio sobre el que se está hablando en la presente guía.

Una vez localizado el vídeo, haciendo clic sobre el título se accede a la página en la que se muestra éste.

Figura 4.41. Página del vídeo de Youtube seleccionado.

En esta página se pueden ver varios botones, que realizan distintas funciones en el vídeo. Bajo el mismo, se encuentran los botones que se utilizan para compartir y difundir el vídeo entre los contactos.

Figura 4.42. En la página del vídeo se encuentran los botones para compartirlo en redes sociales y por correo electrónico.

- **Me Gusta**: Este botón indica que el vídeo ha gustado, o no, al usuario y lo puntúa de manera positiva haciendo clic en el botón con el icono del dedo pulgar hacia arriba o de manera negativa, si se hace en el que representa el pulgar hacia abajo.

- **Añadir a**: Haciendo clic en este botón se puede añadir el vídeo a una lista de reproducción o a la lista de favoritos del usuario. Para esto, se ha de contar con una cuenta de Youtube. Como Youtube pertenece también a Google, con la misma cuenta con que se trabaja en Gmail o Blogger se puede acceder. Es decir, si se accede a Youtube mientras está validada la cuenta en cualquiera de estos dos servicios, la cuenta también está activa en el servicio de vídeo, y se pueden realizar las acciones que requieren cuenta, sin que se tenga que hacer nada más.

- **Compartir**: Este el botón que se utiliza para compartir el vídeo y poder acceder al código de inserción que se debe copiar y pegar en el *post* para que aparezca en el blog.

Cuando se despliegan los botones para compartir, se ven varios botones, que se utilizan para compartir el vídeo.

- **Caja de texto**: Lo que aparece en esta caja de texto no es el código que se busca para insertarlo en el blog, ya que solo serviría come enlace para que se abriera la página de Youtube que contiene el vídeo, pero no permitiría insertarlo en el *post*.

- **Botón Insertar**: Este es el botón en el que se encuentra el código necesario para integrar el vídeo en el blog. Al hacer clic sobre el mismo, aparece una nueva caja de texto en el que está el código del vídeo, es decir, toda la información para insertar un reproductor en el blog y poder ver el vídeo desde él (véase figura 4.43).

Bajo el código hay otra serie de opciones, que se utilizan para determinar el tamaño del vídeo que se quiere incluir en el blog. Se ha de escoger el más adecuado a la anchura del blog entre los que hay por defecto, o utilizar la opción Personalizado.

En las dos cajas de texto se introducirán las medidas en píxeles que se desea que mida el vídeo, de ancho y de alto. Una buena medida para un blog de Blogger podría ser 540 píxeles de ancho por 315 píxeles de alto. No importa si no se ajusta en principio al tamaño del blog. Se puede modificar una vez pegado en el *post*.

Se selecciona todo el texto del código y se hace clic en el botón derecho. En el menú que se despliega ha de seleccionar el comando Copiar y ya se puede llevar hasta el blog.

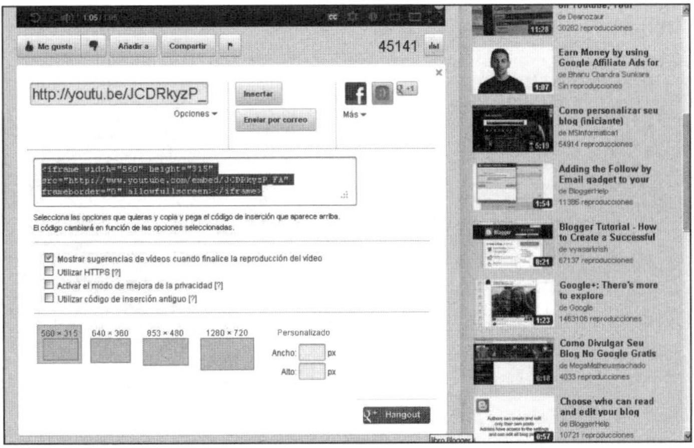

Figura 4.43. Código de inserción de un vídeo de Youtube.

- **Botones de compartir**: El resto de botones de este apartado se utilizan para compartir el vídeo a través del correo electrónico o las redes sociales. Lo que se pretende en este epígrafe es insertarlo en el blog, así que no se utilizan para nada. De todas maneras, está bien conocer donde se pueden buscar si se necesitan en otra ocasión.

Una vez en la página de edición del *post*, no se puede pegar sin más el código en el cuadro de edición.

Desde el principio se ha estado trabajando en el formato **Redactar**, y no admite código HTML. Si se pegara en el *post*, no aparecería cuando se publicara.

Para pegarlo y que funcione correctamente, se ha de cambiar al formato HTML. Para hacerlo, se busca la pestaña que se encuentra en la parte superior de la caja de edición. En ella se pueden ver, como se ha explicado en un punto anterior, los dos formatos.

Haciendo clic en la pestaña HTML, cambia el formato de edición del *post*.

Como se puede observar, en este modo, el texto editado no aparece como tal, sino que es todo texto plano. Las modificaciones que se han realizado en el mismo, para resaltar en negrita, habilitar encabezados y convertir en cursiva se reflejan con las etiquetas en formato HTML. Las imágenes tampoco se ven como tales, sino que se han convertido en los correspondientes códigos.

Figura 4.44. La caja de edición del *post* en formato HTML.

De este modo, se puede pegar el código del vídeo en el lugar elegido.

No es complicado encontrar el lugar donde se quería insertar. Simplemente, buscando el texto tras el que se quería que se viera, se puede añadir.

Por ejemplo, tras el último párrafo, que es fácilmente localizable.

Para separar bien el código del texto, y así localizarlo más fácilmente, se pulsará **Intro**, de manera que se creará un espacio entre este y el código del vídeo. A continuación se situará el cursor en la línea y se hará clic en el botón derecho del ratón. En el menú desplegable que se abrirá se seleccionará la opción **Pegar**.

Así, el código quedará pegado en el *post* de la siguiente forma:

```
Añadiremos imágenes, textos e incluso <b>vídeos</b>, para practicar e ir adentrándonos en este
apasionante mundo de la publicación de Blogs.
<iframe width="560" height="315" src="http://www.youtube.com/embed/JCDRkyzP_FA" frameborder="0"
allowfullscreen></iframe>
```

Figura 4.45. El código del vídeo insertado en *post*, mediante el modo de edición en HTML.

Ahora ya se puede volver al modo **Redactar**, para continuar con la edición del texto.

Al cambiar se puede ver como se ha insertado el vídeo, aunque no se puede reproducir en este modo.

Para comprobar si está bien añadido, si se reproduce mal o cualquier otro incidente que pudiera ocurrir con el vídeo, se hará clic en **Vista previa**, tal y como se ha visto anteriormente.

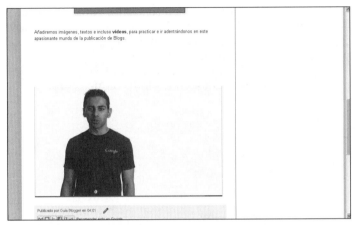

Figura 4.46. Ventana de vista previa para comprobar el tamaño y el funcionamiento del vídeo.

Se puede ver que el tamaño elegido es adecuado para la plantilla elegida para el blog, y funciona correctamente, así que se puede dar como una inserción exitosa.

Si el ancho fuera demasiado grande, y se saliera por el borde derecho se puede modificar de la siguiente manera:

1. Volver al modo HTML.
2. Localizar el código del vídeo. En este caso, está bajo el último párrafo. Se ha dejado un espacio entre la última línea de texto y el código.
3. En el código del vídeo, localizar las etiquetas *widht* y *height*, palabras en inglés que significan ancho y alto, respectivamente. Estas etiquetas tienen a continuación unas cifras. Son el tamaño de píxeles de cada uno de los valores.
4. Como el problema estaría en el ancho, se localizará el valor de *width*, es decir, ancho y se modificará, cambiando la cifra por otra menor. Si el valor es 560, y se quiere hacer más estrecho y encajarlo en la caja de *posts*, se reducirá a un valor adecuado, pongamos 520 píxeles.

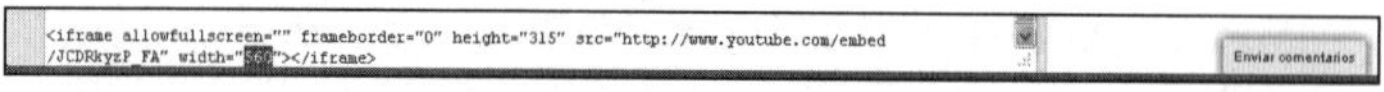

```
<iframe allowfullscreen="" frameborder="0" height="315" src="http://www.youtube.com/embed
/JCDRkyzP_FA" width="560"></iframe>
```

Figura 4.47. Código del vídeo de Youtube con el valor *width* seleccionado para cambiar.

Es aconsejable dejar el vídeo centrado, para ofrecer una imagen de equilibrio del blog. Esto evita grandes desigualdades en los distintos elementos del *posts*, favorece la lectura y es más agradable para el lector.

Se pueden añadir más vídeos desde Youtube siguiendo los mismos pasos y situándolos en distintos puntos del *post*.

5

Redactar un *post* en el modo HTML

5.1. El modo HTML

Ya hemos visto como redactar el primer *post* del blog. Los sucesivos siguen el mismo sistema y no es complicado volver a aplicarlo de nuevo. Pero Blogger cuenta con otro tipo de redacción, que, como se ha explicado en el capítulo anterior, permite aplicar más funcionalidades a los *posts*, para hacerlos más atractivos y dotarlos de más interés para los lectores.

El HTML son las siglas de *HyperText Markup Language,* que en castellano quiere decir Lenguaje de Marcado de Hipertexto, y es el lenguaje utilizado para programar la mayoría de páginas web.

Su utilización es a base de etiquetas, comandos insertados entre corchetes angulares, los conocidos como símbolos del "mayor que" y "menor que", (<,>).

Estas etiquetas que se escriben entre estos signos determinan si el texto va en negrita, con letra cursiva, subrayada, o si pertenece a algún tipo de código que inserta un reproductor de vídeo, una imagen o cualquier otro *gadget* que se quiera implementar en el *post*.

Al introducir el texto en el modo **HTML** de Blogger se puede comprobar que, a diferencia del modo Redactar, aparece como texto plano. Esto quiere decir que no aparece ninguna palabra remarcada en negrita, ni con estilo cursivo. En este capítulo vamos a conocer la manera de escribir en formato **HTML**, que permitirá introducir de manera más efectiva los códigos de *gadgets* externos y conocer las etiquetas más usuales para redactar los *posts* en Blogger.

Figura 5.1. Imagen de la pantalla de edición de *posts* en el modo HTML.

5.2. Redactar un *post* en modo HTML

Como se puede comprobar en la imagen anterior, hay algunas diferencias respecto al modo Redactar, básicamente en la composición de la pantalla de edición. Para comenzar, se puede comprobar que hay muchos menos botones de opciones en la barra de edición.

Ya se han visto y repasado en el anterior capítulo, pero remarcaremos que en este modo de introducir los contenidos solo se cuentan con los elementos más importantes. El resto de funcionalidades se introducirán mediante las etiquetas HTML o, mucho más sencillo, alternando los dos modos de edición y utilizar la opción **Redactar** para utilizar otras funciones, como el tipo de letra, tamaño o justificación de los párrafos. En el siguiente apartado comentaremos en profundidad cómo introducir el texto y tratarlo de manera que se conozcan las principales etiquetas para no tener que recurrir a los botones de la barra de edición.

5.2.1. Introducir el texto del *post* a editar

Como se puede ver en la imagen anterior, la caja de edición de texto se ve más grande que en el modo **Redactar** En ella se puede introducir el texto que se desea publicar en el *post*, de manera que queda escrito como texto plano.

Antes, como se ha explicado en el capítulo anterior, se ha de añadir un título para identificar el texto y poder guardarlo en borradores, si se da el caso, y tenerlo localizado. No importa si no es el título definitivo, ya que se puede cambiar en cualquier momento antes de la publicación definitiva.

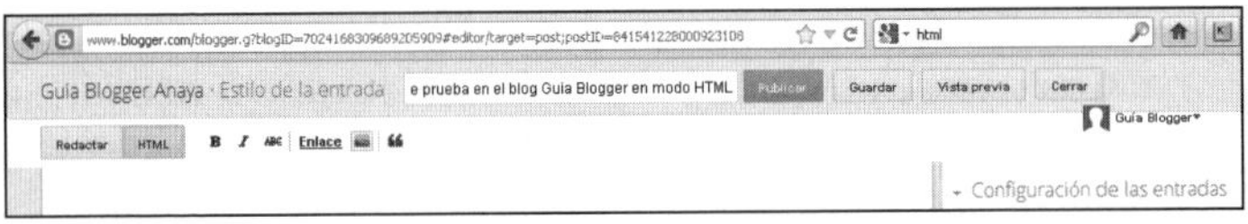

Figura 5.2. Modo de edición HTML con el título del *post*.

Una vez escrito el título, aunque sea provisional, se puede comenzar a introducir el texto del blog. Es aconsejable que se introduzca todo el texto, sin editar, y dejando los espacios entre párrafos que se quieren ver en el *post* definitivo.

De esta manera, se estructura el artículo para que se pueda visualizar antes de comenzar a editarlo y separar mediante las etiquetas los distintos párrafos, marcar las palabras en negrita o añadir cualquier otro efecto que se desee.

Figura 5.3. Texto del *post* antes de ser editado con las etiquetas HTML.

Cada línea de texto, como se puede comprobar en la figura 5.4 ocupa más espacio de lo que finalmente se verá en el *post*. Si se hace clic en el botón **Vista previa**, se puede comprobar cómo queda reflejado si se publicara en ese momento.

Para los elementos de edición más típicos, como la negrita, la letra cursiva y el texto tachado existen botones para facilitar el trabajo a la hora de editar. Si se edita utilizándolos sobre los palabras que se quieren resaltar, éstas no aparecerán remarcadas, sino que aparecen entre las etiquetas que definen la función.

Como se puede comprobar, se pueden combinar las etiquetas para remarcar en negrita y cursiva, por ejemplo, seleccionando el texto nuevamente tras aplicar la función del botón de edición.

La manera más sencilla de aplicar estas funciones es hacerlo así, aunque también se puede aplicar haciendo clic en el botón, por ejemplo, de **negrita**. Se abrirá la etiqueta de edición correspondiente, representada como <b> y se puede escribir la palabra o frase elegida, y al terminar el texto a remarcar, se debe volver a hacer clic sobre el botón y aparecerá la etiqueta de cierre de edición, representada como </b>.

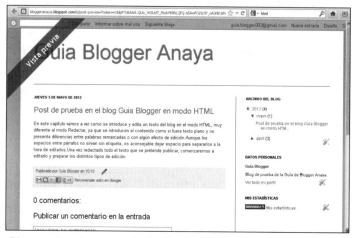

Figura 5.4. Página de edición del texto con palabras editadas con las distintas funciones ejecutadas desde los botones de edición.

En general, todas las etiquetas de cierre de edición son idénticas a las de apertura, con el añadido de la barra, que es el símbolo que la identifica.

Para separar los párrafos, tal y como se pueden apreciar en el texto de la caja de edición, se ha de utilizar una etiqueta para indicar al sistema que debe separarlos en los puntos deseados. Esta etiqueta es <br/>, que se ha de añadir manualmente al final del párrafo. Cada una de estas etiquetas es interpretada por un espacio. Así, si se añaden dos, el sistema deja dos espacios entre párrafos.

Este es el espacio recomendable para permitir la lectura más fácil y agradable del *post*, de la manera representada por la figura 5.5.

Para evitar tener que escribir cada vez las etiquetas de separación, es aconsejable escribir solo una, seleccionarla y copiar el texto. Después, solo hace falta pegarlas al final de cada uno de los párrafos, facilitando mucho el trabajo al editor del blog.

Una vez editado el texto y añadidos los espacios entre párrafos, es aconsejable volver a la **Vista previa** para comprobar que la edición es correcta y está todo como se quería que se viera.

Figura 5.5. El texto con las etiquetas de separación de párrafos incluidos.

Figura 5.6. Previsualización de la entrada del blog con el texto editado en el modo HTML.

5.2.2. Añadir un enlace en el *post*

El artículo que se está escribiendo para el blog, y que se está editando en el modo HTML, puede tener también un texto enlazado a cualquier página, exactamente igual que el *post* sobre el que se ha comentado en el anterior capítulo.

En la barra de edición también está la opción **Enlace**, que se debe utilizar para crearlo (véase figura 5.7). La ventana que se abrirá al hacer clic es muy diferente a la que aparece en el modo **Redactar**.

A diferencia de la ventana que se ha visto en el capítulo anterior, ésta solo tiene la caja de texto en la que se ha de pegar la dirección URL de la web a la que se quiere enlazar. Al hacer clic, el enlace aparecerá en el texto señalizado, pero como en el caso visto anteriormente, no será remarcado y subrayado, sino que aparece con las correspondientes etiquetas que la marcan como un enlace.

Figura 5.7. Ventana para añadir enlaces en el modo HTML.

Figura 5.8. Texto editado y con las etiquetas del enlace junto al texto seleccionado para el mismo.

5.2.3. Añadir una imagen al *post*

Una vez que el texto esté terminado y editado, es el momento de añadir una imagen como cabecera del artículo, para hacerlo más agradable al lector e identificarlo con más facilidad en los buscadores y en la home de la web.

Junto al botón **Enlace** aparece el icono de la fotografía. Éste se utiliza para subir una imagen al servidor y colocarla en el lugar que se prefiera del artículo. Como he comentado, se elegirá, al menos en este ejemplo, la cabecera para situarlo.

Al hacer clic en el icono, se abrirá una nueva ventana, distinta también a la que se ha podido ver en el modo **Redactar**.

Se puede comprobar que hay dos maneras de añadir la imagen al artículo. El primero es desde el disco duro del ordenador, de manera que se sube al servidor de Blogger y el otro es a través de una dirección URL.

Figura 5.9. Ventana de subida de imágenes en el modo de edición de *posts* en HTML.

En este segundo caso, se debería copiar la dirección URL de una imagen ya subida a Internet, como se ha visto en capítulos anteriores. Y como en aquel caso, desaconsejo esta opción, ya que su aparición en el blog dependerá de la permanencia de ésta en la web de origen.

En la ventana Subir imagen se puede ver una opción llamada Añadir otra Imagen, remarcada en azul y que al hacer clic sobre ella, despliega una nueva caja de texto con el botón **Explorar**. Se pueden subir hasta cinco imágenes de una vez. Si se desea subir alguna imagen más, se ha de hacer en sucesivas subidas.

Antes de añadir la imagen, se ha de tener en cuenta que esta aparecerá en el lugar donde esté situado el cursor, así que se debe tener la precaución de dejarlo en la parte superior del *post*. También es aconsejable dejar un par de espacios entre el inicio del *post*, donde irá la imagen, y el primer párrafo, para tener localizado el código de la imagen. Esto es porque no se verá la imagen, sino el código que enlaza con el archivo de ésta, que se almacena en los servidores de Blogger.

Figura 5.10. Preparando la inserción de la imagen, con el cursor señalizando el punto donde se añadirá el código de la misma.

Al hacer clic sobre el botón **Explorar** se abrirá una ventana con las carpetas almacenadas en el disco duro, entre las que se debe elegir la imagen que se pretende subir al servidor y añadir al *post*.

Figura 5.11. Ventana en la que se puede ver la carpeta donde se almacena la imagen elegida para subir al servidor de Blogger.

Al elegir la imagen, se ha de observar el lado inferior de la ventana. En él se puede observar la opción Elige un diseño, bajo la que aparecen cuatro posibilidades de situación para ella.

- **Ninguno:** La imagen se sube sin formato, situándose en el centro.
- **Izquierda:** La imagen se sitúa a la izquierda del texto, que comenzará a continuación de la misma.
- **Centrado:** La imagen aparecerá centrada y el texto estará debajo de ella.
- **Derecha:** Activando esta opción, la imagen aparecerá a la derecha del texto.

Para el ejemplo, se seleccionará la opción centrada, porque de esta manera la imagen aparecerá encabezando el artículo.

En el lado derecho de la ventana hay también tres opciones, en esta ocasión referentes al tamaño en el que se verá la imagen en el blog.

En el ejemplo se selecciona el tamaño Mediano.

Bajo las tres opciones, existe una cuarta, con la que se indica al sistema de que todas las imágenes han de ser subidas al servidor utilizando el mismo criterio. Si no se marca la casilla de verificación de esta opción, cada imagen puede ser subida de una manera distinta. Por supuesto, se puede activar y desactivar tantas veces como haga falta.

Si se trata de la primera imagen que se sube al servidor por este sistema, hay otra casilla de verificación junto a los botones de **CANCELAR** y **SUBIR IMAGEN**. Se trata de las normas y condiciones del servicio, que se han de aceptar para continuar y terminar la subida de la imagen.

Básicamente, las normas y condiciones del servicio indican que no se deben subir imágenes pornográficas, relacionadas con actos delictivos graves, como la pederastia, o actitudes sexuales o violentas que puedan dañar la sensibilidad de los lectores y visitantes del blog. Una vez aceptadas estas condiciones, se puede subir la imagen, haciendo clic en el botón **SUBIR IMAGEN**.

Figura 5.12. Ventana de subida de imágenes con las opciones Centrado y tamaño Mediano seleccionadas.

La siguiente ventana que aparece muestra una miniatura de la imagen subida y pide confirmación, una vez más para completar la acción (véase figura 5.13). Haciendo clic en el botón **FINALIZADO**, se confirma y se cierra, dejando la fotografía ubicada en el lugar correspondiente del *post*.

Aunque no se cierre esta ventana, la imagen se habrá subido y situado en su lugar, pero aún así, es recomendable hacer clic en el botón y cerrarla de manera correcta. No suele ocurrir nada, pero cerrarla sin seguir estos pasos podría tener algún tipo de consecuencia en la imagen, como una subida errónea o una modificación del código HTML, aunque no suele ocurrir.

Figura 5.13. Ventana de confirmación de la subida de la imagen.

Una vez cerrada esta ventana, en la caja de edición del *post* aparecerá, no la imagen en sí, sino el código HTML que permite visualizarla desde su ubicación virtual en el servidor de Blogger, en este caso el servicio de imágenes Picasa de Google.

Figura 5.14. Ventana de edición del *post* con el código de la imagen en la parte superior.

Una vez situada la fotografía en su lugar, se puede comprobar que todo esté correctamente ordenado en la entrada del blog, mediante el botón **Visualización previa**.

Si se desea, también se puede cambiar a la pestaña **Redactar**, para comprobar que está correctamente situada y en el caso de que no sea así, editar desde esta opción.

Se puede cambiar entre una y otra pestaña tantas veces como se quiera y realizar los cambios que se deseen tanto en uno como en otro.

Para que estos cambios queden registrados, se ha de hacer clic en el botón **Guardar**, y dejarlos almacenados en el borrador del blog, hasta el momento de su publicación.

Para subir nuevas imágenes, simplemente se ha de repetir todo el proceso, teniendo en cuenta de que ésta se situará exactamente en el mismo lugar donde se sitúe el cursor.

Una vez editada la imagen y el texto, el *post* queda exactamente igual que si se hubiera editado en el modo **Redactar.**

Figura 5.15. *Post* editado a través del modo HTML
una vez publicado.

5.2.4. Añadir un vídeo

En el capítulo anterior ya se comentó la manera de localizar el código de un vídeo en la web de Youtube y la manera de incluirlo en el blog. Pero Youtube no es el único servicio de vídeos que existe en Internet. Hay otros servicios donde se pueden encontrar vídeos susceptibles de ser insertados en el blog.

En este apartado repasaremos algunos de esos servicios, cómo localizar el código *embed* de los vídeos y cómo copiarlos.

5.2.4.1. Vimeo

Vimeo es un servicio de vídeos que está consiguiendo hacerse con un hueco importante en el mercado de vídeos gratuitos en Internet. Es el servicio elegido por muchos cortometrajistas para subir sus trabajos a la Red, ya que ofrece vídeos con más tiempo, comparado con solo los quince que permite Youtube.

Se puede acceder de manera libre al servicio, pero es conveniente registrarse para disfrutar de más funcionalidades y acceder a ellas de forma más eficaz.

Al acceder a `http://www.vimeo.com` aparece una pantalla que invita a registrarse.

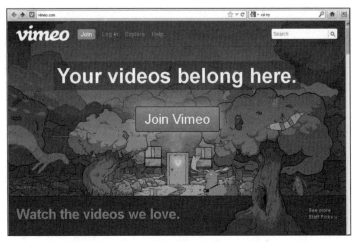

Figura 5.16. Página de acceso a Vimeo.

En la parte superior de la pantalla de acceso se puede ver el botón **Join**, que permite acceder a la página de registro de la cuenta en Vimeo. Al hacer clic se abrirá una nueva pantalla que muestra las dos modalidades de registro que existen en el servicio, la Plus, de pago y de color azul y la Basic, gratuita y de color verde (véase figura 5.17). Al no querer contratar ningún servicio de pago, se hará clic en la opción **Basic**.

Al hacer clic en ella, se accede a la página donde se han de introducir los datos personales. En la primera caja de texto se pide el nombre y apellido. La segunda es para una dirección de correo, y en ella se puede añadir, por ejemplo, la misma que se ha creado en Gmail anteriormente. Por último, la tercera es para poner la contraseña que permitirá el acceso al servicio de Vimeo. Antes de hacer clic en el botón **Join**, hay que activar la casilla de verificación con la que se aprueban las condiciones del servicio, tras leerlas, y que se encuentra en el lado inferior izquierdo.

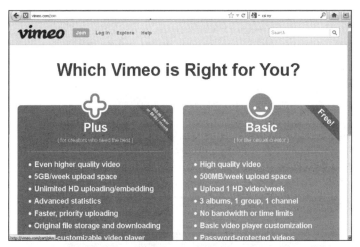

Figura 5.17. Página de Vimeo con las dos opciones de registro. La gratuita recibe el nombre de Basic.

Figura 5.18. Pantalla de registro de Vimeo, con el nombre de usuario, correo electrónico y contraseña escritos, y la casilla de verificación de las condiciones del servicio activada.

Antes de acceder a la pantalla de la cuenta recién creada, el servicio recuerda al usuario que puede acceder a la versión de pago en cuanto lo desee. Por ahora, se ha de ignorar esa ventana y acceder a la pantalla de la cuenta.

Desde la página de la cuenta, se puede acceder a los vídeos que hay en el servicio y visionarlos, crear listas de visionado, navegar buscando las etiquetas de los vídeos, etcétera.

Para buscar un vídeo determinado, o un tema en concreto, se pondrá el nombre de lo que se busca en la caja de búsqueda, situada en la parte superior derecha de la pantalla. Por ejemplo, a modo de ejemplo, busquemos "Blogger".

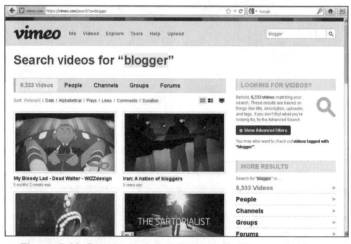

Figura 5.19. Resultado de la búsqueda de Blogger en Vimeo.

El resultado de vídeos con la referencia buscada aparece sobre los vídeos, y muestra la cantidad de ellos que aparecen en el servicio. En el caso del ejemplo, son 8.333 vídeos. Éstos, a su vez, se pueden organizar según varios criterios, que se encuentran en la siguiente línea, encima de los vídeos y separados por barras.

Una vez encontrado el vídeo que interesa insertar en el blog, se accede a la web del mismo, haciendo clic en el título (véase figura 5.20).

Como se puede apreciar, en la parte superior derecha del vídeo hay tres opciones. La superior permite hacer *Like* en el vídeo, y al hacer clic, éste aparecerá en la lista de vídeos que gustan al usuario. El segundo almacena el vídeo en una lista para su posterior visionado y la tercera permite obtener el código de inserción o *embed* para añadirlo al blog.

En la parte superior derecha se encuentra el código, que se debe copiar para pegar, igual que como se ha explicado para los vídeos anteriores, en la caja de edición del *post*, recordando hacerlo siempre en el modo **HTML.**

Figura 5.20. Página del vídeo elegido en Vimeo para insertar en el blog.

Figura 5.21. Ventana para compartir el vídeo con el código de inserción.

Se selecciona el lugar adecuado para ponerlo, según el diseño elegido, y se pega el código (véase figura 5.22).

Solo queda establecer los tamaños de anchura (*width*) y altura (*height*) para ajustarlo al tamaño del blog. Con el botón **Vista previa** se puede ir comprobando que el tamaño elegido es correcto o ver si se ha de modificar.

Figura 5.22. Código de inserción del vídeo pegada en el *post*, remarcada para que se pueda apreciar su situación en el mismo.

Figura 5.23. Vista previa del *post* en la página principal del blog, con el vídeo insertado.

En este caso, el tamaño es bastante aproximado para que se vea centrado, aunque convendría aumentar la anchura un poco. Tras comprobar en el código que el valor *widht* está en 500 píxeles, se le debería aumentar hasta los 560 píxeles.

```
Una vez redactado todo <b>el texto que se pretende publicar</b>, comenzaremos a editarlo y preparar los
distintos <b>tipos de edición</b>.

<iframe src="http://player.vimeo.com/video/2232226" width="560" height="281" frameborder="0"
webkitAllowFullScreen mozallowfullscreen allowFullScreen></iframe>
```

Figura 5.24. Código de inserción del vídeo con el valor *widht* seleccionado para cambiar.

Así, el vídeo quedará más centrado y ofrecerá un aspecto más adecuado al blog.

Figura 5.25. Vista previa del blog con el vídeo centrado con una anchura de 560 píxeles.

5.2.4.2. Dailymotion

El servicio Dailymotion es otro de los servicios más populares de vídeo. Se accede a su web a través de la dirección `http://www.dailyomotion.com` y su funcionamiento es similar al de Youtube o Vimeo.

Como siempre, recomiendo abrir una cuenta en el servicio, ya que de esa manera se puede interaccionar más y mejor en él mismo y es útil cuando se necesita buscar un vídeo de un tema determinado.

En esta ocasión obviaremos los pasos para efectuar el registro, ya que es similar al que se ha podido ver en Vimeo.

El cuadro de búsqueda es similar al de los otros servicios, y para comprobar que funciona, introduciré en la opción de búsqueda "Blogger".

Los resultados se muestran bajo la barra de búsqueda, y se ha de navegar por ellos para encontrar el vídeo que se quiere integrar en el *post*.

Figura 5.26. Resultado de la búsqueda de vídeos en Dailymotion.

Una vez en la página el vídeo elegido, se ha de localizar el botón **Compartir** el vídeo. En este caso, se encuentra bajo el vídeo. Al hacer clic en él, se despliega un menú en el que aparece la opción Incrustar.

Al hacer clic en esta opción, se abre una ventana con el código de inserción del vídeo, en la que se pueden observar varias opciones predeterminadas para el ancho y el alto.

En el lado izquierdo superior está la previsualización del vídeo, tal y como se verá a una anchura de 400 píxeles. Cuando se inserte en el *post*, aparecerá con el tamaño que se ha elegido.

Debajo de él aparece el código de inserción, que se puede modificar con las opciones que se encuentran en el lado superior izquierdo de la ventana.

En éste se pueden ver los tamaños **Pequeño, Mediano, Grande** o **Anchura a medida.** Con los tres primeros se preselecciona el tamaño y el cuarto permite modificarlo a voluntad.

Debajo de las opciones de tamaño están las de color del reproductor. Se puede elegir el color por defecto, o personalizarlo de manera que quede más integrado en el blog. Como regla general, se deja con el color predeterminado.

Figura 5.27. Menú desplegable para compartir el vídeo de Dailymotion con la opción Incrustar seleccionada.

Por último, existe una pestaña de **Otras opciones** que permite ajustar todavía más el aspecto final del vídeo en el blog.

- **Ocultar logo:** Con esta opción desparece del vídeo el logo de Dailymotion.

- **Esconder info de la leyenda del vídeo:** Al activar el botón de verificación de esta opción, se elimina la información acerca del usuario que ha subido el vídeo y el título del mismo. En consecuencia, el código se acorta, dejando solo la información necesaria para que se reproduzca.

- **Esconder info interna del vídeo:** Esta opción hace desaparecer la franja de información que aparece sobre el vídeo cuando éste está pausado.

- **Auto reproducir el vídeo al cargar:** Activando esta opción, el vídeo se reproduce sin necesidad de hacer clic en el botón **Play**. No es aconsejable activar esta opción, ya que provoca que cada vez que se acceda al blog se active el vídeo y puede resultar bastante desagradable para el visitante.

- **Empezar a reproducir a los X minutos X segundos:** Permite que el vídeo se reproduzca a partir del momento elegido, y no desde su inicio.

- **Calidad por defecto:** Es la resolución a la que se reproducirá el vídeo. Puede ser **Calidad standard, Calidad mejorada,** o **Calidad óptima.** Es conveniente no utilizar esta última, ya que un visitante del blog con una conexión de Internet lenta no podría ver el vídeo de manera correcta. Lo ideal es utilizar la **Calidad standard,** e invitar al visitante a visitar la página de Dailymotion para verlo en una calidad superior si lo desea, enlazando a ella.

Bajo el código de inserción aparece una casilla de verificación para permitir que el código sea compatible con dispositivos móviles como Iphones, Ipad, Android y otros *gadgets* con los que se suelen ver vídeos.

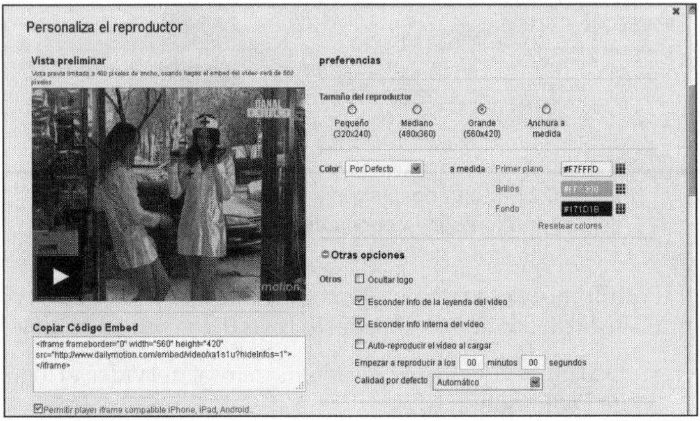

Figura 5.28. Página de Dailymotion donde se obtiene el código de inserción, con las opciones desplegadas.

Solo queda copiar el código, seleccionándolo con el ratón y haciendo clic en el botón derecho del mismo y seleccionando la opción **Copiar.** Después se ha de volver a la caja de edición del *post* y se selecciona el lugar donde se va a insertar el vídeo (véase figura 5.29). Se hace clic en el botón derecho del ratón y se selecciona la opción **Pegar.**

En el ejemplo se ha pegado el código completo, sin eliminar ningún elemento. Esto se puede hacer también desde el propio código.

Para comenzar, se debe localizar el código que pertenece al vídeo y que le permite reproducirse, para diferenciar éste del resto de código con la información que no se necesita. Esto es útil para los vídeos de Dailymotion que se encuentran insertados en otros blogs o webs y se quieren añadir al blog.

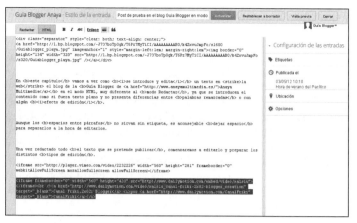

Figura 5.29. Cuadro de edición del *post* con el código del vídeo de Dailymotion seleccionado para diferenciarlo.

Figura 5.30. El código del vídeo de Dailymotion con el fragmento del mismo que contiene el vídeo y permite su reproducción.

El fragmento del código que permite la reproducción del vídeo está situado al inicio del mismo, y está situado entre la etiqueta de apertura `<iframe>` y la de cierre `</iframe>`.

El resto de código puede eliminarse sin problemas y dejar únicamente esta parte

```
<iframe frameborder="0" width="560" height="420" src="http://www.dailymotion.com/embed/video/xalslu">
</iframe>
```

Figura 5.31. Parte del código de inserción de un vídeo de Dailymotion que permite la reproducción del vídeo, tras eliminar la parte de la información del mismo.

5.2.4.3. Otros servicios de vídeo

Estos tres son los principales servicios de vídeo que existen en la actualidad, pero hay muchos más. Si se visitan, por ejemplo, las webs de información sobre cine, se puede comprobar que todas tienen vídeos de *trailers* de películas que no provienen de Yotube, Vimeo o Dailymotion. Si se visitan medios de comunicación, muchos de ellos presentan vídeos en reproductores propios, alojados en sus servidores.

Normalmente, se pueden insertar también en el blog, ya que ofrecen la posibilidad de obtener el código para hacerlo.

Por ejemplo, las páginas de las cadenas de televisión españolas, como Antena 3 o La Sexta, por poner dos ejemplos, tienen un servicio de vídeos con las promociones de sus series, los mejores momentos, etcétera, para que puedan ser distribuidos.

En la mayoría de estos vídeos existe la posibilidad de obtener el código. Normalmente, éste se encuentra en la opción **Menú** o en la zona de los botones que aparecen sobreimpresionados en el vídeo.

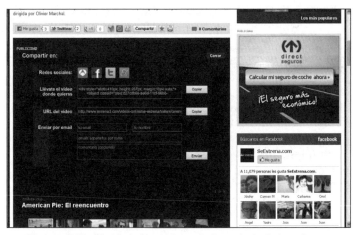

Figura 5.32. Menú de los vídeos de la web de Antena3.com con el código para insertar el vídeo en el blog.

Estos códigos pueden ser completamente diferentes a los que se han podido ver en los apartados anteriores, pero su función es la misma. Igual que aquellos, contienen los valores *widht* y *height* que determinan su anchura y altura y pueden ser cambiados y adaptados al tamaño que se necesite.

Realmente, una vez que se haya trabajado con varios tipos de vídeos y se conocen sus códigos, es sencillo localizarlos y modificarlos.

Añadir un audio al *post*

6.1. Incluir un reproductor de audio en *post*

En ocasiones, en lugar de un vídeo, lo que se quiere introducir en el *post* es un reproductor de audio. Esto permitirá añadir una canción, un *podcast* o cualquier otro tipo de archivo de audio en el *post*, enriqueciéndolo y haciéndolo más atractivo a los visitantes.

En este capítulo repasaremos cómo instalar un reproductor de audio básico, tratándolo como base para instalar con posterioridad otros *gadgets* más complejos y modernos. La intención es que se sepa cómo utilizar estos reproductores y dejar la base para poder trabajar con otros.

Hay que recordar que una cosa es tener el reproductor y otra muy distinta, tener el archivo de audio. Para que suene, se ha de tener almacenado en un servidor al que accederá el reproductor para que suene en el blog.

Esto lo trataremos el apartado del capítulo correspondiente.

6.1.1. Buscar un reproductor de audio para el *post*

Como en todo lo relacionado con los blogs e Internet, existen miles de opciones para descargar reproductores de audio para disponer de audios en el blog. Los hay de pago y gratuitos, pero en este caso nos centraremos en los más sencillos de utilizar, sin coste y muy prácticos.

En el mundo de Internet, dos o tres años pueden ser toda una eternidad, pero también es cierto que existen *gadgets* creados hace unos años que funcionan tan bien como el día en que se crearon y que para usuarios de nivel medio funcionan estupendamente.

La experiencia en el manejo de esos ya llevará al usuario más inquieto a investigar y a descubrir las nuevas incorporaciones en cuestión de audio, así que vamos a ver esos reproductores sencillos, funcionales y sobre todo, gratuitos.

6.1.2. Añadir el reproductor MP3 Player en el *post*

Este reproductor Mp3 es del año 2009, y aunque parece que hace mucho, se trata de un reproductor fiable, que ayuda a añadir archivos de audio al *post* y que es sencillo de instalar.

En primer lugar se ha de acceder a la página web del reproductor, a través de la dirección URL http://flash-mp3-player.net/, donde se encuentran los distintos tipos de reproductores que se pueden utilizar.

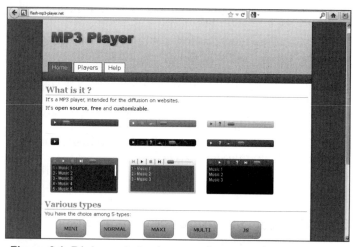

Figura 6.1. Página web donde se puede conseguir el reproductor MP3 Player.

Como se ve, es una página web muy sencilla, con el único objetivo de ofrecer el reproductor para que sea utilizado en los blogs y similares de quien lo quiera utilizar.

Hay cuatro tipos de reproductores, según su complejidad y sus funcionalidades. Básicamente se trata de un reproductor para escuchar archivos de audio en Mp3, así que tampoco se necesita nada excesivamente complejo.

Ya que se trata de insertar un archivo de audio en el *post*, no es necesario que sea un reproductor con varias pistas. Con que pueda reproducir el que se necesita escuchar para complementar el *post*, es suficiente, así que se elegirá el tipo **MINI o NORMAL.**

Haciendo clic en el botón elegido, en este caso **MINI**, se abrirá una nueva pantalla, en la que se puede ver una previsualización del reproductor. En el lado derecho de la pantalla hay varias opciones, aunque las que interesan para instalar correctamente el reproductor son Generator y Download, dos de las maneras de descargar el código necesario para instalarlo en el blog.

Si se hace clic en Generator, se abrirá una ventana con los datos del reproductor, incluyendo una caja de texto donde se ha de incluir la dirección URL del audio en Mp3 que se quiere reproducir en el blog.

Figura 6.2. Ventana para conseguir el reproductor de Mp3 con el enlace del audio incluido. En el ejemplo aparece el audio añadido por defecto, en el servidor de la propia página web.

La dirección URL del archivo es en la que se puede encontrar el audio. Hay muchos servicios web que tienen archivos de audio que se pueden enlazar desde los reproductores.

Si se quiere tener el código debidamente configurado con cada archivo de audio que se desee reproducir, es conveniente almacenar la web en los favoritos de nuestro navegador, para volver cuando se necesite y añadir la URL del archivo para copiar el código del reproductor ya configurado para reproducirlo.

La opción Download permite descargar el código al ordenador y modificarlo allí. Esto requiere conocer un poco más cómo funciona el código y colocar correctamente de manera manual la dirección URL de donde se almacena el archivo de audio.

En realidad, desde esta opción solo se descarga el código, que ya se ha podido adquirir en la anterior opción, así que no es necesario. Con copiar el código que aparece allí es suficiente.

Para tenerlo localizado y dispuesto para integrarlo en cualquier *post* en el que se quiera, conviene abrir un procesador de textos, como el Word o el Open Office y en un documento de texto nuevo, pegar el código. Si se guarda en algún localizable (por ejemplo, en una carpeta nueva con el nombre *Gadgets* del blog), se podrá localizar rápidamente si se vuelve a necesitar.

Una vez guardado el documento en el disco duro, se puede pegar en la caja de edición de textos del *post*. Se ha de hacer en el modo **HTML**, ya que, como en el caso de los vídeos, no se reproducirá si se pega en el modo **Redactar.**

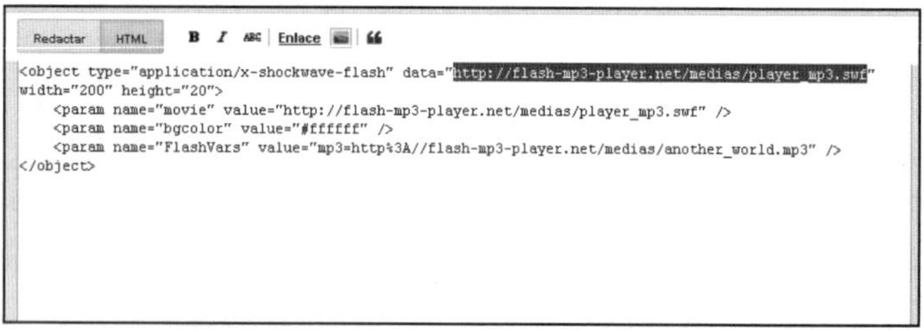

Figura 6.3. Caja de edición del texto, en modo HTML, con el código del reproductor de Mp3 insertado en el *post*. Aparece resaltado la parte- del código correspondiente a la ubicación en el archivo de audio.

Al hacer clic sobre el botón **Vista Previa**, se puede comprobar cómo quedará el reproductor una vez insertado en el blog.

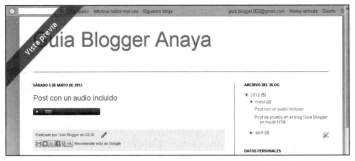

Figura 6.4. Vista previa del blog con el reproductor elegido insertado en el *post*.

6.1.3. Guardar un archivo de audio en un servidor gratuito

Como se ha visto, no basta tener el reproductor de audio en el *post* para que se escuche la canción que se quiere ofrecer a los lectores del blog. El archivo ha de estar alojado en un servidor. Si se dispone de uno propio, no hay ningún problema, ya que es sencillo subirlo utilizando un programa FTP.

Pero lo normal, al menos al principio, es no disponer de este servicio y acudir a cualquiera de los discos duros virtuales que existen en Internet. Son populares los servicios de Dropbox y Microsoft, y en este ejemplo nos centraremos en el primero.

Figura 6.5. Página web de descarga de la utilidad DropBox.

Para ello debemos descargar el archivo del programa que permite acceder al servicio y poder comenzar a almacenar archivos allí.

Para hacerlo, se ha de acceder a la web de descarga a través de la dirección URL `https://www.dropbox.com/install`. En ella, se puede ver un botón azul, para descargar la utilidad.

Al hacer clic en el botón, se abre una página donde el sistema pide permiso para descargar el archivo de Dropbox. Al autorizar la descarga, éste se descargará en la carpeta de Descargas. Desde allí, se hace doble clic sobre el icono, y comenzará la instalación.

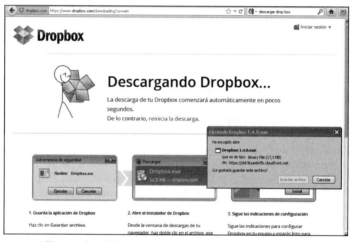

Figura 6.6. Página web donde se pide autorización para la descarga de la aplicación Dropbox.

Al comenzar la instalación, el sistema pedirá permiso para efectuarla. A través de las sucesivas ventanas de confirmación, aceptando las condiciones, el programa se instalará.

Lo primero que solicitará es crear una cuenta en Dropbox, para poder beneficiarse de las funcionalidades del servicio (véase figura 6.7). Sin cuenta, no se puede utilizar, así que se debe crear una.

Para abrir una cuenta nueva, se ha de seleccionar el botón de activación y hacer clic en el botón de **Siguiente**. La nueva ventana solicita los datos del usuario, en la que se deben introducir un nombre de usuario, el correo electrónico y una contraseña para acceder a la cuenta.

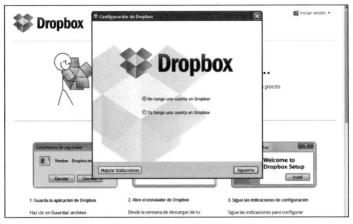

Figura 6.7. Ventana solicitando la cuenta existente o para crear una nueva.

Se ha de añadir un nombre de equipo, que puede ser el que ofrece el programa por defecto o crear uno nuevo. No es un dato que deba preocupar mucho, ya que es un dato que utiliza como referencia el sistema de Dropbox.

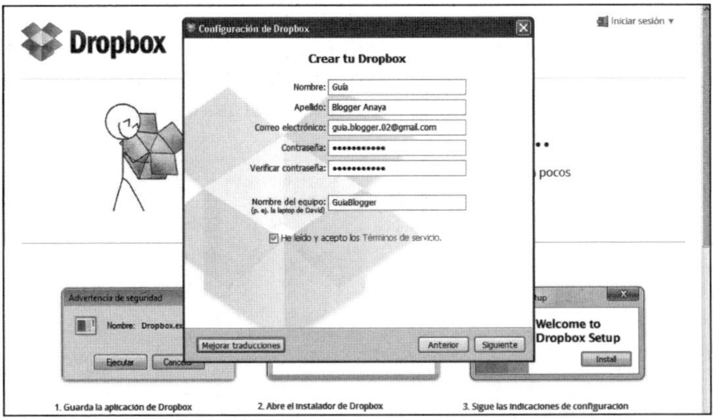

Figura 6.8. Ventana de registro en Dropbox.

La siguiente ventana ofrece la posibilidad de acceder a la cuenta gratuita, de 2Gb de capacidad o a cualquiera de las de pago, que tienen más capacidad pero cuestan una cantidad de dinero mensualmente. Se elegirá la opción gratuita de 2 Gb.

Hay que saber que, una vez abierta la cuenta, se facilitará al usuario un código para que lo transmita para poder atraer a nuevos usuarios. Por cada usuario que acceda al servicio, éste ofrecerá al "padrino" una cantidad de almacenamiento adicional.

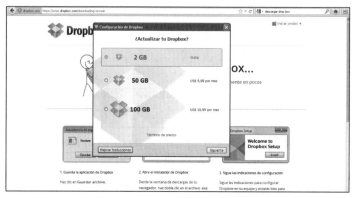

Figura 6.9. Imagen de las opciones de almacenamiento en las diferentes cuentas de Dropbox.

Una vez elegida la opción gratuita, el sistema ofrece la posibilidad de realizar la instalación típica, con todos sus componentes, o una opción avanzada, en la que se pueden instalar los elementos que se requieran. Lo ideal es instalar la opción estándar, para disfrutar de todos los elementos de Dropbox.

Figura 6.10. Ventana con las dos posibilidades de instalación de Dropbox, Típica y Avanzada.

Una vez instalado, se instalará en un directorio del ordenador, y funciona, básicamente, como uno más de ellos. Lo primero que hace el programa es crear una carpeta para compartir, y comienza a sincronizarla con Dropbox. De esta manera, aunque aparezca en una carpeta en el ordenador, también está en el sistema, protegido en la nube.

Para subir el archivo de audio a Dropbox, simplemente hay que abrir una carpeta nueva, tal y como se hace normalmente, pero en el directorio Dropbox. Después se lleva el archivo de audio a esa carpeta nueva y el sistema comienza a sincronizar con Dropbox, subiendo el archivo al servidor. La velocidad de sincronización depende de la conexión a Internet, así que puede variar dependiendo de la misma.

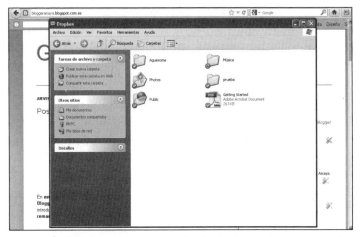

Figura 6.11. Imagen de las carpetas incluidas en Dropbox, con la carpeta Música creada para almacenar los archivos de audio.

El símbolo azul con las flechas circulares que aparece en la carpeta **Música** indica que esa carpeta está siendo sincronizada con Dropbox. En cuanto lo está, el símbolo que aparece es de color verde. Para subir el archivo de audio, se ha de hacer localizar el mismo en la carpeta donde está almacenado y copiarlo.

Después se ha de hacer clic en la carpeta **Música** para abrirla y pegarlo en ella. No hay que hacer nada más, ya que el archivo comenzará a subirse automáticamente.

Una vez el archivo subido, se ha de averiguar cuál es la dirección URL que enlaza directamente con él, para que el reproductor pueda acceder a él.

Para hacerlo, se ha de volver a la web de Dropbox, `http://www.dropbox.com`, donde, en la parte superior derecha, se puede acceder a la cuenta.

Figura 6.12. Página de acceso a la cuenta de Dropbox.

Una vez se ha accedido en la cuenta, se ha de localizar la carpeta donde se ha almacenado el archivo de audio, en este caso, la que se ha llamado música.

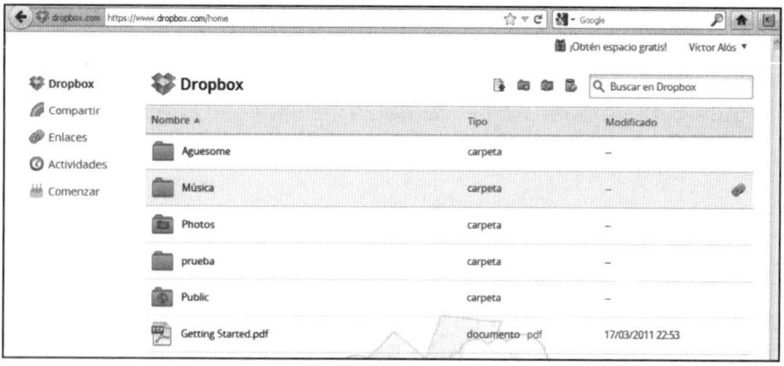

Figura 6.13. Carpetas incluidas en el servicio Dropbox del usuario, con la carpeta Música seleccionada.

Al hacer clic en la carpeta **Música**, se pueden ver los diferentes archivos que hay en la misma. En el caso del ejemplo, solo hay una. Pero desde esa ubicación, no se puede reproducir el audio, ya que se trata de una carpeta creada en la cuenta del usuario y, lógicamente, es de uso restringido al propietario de la misma. Para conseguir el enlace, se ha de añadir el archivo en la carpeta **Public**.

Los archivos incluidos en esta carpeta se comparten con otros usuarios, y es dónde se puede conseguir el enlace adecuado para su reproducción a través del *gadget* instalado en el *post* del blog.

Se selecciona el archivo que se desea reproducir y tras poner el cursor sobre él, se ha de hacer clic en el botón derecho del ratón. Se abrirá un menú desplegable con varias opciones.

Figura 6.14. Menú para obtener la dirección URL del archivo de sonido en Dropbox.

La primera de ellas es **Obtener el enlace**, pero no es la que se está buscando. La opción sería **Mover**, si se desea trasladar el archivo hasta la carpeta **Public**, o **Copiar** si lo que se quiere es hacer una copia del archivo, manteniendo una de ellas en su ubicación actual. Al hacer clic sobre la opción **Mover**, se abrirá una nueva ventana, que indica que se debe elegir una de las carpetas existentes en la cuenta de Dropbox. Se elegirá la carpeta **Public**, que es la única que permite obtener un enlace público para acceder desde fuera de la cuenta (véase figura 6.15).

Para tener un poco más organizado el espacio de la carpeta **Public**, es aconsejable crear una nueva carpeta, en este caso con el nombre de **Música**, para almacenar los distintos archivos de audio que se quieran ir añadiendo.

Una vez creada, y para desplazar el archivo de audio a esa carpeta recién creada, se debe repetir el proceso anterior, eligiendo esta carpeta dentro de **Public.**

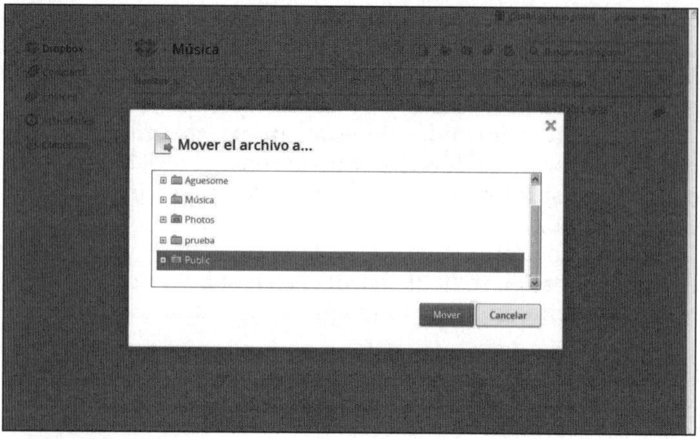

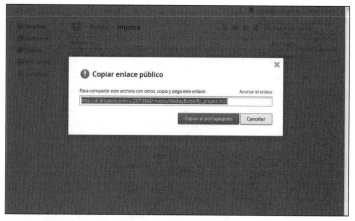

Figura 6.15. Ventana de Dropbox para mover un archivo a la carpeta **Public** desde cualquier otra ubicación de la cuenta del usuario.

Una vez el archivo de audio está ubicado en la carpeta **Música**, dentro a su vez de **Public**, se hará clic en el archivo con el botón derecho del ratón. Se volverá a abrir el menú desplegable, y en la primera opción se puede ver un cambio.

Ahora ya no aparece la opción Copiar enlace, sino Copiar enlace público. Al hacer clic en esta opción se abre una ventana en la que aparece el enlace para poder compartir y que se puede añadir en el reproductor que se ha elegido para el blog.

Figura 6.16. Ventana de Dropbox con el enlace público del archivo de audio que se quiere llevar hasta el reproductor insertado en el *post*.

El reproductor que se ha elegido es el Mp3 Player, así que una vez obtenida la dirección URL del archivo de audio almacenado en Dropbox, se debe recuperar el código del reproductor, que se ha almacenado en un archivo de texto anteriormente. Se debe copiar el código y copiarlo en la caja de edición de texto donde se está escribiendo el *post* que se desea acompañar con el archivo de audio.

Figura 6.17. Cuadro de edición de texto del *post* con el código del reproductor de audio, con el enlace nuevo remarcado.

En el código HTML del reproductor hay que localizar dónde se añade la dirección URL con el enlace del archivo de audio, en este caso situado en la última línea de código y se ha de sustituir por el enlace que se ha copiado, pegándolo en su lugar.

Una vez hecho esto, se hará clic en el botón **Vista Previa**, para comprobar que todo se ha insertado correctamente y el enlace funciona.

Figura 6.18. Imagen del blog con la entrada del reproductor de audio, texto y una imagen.

El audio no suele quedar bien si está solo, así que se añadirán unos párrafos de texto, que pueden ir también alternados con imágenes o vídeos, de manera que podría quedar un *post* con contenido variado tal y como ha podido observar en la figura 6.18.

Obviamente, esto es solo una recomendación, ya que el *post* lo escribe cada uno y es el editor quien decide el aspecto que tiene que tener cada una de las entradas del mismo.

6.1.4. Utilizar un reproductor desde un servicio de *podcasts*

6.1.4.1. Qué es un *podcast*

Los servicios de radio por Internet hace años que son una realidad, pero también la denominada 'radio a la carta', que no son sino programas de radio para descargar al reproductor portátil de Mp3, para llevarlo a cualquier lugar, o para escuchar directamente en Internet.

A estos programas, que se distribuyen por Internet y no por radio, se les llama *podcast*.

Los hay de todas las temáticas imaginables. Desde versiones online de programas que se han podido escuchar en las radios convencionales, hasta programas creados específicamente para ser escuchados por estos canales.

Estos audios también se pueden trasladar al *post*, sean de creación propia o no.

Hay varios servicios de este tipo, que facilitan los audios de la misma manera que Youtube ofrece los vídeos. Tienen un código de inserción que puede ser copiado e insertados en los *posts* que se publican en un blog de Blogger.

Uno de los servicios más populares es Ivoox, un quiosco de audios en los que se registran la mayoría de los *podcasts* que se producen en España.

En esta plataforma se encuentran casi todos los programas de radio del país, además de miles de producciones realizadas de manera amateur por aficionados a la radio de todo el mundo. Y todo ello, se puede compartir desde el propio blog.

6.1.4.2. Conseguir el código de inserción de un *podcast* en Ivoox

El procedimiento es el mismo que en cualquier otro servicio de búsqueda de contenido multimedia para el blog.

Se accede al quiosco Ivoox a través de su dirección URL `http://www.ivoox.com` y en la pantalla de bienvenida se ofrece la posibilidad de registrarse o visitarlo sin hacerlo. Como siempre, mi recomendación es registrarse, para disfrutar de todas las ventajas que ofrece el servicio.

Figura 6.19. Página de acceso a Ivoox.com

El proceso es muy sencillo y se puede hacer de varias formas. Una, la más sencilla, es a través de la cuenta de Facebook, enlazándola con el servicio.

La otra, requiere introducir el correo electrónico y una contraseña. Se ha de añadir el país desde donde se abre la cuenta, determinar el sexo del usuario y unos pocos términos de intereses para que el sistema pueda ofrecer, de entrada, unos *podcasts* recomendados sobre esas temáticas. También se ha de activar la casilla de verificación de las condiciones del servicio.

Al hacer clic en el botón **Enviar**, el registro queda realizado. El sistema enviará un correo a la dirección de e-mail con se ha registrado el usuario, para pedir confirmación de la cuenta. Una vez autorizado, se puede comenzar a navegar por el quiosco de audios.

Si por ejemplo, se quiere incluir en el *post* que se está escribiendo un audio de un monólogo que se ha escuchado y que ha gustado al editor, se pondrá en el cuadro de búsqueda de Ivoox el término 'monólogo'.

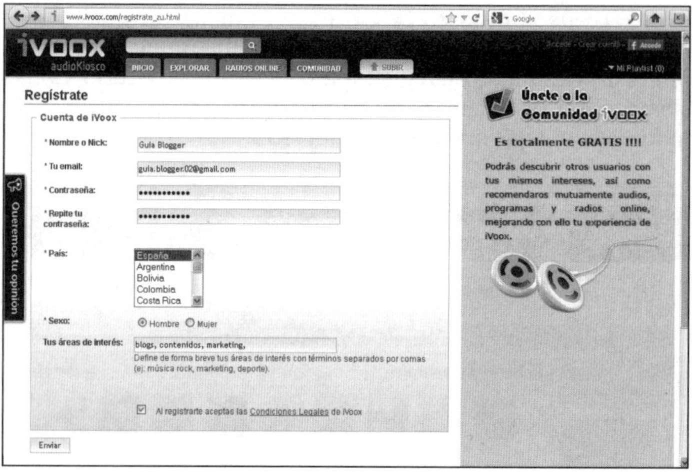

Figura 6.20. Página de registro en Ivoox, con los datos completados con el ejemplo.

Los resultados de la búsqueda permiten navegar para localizar el audio que se está buscando.

Figura 6.21. Resultados de la búsqueda del audio en Ivoox.

Al final de la página se puede ver un monólogo de Goyo Jiménez, que podría ser el que se está buscando. Es solo un ejemplo. Si no aparece, se ha de navegar por las distintas páginas para localizar el que se busca.

Junto al título, en el extremo derecho del audio, hay dos botones, que indican **Ir a Escuchar** o **Mi Playlist**

Figura 6.22. Detalle del audio elegido para obtener el código de inserción.

Lo que se quiere es encontrar el código de inserción para llevarlo hasta el *post* que se está editando, así que se debe hacer clic en **Ir a Escuchar**.

La ventana que se abre es un reproductor que comenzará automáticamente a reproducir el audio en Mp3, y como ocurre en el caso de los vídeos, tiene varias opciones. Entre ellas, compartir, que es la que incluye el código de inserción.

En el borde derecho del reproductor está el símbolo de compartir, en el que hay que hacer clic. Se despliega entonces una ventana con varias opciones para hacerlo. La que se necesita es la que se llama Llévate este audio a tu blog o web.

Al hacer clic en esta opción, se abre una nueva ventana, en la que aparecen los distintos tipos de reproductores con sus correspondientes códigos de reproducción (véase figura 6.23).

Los dos primeros son dos tipos diferentes de reproductores, mientras que el tercero es exclusivo para WordPress. La última opción es el enlace de descarga, que se puede utilizar también para añadirlo al reproductor propio, tal y como se ha explicado en el apartado anterior.

Una vez elegido el tipo de reproductor, se ha de copiar el código de inserción, seleccionándolo y haciendo clic en el botón derecho del ratón o con las teclas **Control-C**.

El código se ha pegar en la caja de edición de texto, igual que si fuera un vídeo o el reproductor que se ha añadido en el apartado anterior (véase figura 6.24).

Figura 6.23. Ventana de los códigos de inserción de los diferentes reproductores en Ivoox.

Figura 6.24. Pantalla con la caja edición de texto del *post* con el código del reproductor de Ivoox insertado.

Una vez el código insertado, ya se puede completar el *post* con el texto y las imágenes que se quieren añadir para completarlo, como en el ejemplo de la figura 6.25.

Estos ejemplos son para ilustrar el modo de insertar los audios que se pueden encontrar en Internet. Hay muchos servicios de audios, reproductores y lugares donde alojar archivos de forma gratuita. La mayoría de ellos funcionan de manera parecida, y hay que investigarlos un poco para encontrar las opciones equivalentes, pero realmente es muy sencillo reconocerlas cuando se ha trabajado anteriormente con ellas.

Figura 6.25. *Post* de ejemplo con un audio de Ivoox insertado en el blog.

Lo importante es que se creen contenidos de calidad, algo sobre lo que se insistirá mucho a lo largo de la presente guía, ya que ese es el verdadero motivo por el que los visitantes del blog vuelven a visitarlo de manera continuada.

Un reproductor de audio en una entrada ayuda a darle más contenido y más interés a los artículos, ya que permite que el lector pueda acceder de manera rápida a ese archivo que se está invitando a escuchar y le permite escucharlo sin necesidad de abandonar el blog.

Terminando de editar
el *post* antes de publicar

7.1. Las etiquetas

Una vez que se ha terminado de escribir el *post*, quedan otras consideraciones a tener en cuenta antes de publicarlo.

Las imágenes, los vídeos y los reproductores de audio son el contenido del audio, que conforman el grueso del blog, pero no son suficientes por sí mismos para atraer la atención de los posibles lectores.

Hace tiempo, era habitual que los lectores acudieran por ellos mismos a un blog, lo siguieran y lo visitaran con frecuencia. Hoy, con la cantidad de blogs en Internet multiplicada por varios millones, es mucho más complicado que esto ocurra.

Existen millones de blogs de temáticas similares y el dedo que señala la dirección a tomar es, como se puede imaginar, Google.

Pero para que Google se dé por aludido y sepa que existe un *post* en un blog que trata del tema que está buscando un usuario cualquiera en algún lugar del mundo, necesitamos las etiquetas que, además sirven para ordenar las entradas del blog según temáticas.

Así, todas las entradas del blog que lleven la misma etiqueta aparecerán seguidas, por orden inverso, es decir, comenzando por la más moderna arriba y terminando con la más antigua, abajo.

De esta manera, el lector tendrá acceso a todas ellas haciendo clic sobre la etiqueta, que aparece debajo del *post*.

7.1.2. Colocando las etiquetas en los *posts*

Partiendo del *post* que se ha hecho de ejemplo en el capítulo anterior, se pondrán las etiquetas correspondientes al *post*, antes de publicarlo.

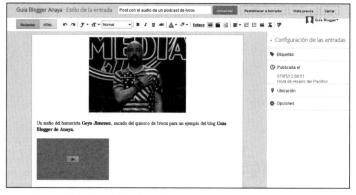

Figura 7.1. Pantalla de edición de textos con el *post* antes de ser publicado.

Las etiquetas se colocan en el apartado correspondiente, situado al lado derecho de la caja de edición del *post*, en la barra lateral que contiene, además, otras opciones sobre las que se hablará en sucesivos apartados.

La opción Etiquetas es la primera de estas opciones, y al hacer clic en ella, se despliega una caja de texto, donde se pueden escribir las etiquetas que acompañarán al *post*.

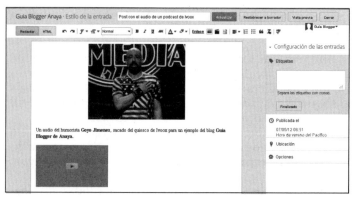

Figura 7.2. El menú de las etiquetas desplegado para añadirlas.

En la caja de edición de etiquetas se han de añadir palabras que definan el contenido del *post*, el tema del que habla, y cuantos elementos sean necesarios para identificar el *post*, tanto a nivel interno como externo.

El número máximo de caracteres permitidos en Blogger es de 200 caracteres. Cada una de las etiquetas que se añadan han de ir separadas por una coma, de manera que se diferencien unas de otras.

También es conveniente, de cara a la búsqueda a través de Google, no hacer etiquetas con una sola palabra, sino formar pequeñas frases. Para organizar las entradas, sí que se pueden dejar con una sola palabra.

En el caso del ejemplo, una lista de etiquetas correcta sería la siguiente:

- *Podcast*
- *Podcast* de humor
- Goyo Jiménez
- Monólogos Goyo Jiménez
- Cosas de risa
- El Club de la Comedia
- Audios de humor

Como puedes comprobar, las etiquetas están escritas en plural, aunque se pueden escribir en singular. Esto es debido a que Google indexa mejor el tema si es genérico que si se limita a un único tema. Un ejemplo de esto sería etiquetar un *post* con 'Rey de España' o 'reyes de España'. En el primer caso, Google entendería que el *post* está relacionado con el Rey de España, mientras que en el segundo caso dirigiría una búsqueda que se hiciera sobre los distintos reyes que ha tenido el país en toda su historia.

Figura 7.3. Pantalla de edición de *posts* con las etiquetas añadidas.

Una vez añadidas todas las etiquetas, se ha de hacer clic y el *post* quedará marcado con las mismas, y añadido a las categorías que se han creado.

7.2. Fecha de publicación

Antes de publicarlo, se puede determinar si se desea publicarlo en el momento de la edición, o dejarlo programado para que se publique de manera automática en la fecha y hora en que se quiera que lo haga.

Para dejarlo programado, se hace clic en la segunda opción de la barra lateral derecha y denominada **Publicado el**, que por defecto tiene la fecha y hora actual. Se despliega un calendario, con el día en curso remarcado y con la hora del momento de la edición.

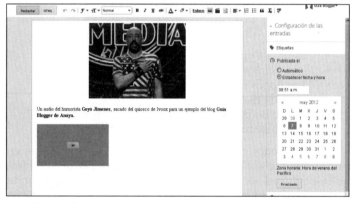

Figura 7.4. Menú de programación de *posts* desplegado.

Se pueden ver dos opciones en este menú desplegable.

- **Automático:** Esta opción se debe seleccionar cuando se quiere que el *post* se publique cuando se haga clic en el botón **Publicar**, con la fecha y hora del momento de la publicación.

- **Establecer fecha y hora:** Esta opción se utiliza para dejar programada la publicación del *post* en un momento determinado y preciso, posterior al momento de la edición. Para programar el *post*, se ha de seleccionar el día elegido para la publicación y, a través del menú desplegable de las horas, el momento del día en que se quiere publicar.

  Para confirmarlo, se ha de hacer clic en el botón **Finalizado**, que se encuentra al final del menú desplegable con el calendario.

7.3. Ubicación

Otra de las características que se pueden añadir al *post* antes de publicarlo es añadir la ubicación desde donde se están editando los *posts*. Para hacerlo, se ha de hacer clic en la tercera opción de la barra lateral derecha, Ubicación.

Al hacerlo, se abre un menú desplegable con un mapa de Google Maps, en el que se puede marcar una ubicación.

Bajo los símbolos del zoom del mapa, hay un pequeño icono con forma de chincheta, sobre el que se ha de hacer clic para activarlo. Después, se puede arrastrar manteniendo pulsado el botón izquierdo del ratón hasta el lugar deseado.

Figura 7.5. Menú de programación de la ubicación antes de publicar el *post*.

Una vez situado el marcador en la ubicación, se puede terminar con ello haciendo clic en el botón **Finalizado**.

7.4. Configuración de las opciones de edición

La última opción en la barra lateral derecha contiene acciones para determinar si se permiten o no los comentario y otros elementos de edición.

- Comentarios. Este apartado está dividido en varias opciones.

- **Permitir:** Al seleccionarlo, permite a los lectores del blog dejar comentarios en las entradas.
- **No permitir, mostrar los existentes:** Cuando se selecciona, no permite al visitante dejar comentarios, pero se mantienen publicados los que había antes de seleccionar esta opción.
- **No permitir, ocultar los existentes:** Como el anterior, no permite los comentarios, pero además oculta los que ya habían sido hechos con anterioridad.
- **Modo de redacción:** Las dos opciones que contiene están relacionadas con los códigos HTML, y es aconsejable dejarla en la primera, que mantiene estos códigos literalmente.
- **Saltos de línea:** Con esta opción se puede sustituir la etiqueta `<br/>`, que se utiliza para los saltos de línea por una pulsación de **Intro**. Es aconsejable dejar seleccionada esta última opción, ya que es más cómoda para el usuario inexperto.

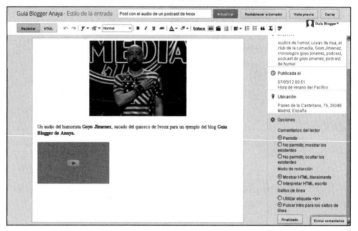

Figura 7.6. Opciones de configuración de edición para los *posts*.

Estas configuraciones se pueden modificar antes de la redacción del *post*, durante o al terminar, para dejarlo ya listo para su publicación.

Una vez comprobados todos estos puntos, el *post* está listo para ser publicado. Para que aparezca en el blog, solo hay que hacer clic en el botón **Publicar** y quedará situado en el lugar que le corresponde en el blog.

Si se ha optado por la programación del *post* en una fecha y hora distinta, se ha de hacer clic en el mismo botón. En lugar de aparecer en el blog, quedará en los borradores, aunque con la leyenda Programado, al lado del título.

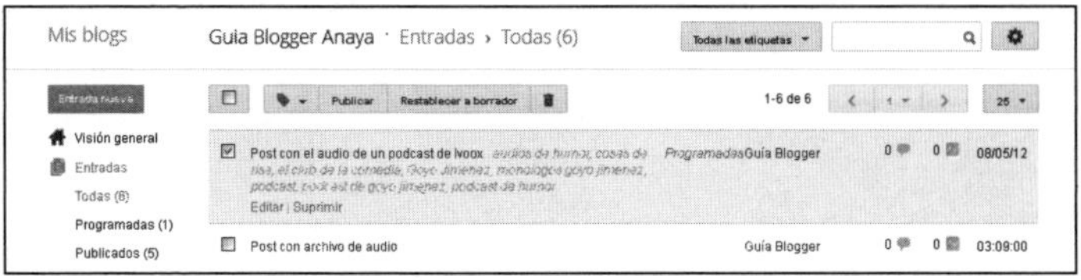

Figura 7.7. Imagen de la entrada programada en Borradores.

Comentarios en
las entradas del blog

8.1. ¿Qué son los comentarios?

Los visitantes del blog suelen acudir a la entrada que les interesa, bien porque la hayan encontrado en Google, o porque la hayan encontrado en las redes sociales, compartidas bien por el propio editor del blog, o por amigos que hayan decidido que es un tema interesante y han decidido que a alguien más les puede interesar.

Los comentarios son mensajes que el visitante puede dejar en cada uno de los *posts* o artículos, mediante una opción que aparece bajo el *post*, normalmente con un texto por defecto que es algo así como X Comentarios, siendo X la cantidad de comentarios que hay en cada uno de los *posts*.

Figura 8.1. Lugar del *post* donde se puede encontrar el acceso a los comentarios.

Este es el texto por defecto, pero se puede cambiar por cualquier otro, como se ha visto en el capítulo 3, en el que se indicaba la manera de personalizar el blog.

Con los comentarios, los lectores del blog pueden felicitar, aconsejar nuevos blogs, hacer alguna anotación sobre el tema del *post*, y cualquier cosa que se le ocurra. Y eso incluye, por desgracia, desde la odiada publicidad indiscriminada o *spam*, hasta insultos y descalificaciones, lo que se conoce como *trolleo*, realizada por usuarios de Internet con mucho tiempo libre y escaso conocimiento. Sobre ello se hablará también en este capítulo, en el se explicará todo lo relacionado con los comentarios.

8.2. Editando la presentación de los comentarios

Como todos los apartados del blog, los relacionados con los comentarios también pueden ser modificados y personalizados de acuerdo con las preferencias del editor del mismo. En las páginas siguientes se va a explicar cómo trabajar con ellos y las diferentes opciones que tiene Blogger para ellos.

8.2.1. Cambios a realizar desde la opción de Diseño

En el capítulo 3 se ha visto como se podían editar las opciones de las entradas en la opción Diseño, que es en la que se puede cambiar el texto de presentación de los comentarios.

Se ha de hacer clic en esta opción, y se abrirá la pantalla correspondiente, con el esquema básico del blog. Recordemos que el cuadro central, el más grande, es el que edita las entradas y la forma de presentar las mismas en la página central del blog.

Para cambiar el texto de la opción de comentarios, se ha de hacer clic en la opción que se encuentra en la zona inferior derecha de la zona **Entradas del blog**, como se ha comentado, la más grande, con el texto Editar.

Figura 8.2. Pantalla Diseño, con el cuadro de Entradas del Blog en el centro y la opción Editar en su parte inferior derecha.

Al hacer clic sobre ella, se abrirá la ventana de diseño de **Entradas del blog** que ya se vio en el capítulo correspondiente y que contiene las distintas opciones que ya se comentaron allí.

Se ha de localizar la referida a los comentarios, que es la cuarta comenzando desde arriba. En primer lugar aparece un número, que permanece fijo y junto a él, una caja de texto en la que se puede leer el texto por defecto, **Comentarios**.

Si se selecciona este texto, haciendo clic con el botón izquierdo del ratón, o borrándolo con la tecla **Supr** o **Retroceso**, se puede escribir cualquier otro texto que se quiera, para que quede reflejado de esa manera en la entrada una vez publicada.

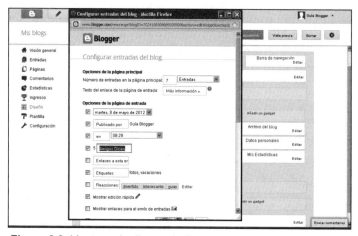

Figura 8.3. Ventana de diseño de Entradas del blog, con la opción de comentarios con el texto cambiado.

Por ejemplo, se puede sustituir ese texto por **Amigos dicen**, con lo que el texto en el *post*, una vez publicado quedaría como **X Amigos dicen**, siendo la X la cantidad de comentarios que tiene esa entrada en particular.

Para dejar guardados los cambios en la entrada, hay que hacer clic sobre el botón **Guardar**, situado en la parte inferior de la ventana de edición, de manera que ésta se cerrará y los cambios quedarán grabados y se aplicarán a todas las entradas escritas hasta el momento.

Éste es el cambio que se puede realizar desde la opción Diseño, pero es desde la página Configuración donde se pueden realizar más cambios importantes sobre los comentarios.

Figura 8.4. Imagen del cambio en el texto de los comentarios en el artículo publicado.

8.2.2. Cambios a realizar desde la opción Configuración

En el menú que se sitúa a la izquierda de la página de edición del blog, la última opción es Configuración. Los detalles de cada una de las opciones que se pueden encontrar en ésta, se explicarán en otro capítulo. En éste se centrará la atención en comentarios, para dejar claras todas las posibilidades que se pueden aplicar en los comentarios.

Haciendo clic en la opción, se despliega un menú que contiene todas las posibilidades que se pueden encontrar en ella.

La que interesa en estos momentos es la segunda, Entradas y comentarios, en la que se ha de hacer clic para acceder a la página de configuración.

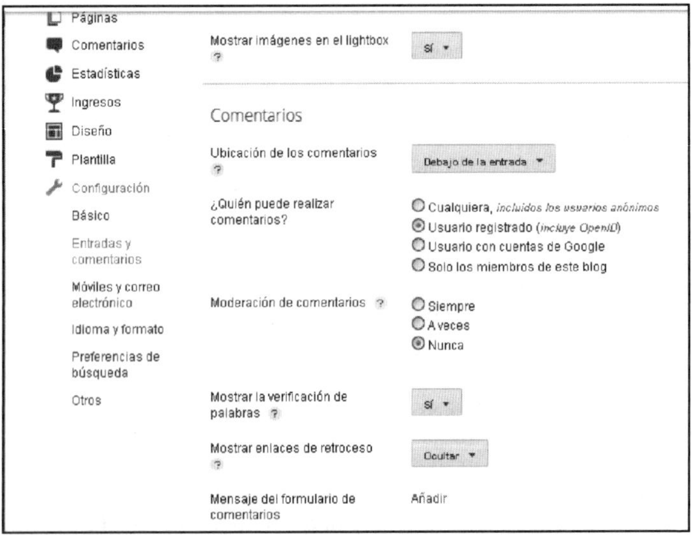

Figura 8.5. Página de configuración de Entradas y Comentarios, centrada en la parte correspondiente a los comentarios.

En la pantalla que se abre, se pueden encontrar todas las opciones para tener configurados los comentarios.

- **Ubicación de los comentarios:** Al hacer clic en esta opción, se despliega un menú en el que existen varias opciones para elegir.
  - **Debajo de la entrada:** Los comentarios aparecen tal y como están por defecto, bajo la entrada y accediendo a ellos en la misma página del *post*.
  - **Página completa:** Con esta opción, al acceder a los comentarios, éstos aparecen en una pantalla completa, con la caja de texto para comentar en el lado derecho de la pantalla.
  - **Ventana emergente:** Cuando se hace clic en la opción de dejar comentarios en el *post*, aparece una ventana emergente, donde está en primer lugar la caja de texto para introducir el comentario y seguidamente, todos los comentarios que se han dejado en la entrada.
  - **Ocultar:** Con esta opción no se ven los comentarios y están ocultos para los demás usuarios.

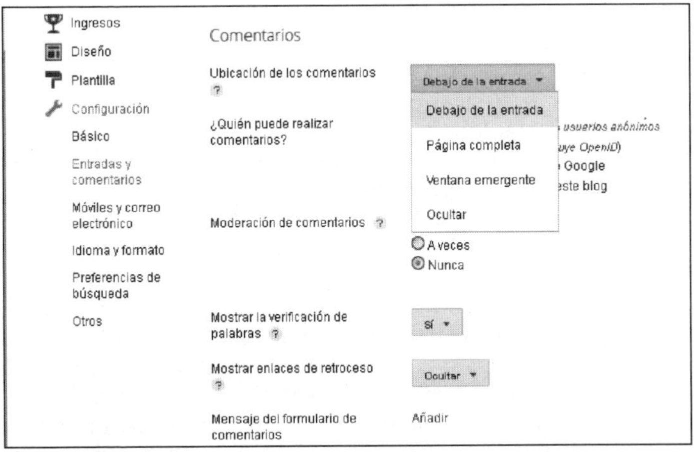

Figura 8.6. Menú desplegado con las opciones de ubicación de los comentarios.

- **¿Quién puede realizar comentarios?:** Indica quién puede dejar sus comentarios en el blog, y se puede configurar para delimitar el tipo de usuarios que pueden dejarlos.

- **Cualquiera** (*incluso usuarios anónimos*): Con esta opción se permite a todos los usuarios comentar en el blog, aunque no tengan cuenta en Blogger o en otros servicios similares.
- **Usuario registrado** (*Incluye Open Id*): Permite comentar solo a usuarios registrados, bien en Blogger o en algún servicio similar, como Open Id.
- **Usuario con cuenta de Google**: Solo se permite publicar comentarios a usuarios que tengan una cuenta en Google.
- **Solo los miembros del blog**: El blog puede tener varios editores, como se verá en el apartado correspondiente, esta opción permite que solo estos puedan comentar en el blog, sin que nadie ajeno al mismo pueda hacerlo.

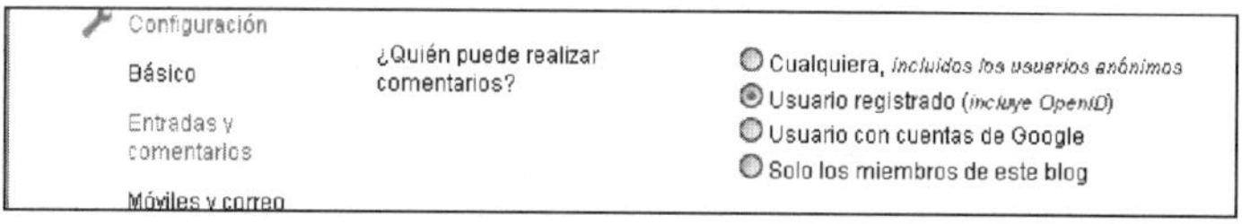

Figura 8.7. Imagen de las opciones de autorización para publicar comentarios en los *posts*.

- **Moderación de comentarios**: Antes de que los comentarios aparezcan publicados, el editor puede querer controlar qué se ha introducido en los comentarios, para autorizarlos o descartarlos si resultan ofensivos, poco adecuados o directamente, es *spam*.
  - **Siempre**: Con esta opción, todos los comentarios se quedan almacenados a la espera de moderación, para que sean aprobados o descartados por el editor del blog. Cuando se utiliza esta opción, el sistema solicita un correo electrónico donde se envía la notificación de que hay un comentario en la entrada para que sea revisado. Para hacerlo, simplemente se accede a la opción **Comentarios** de la barra lateral izquierda.
  Al hacer clic en esta opción se abre un menú desplegable donde aparecen los comentarios aprobados, los moderados y los eliminados. Se profundizará en este aspecto en el capítulo correspondiente.
  - **A veces**: Al hacer clic en esta opción se moderan los comentarios a partir de una fecha determinada, para evitar que resurjan conversaciones que ya no tienen importancia. Se abre un cuadro de texto en el

que el sistema solicita una fecha a partir de la cual se pueden moderar los comentarios. No es una opción muy recomendable, ya que es un poco confusa. Aconsejo utilizar cualquiera de las otras dos, mucho más sencillas y prácticas.

- **Nunca:** Como su propio nombre indica, no tiene ningún tipo de moderación y permite que el comentario aparezca de manera inmediata en el *post*. Tiene el riesgo de que aparezcan comentarios no deseados y que se sea consciente de ello, aunque permite una comunicación más rápida con los lectores.

- **Mostrar la verificación de palabra:** Cuando se vaya a escribir un comentario, el autor del mismo tendrá que introducir las palabras que aparecen en pantalla en el cuadro de texto correspondiente. Solo se publicará el comentario si el autor las escribe correctamente. Puede probar las veces que estime oportuno, y en cada ocasión cambiarán por si no se entienden correctamente.

  De esta manera, se evita que se publiquen comentarios mecanizados, como suelen ser el *spam*. Los editores del blog no tendrán que realizar esta operación para publicar sus comentarios.

- **Enlaces de retroceso:** Los enlaces de retroceso son enlaces de otras páginas web hacia el blog o a una de las entradas. Es decir, si alguien ha escrito un *post* en otro blog sobre el del editor, y ha añadido la dirección URL correspondiente a una entrada, en la ventana de comentarios aparecerá un enlace hacia ese otro blog que ha hablado de esa entrada.

  Es una opción para aumentar la experiencia de los comentarios, ya que esa entrada en el otro blog es como un comentario del *post* correspondiente.

  Se puede activar o desactivar. Si se permiten todos los comentarios, es aconsejable dejarlo activado, para potenciar los comentarios.

- **Mensaje del formulario de comentarios:** Esta opción permite añadir un mensaje personalizado al usuario que va a dejar un comentario (véase figura 8.8). Es una opción interesante, para hacer todavía más cercana la experiencia del blog, y el usuario lo agradecerá.

Una vez modificadas todas las opciones al gusto del editor, solo queda confirmarlas, haciendo clic en el botón **Guardar cambios**, situado en la parte superior derecha de la pantalla de Configuración.

Mensaje del formulario de comentarios	Hola, puedes dejar tu comentario para el Blog Guía Blogger y comentarnos qué te parece la experiencia de abrir un Blog en Blogger.
	Eliminar

Figura 8.8. Personalización del mensaje de bienvenida a los comentarios.

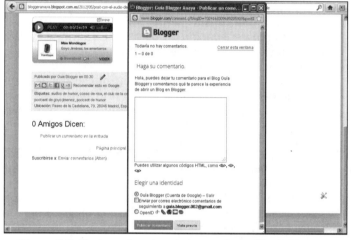

Figura 8.9. Ventana de comentario, con la opción de Ventana Emergente, Usuario Registrado y sin verificación de las palabras, con un mensaje de bienvenida personalizado.

Al igual que todas las demás opciones y configuraciones del blog, estas se pueden modificar en cualquier momento, siguiendo las mismas indicaciones.

8.2.3. Visualización en la opción Comentarios de la barra lateral izquierda

En la barra lateral izquierda, donde se encuentran las opciones principales para editar el blog, se encuentra Comentarios. Haciendo clic en ella, se despliega un menú con los distintos tipos de comentarios que hay en el blog.

- Publicados: Al hacer clic sobre esta opción, se visualizarán los comentarios publicados. Si no se ha optado por la moderación, se verán todos, con una indicación del usuario que lo ha publicado, además del *post* donde lo ha hecho.

- **Pendientes de moderar:** Esta opción solo aparecerá si se ha seleccionado la opción de moderación. En ella se podrán ver todos los comentarios pendientes de moderación, para leerlos uno a uno y determinar si son aceptados, eliminados o considerados *spam*.
- **Spam:** En esta opción aparecen los comentarios considerados *spam*, que pueden ser recuperados, si se estima que finalmente no lo son, o eliminarlos completamente si es necesario.

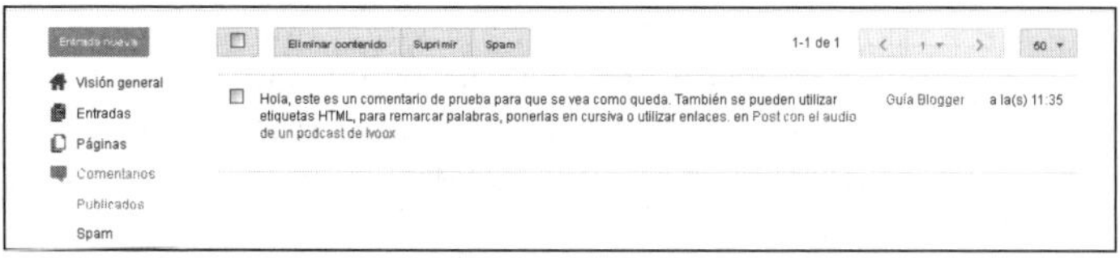

Figura 8.10. Página de visualización de Comentarios, con la opción Publicados seleccionada.

Como se puede observar en la figura 8.10, en la parte superior también existen tres botones, que permiten al usuario **Eliminar el contenido**, **Suprimir** o marcar como *Spam*.

Para hacerlo, basta con seleccionar uno de los comentarios, activando la casilla de verificación que se encuentra en el lado izquierdo del comentario, o todos ellos, haciendo lo mismo en la casilla que se encuentra en la parte superior, y que los selecciona todos.

8.3. Consejos sobre el tratamiento de los comentarios recibidos

Para comenzar, hay que pensar que es complicado que un lector deje un comentario. Suele ocurrir cuando ya se es un visitante fiel y le gustan los contenidos o bien llega por primera vez y disfruta con la lectura del *post*.

Los *posts* que más comentarios tienen suelen ser los que más han gustado y es algo muy importante: cuantos más comentarios, mejor se posiciona ese *post* en concreto en Google.

Además, un creciente número de comentarios indica que cada vez más visitantes se han interesado por él, indicando el camino a seguir para futuras entradas.

Todo esto hay que tenerlo en cuenta para tratar de forma correcta los comentarios que se reciben.

El primer comentario que se recibe siempre suele causar satisfacción. Alguien ha leído el *post* y ha creído conveniente comunicar su opinión sobre él. Eso es muy positivo y se ha de valorar de la manera que merece.

Lo principal es leer todos los comentarios que se reciben y, de forma educada, contestarlos todos. De esa manera, el visitante que se ha tomado la molestia de dejar un comentario y dar su opinión sobre el tema tratado, percibe que esa deferencia ha sido tenida en cuenta y que el editor del blog ha leído y valorado lo que cuenta en el comentario.

De esa manera, se puede llegar a entablar una relación entre los editores de varios blogs, que intercambian comentarios acerca de sus propias webs, ayudando así a que no solo se conozca el blog del visitante, sino que ésta conozca el del editor y al sentirse cómodo en él, y atraiga más visitas.

Por eso, es aconsejable visitar el blog de quien ha dejado ese comentario y escribir también alguno, para que se note que hay una comunicación entre los dos.

8.3.1. El *spam*

Aunque se haya activado la **Verificación de palabra**, es posible que se cuele algún mensaje de *spam*. Ante un mensaje de este tipo, que suele estar escrito en inglés o con una traducción surgida de un traductor automático de Internet, no hay que dudar.

Se ha de marcar como lo que es y sacarlo de los comentarios.

8.3.2. Los *Trolls*

Los *Trolls* son personajes que pueblan los comentarios de los blogs y los foros. Son personas que normalmente se dedican a insultar al editor del blog o a los usuarios del mismo, por el mero hecho de pasarlo, pretendidamente, bien.

Todos los blogueros hemos tenido varios de estos, y la primera reacción ante semejantes barbaridades es intentar razonar con ellos. Es un error, porque se envalentonan y continúan con sus cosas, subiendo de tono e incluso haciendo perder la compostura al editor.

No vale la pena seguirles el juego. Si se quiere, por deferencia se puede intentar razonar con él, pero no más allá del segundo comentario. Si continúa con el tono subido, lo mejor es eliminar los comentarios del usuario y si persiste, configurar los comentarios para que sean moderados y evitar futuros problemas.

Normalmente, contraatacan lanzando sus insultos en otros foros, diciendo que tal blog ejerce censura sobre los comentarios, que se ha vulnerado su derecho de expresión, etc.

No hay que olvidar que el blog es el espacio del editor en Internet, y que las normas sobre comportamiento en el mismo las dicta él. Así que nadie puede exigir ningún tipo de comportamiento o si debe quitar o no comentarios que no le gusten, aunque no sean ofensivos.

Cada blog pertenece a su editor (o editores) y las normas que rigen, a estos niveles, son las que cada uno quiere poner. No hay que perder las formas ni dejarse avasallar.

De todas maneras, muchos blogueros se toman la presencia de los *Trolls* con humor y se permiten bromear con ellos y reírse de sus ocurrencias. Es una buena técnica para que se cansen y se vayan, normalmente, dando un portazo virtual.

Si no se les hace caso, se aburren y se van a otros blogs, a seguir con lo suyo.

Ante todo, mucho humor con ellos, y si no se quiere su presencia en el blog, se eliminan y listo.

Configuración del blog

9.1. Para qué sirve la Configuración del blog

Ahora ya hay en el blog varias entradas, varios artículos que pueden leer los visitantes del mismos, y hay que comenzar a planificar otras cosas referentes a cómo lo verán, quién va a escribir en blog (si va a haber un solo editor o varios), cuantos artículos se van a poder ver en la página principal del blog y esas pequeñas cosas que acabarán de dar forma al blog y ayudarán a la persona que entre en él a través de los distintos caminos que se habilitarán para darlo a conocer a moverse por él.

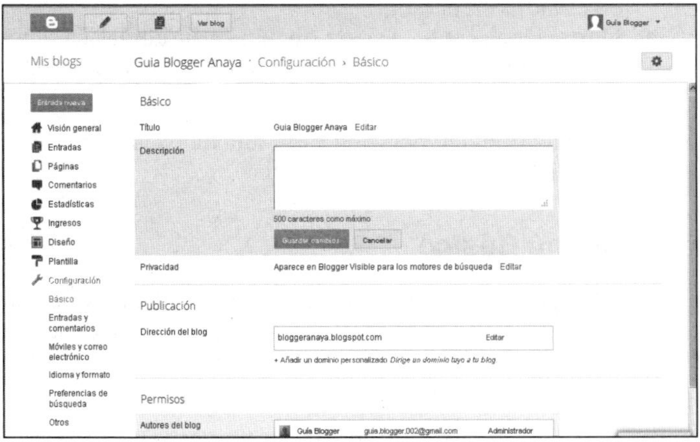

Figura 9.1. Menú Configuración desplegado.

La opción Configuración, como se ha podido leer en el capítulo anterior, ayuda a determinar todas estas funciones, así que ha llegado el momento de detenerse en él.

9.2. Composición del menú Configuración

Este menú, que se despliega cuando se hace clic en Configuración, se compone de varias opciones que determinan aspectos importantes del blog. Éste es el repaso a esas opciones.

- **Básico:** Las opciones que se encuentran en este apartado determinan la privacidad del blog, su título, etc.
- **Entradas y comentarios:** Tal y como se ha visto en el capítulo anterior, desde esta opción se controlan las diferentes formas de mostrar las entradas y los comentarios que realizan los visitantes del blog.
- **Móviles y correo electrónico:** Es el lugar donde se registran las maneras de comunicar con el editor del blog y las distintas modalidades externas para editar *posts*.
- **Idioma y formato:** En esta opción se determinan el idioma, el uso horario, etcétera.
- **Preferencia de búsquedas:** Desde esta opción se puede configurar un mensaje personalizado para una búsqueda fallida y otros elementos relacionados con las búsquedas efectuadas en el blog.
- **Otros:** Finalmente, en esta opción se sitúan las características que no tienen cabida en las otras, como características del *feed*, etcétera.

Ahora, hay que detenerse en cada una de ellas, para saber qué se puede hacer en cada una de ellas.

9.2.1. Menú Básico

En esta opción se pueden encontrar tres apartados, que a su vez contienen las opciones correspondientes al tema concreto en que están incluidas.

- **Básico:**
  - Título: En el cuadro de texto que aparece junto a esta opción se puede cambiar el título del blog.

- Descripción: Al hacer clic en esta opción, se despliega una caja de texto, en la que se puede añadir una descripción del blog, lo que se puede encontrar en él y dar pistas al lector que llega hasta él. Esta es una opción que ya hemos visto que se puede cambiar en otras opciones del blog.

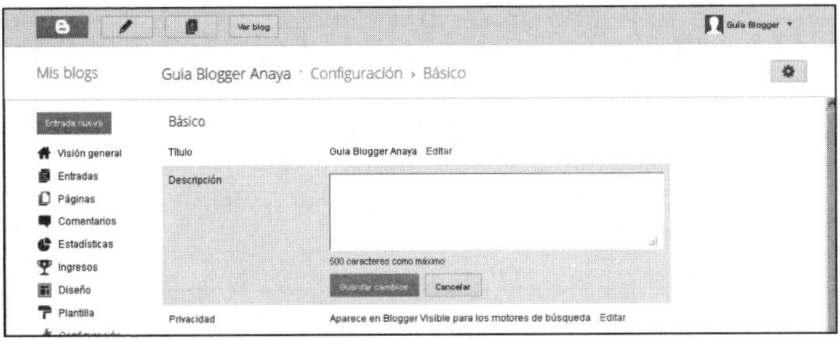

Figura 9.2. Página de Configuración con la caja de texto de la descripción del blog desplegada.

- Privacidad: En esta opción se regula la privacidad del blog, es decir, como de fácil se quiere que se encuentre el blog. Para determinarlo, el sistema ofrece dos preguntas. La primera de ella se refiere a la posibilidad de incluir el blog en la lista de Blogger, o que permanezca oculto. La segunda se refiere a la posibilidad de que los motores de búsqueda, como Google, Yahoo, Bing, y el resto de ellos pueda acceder a la información del blog.

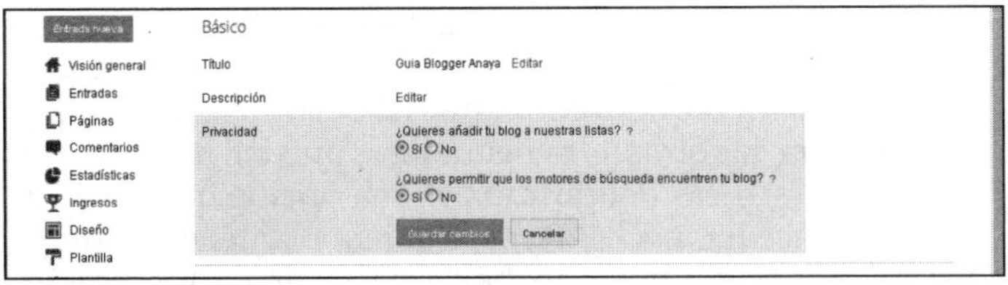

Figura 9.3. Opción de Privacidad en el menú Configuración.

- **Publicación**: En este apartado solo aparece una opción, aunque es bastante importante para el blog.
  - Dirección del blog: Junto a la opción hay una caja de texto que incluye la dirección URL del mismo y que puede ser editado. Hay que tener en cuenta que, una

vez cambiada la dirección URL del blog, todos los enlaces compartidos dejarán de tener utilidad, ya que la dirección será distinta y no enlazarán, ni funcionarán con las entradas con que deberían hacerlo.

La segunda opción que ofrece ésta es la posibilidad de comprar un dominio personalizado para el blog, que no tenga la terminación de blogspot.com, pero a través de un socio de Google, una empresa que tiene la firma para este tipo de acciones. Los dominios a través de esta posibilidad cuestan 10 dólares, aunque en otras empresas, de las que se hablará en la sección correspondiente a esta acción, hay otros precios y otras funcionalidades, muchos de ellos más económicos.

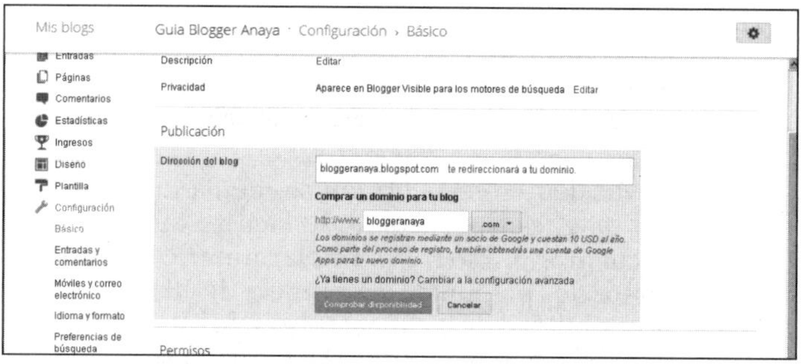

Figura 9.4. Pantalla de Configuración con la opción Dirección del blog desplegada y con la posibilidad de adquirir un dominio personalizado en Google.

- **Permisos:** Desde este apartado se pueden añadir editores al blog, y convertirlos en administradores, con el mismo nivel que el editor que ha creado el blog. De esta manera, los otros administradores pueden modificar las características del mismo. Es una opción que no se ha de conceder a la ligera, si se quiere mantener un orden en la web y sobre todo, ha de existir una comunicación muy fluida entre los distintos administradores para que no haya malentendidos y todos sepan las modificaciones que se han realizado.

Se puede eliminar la función de administrador en cualquier momento, y el único que no puede ser eliminado es, lógicamente, el editor original del blog.

- **Autores del blog**: La caja de texto que hay junto a la opción muestra el nombre del editor, el correo electrónico a través del que accede a la cuenta y el nivel de autorización, en este caso, Administrador.

  Bajo el cuadro de texto, hay una opción con el texto **Añadir autores.**

  Al hacer clic en ésta, se abre una nueva caja de texto, donde se pueden añadir los correos electrónicos de los usuarios que se quiere que participen como editores. Se ha de poner uno en cada línea, haciendo clic en **Intro** tras cada dirección. Los usuarios recibirán un mensaje en su bandeja de entrada con la invitación a participar en el blog.

  Para activar la invitación, tendrán que seguir las instrucciones en el blog y aceptarla. Una vez dados de alta como editores, el propietario del blog puede cambiar su status de Editor a Administrador, si es necesario.

  Como se ha explicado más arriba, se puede anular esta autorización en cualquier momento.

Figura 9.5. Opción para incluir a nuevos editores en el blog.

- **Lectores del blog**: Esta opción permite determinar quién va a poder leer el contenido del blog. Hay varias posibilidades, entre las que se ha de elegir solo una. La primera permite que cualquier usuario de Internet pueda leer el blog. Es la opción que se encuentra activada por defecto.

  La segunda restringe el acceso al contenido del blog solo a los editores del blog. De esta manera, se convierte en un blog privado, que solo puede ser consultado por los usuarios que crean contenidos para él. Sería una manera de crear un grupo de estudio o para realizar determinados estudios o proyectos, de manera que fuera colaborativo, pero solo accesible por quien participa en ellos.

Por último, se puede permitir el acceso solo a unos lectores determinados y concretados, que se pueden añadir en la caja de texto inferior, tal y como se ha visto hacer en el apartado de **Añadir autores**. Con esta opción, solo ellos podrán leerlo, aunque no sean editores.

Una vez añadidos los correos electrónicos de los lectores escogidos, hay que hacer clic en el botón **Guardar cambios**.

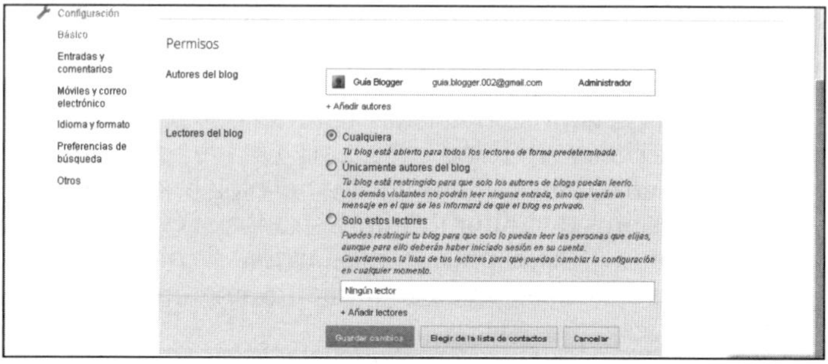

Figura 9.6. Menú de autorización de los lectores del blog.

9.2.2. Menú Entradas y Comentarios

En este menú se configuran el aspecto de la página principal del blog, en referencia a cuantos artículos mostrará en ella y los comentarios, tal y como se ha visto en el capítulo correspondiente.

- **Entradas**: Este es el apartado en el que se configuran las opciones relacionadas con los artículos y las imágenes que se incluyen en los *posts*.
  - Mostrar un máximo de… Esta opción viene seguida de un cuadro de texto donde se añade el número de *posts* que se quiere que aparezcan en la página principal o *Home* del blog. En este caso está configurado para que sean 7.

    También puede ser interesante utilizar la opción **Días**, que se encuentra en el menú desplegable que está situado a continuación, tal y como muestra la figura 9.7. De esa manera, en lugar de aparecer 7 entradas, por ejemplo, serían 7 días los que aparecerían en la página principal del blog.

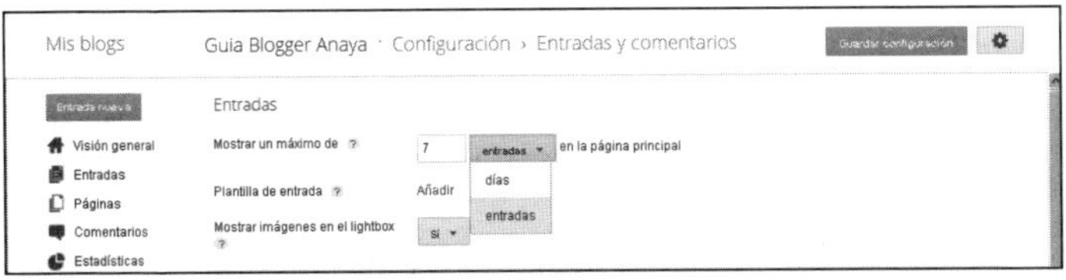

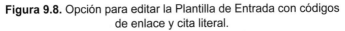

Figura 9.7. Imagen de la opción que permite cambiar el número de artículos en la página principal del blog.

- **Plantilla de entrada:** En el capítulo correspondiente a la creación de entradas se ha podido ver cómo redactar un título y escribir un *post*. Algunos usuarios prefieren tener un modelo estándar de edición de *posts*, y por eso, esta opción permite modificar la plantilla de entrada de textos para que siempre aparezca uno o varios elementos fijos en todos los *posts*.

  Por ejemplo, si se desea que en cada entrada, lo primero que aparezca sea un enlace a alguna otra página, seguida de una cita literal de un autor. En la caja de texto que se despliega tras hacer clic en esta opción, se debería poner el código HTML que permitiría esto, tal y como se ve en la figura 9.8.

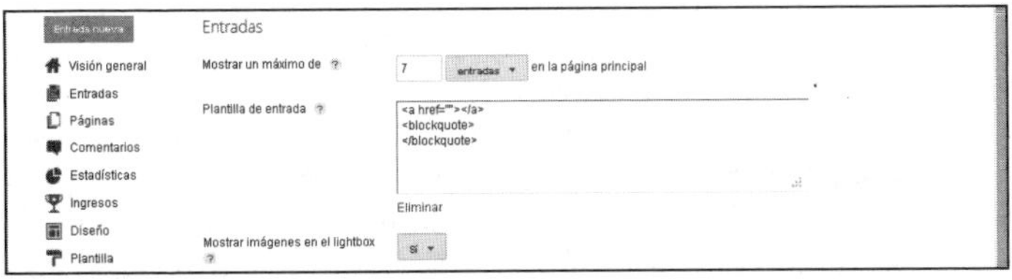

Figura 9.8. Opción para editar la Plantilla de Entrada con códigos de enlace y cita literal.

Personalmente, aconsejaría no utilizarlo para dar a cada una de las entradas una imagen diferente y acorde con el tema concreto. No obstante, es una opción a tener en cuenta si se quiere dar a todos los *posts* una imagen uniforme.

- **Ver imágenes en Lightbox:** Cuando se sube una imagen al servidor de Blogger, en el *post* aparece con el tamaño que se ha elegido, sin embargo ésta permanecerá almacenada con su tamaño real. Cuando se hace clic sobre ella, se abre una ventana con la imagen, en su tamaño auténtico.

El nuevo sistema que utiliza Blogger para esto es Lightbox, que permite ver la imagen situada en el centro de la ventana. En el caso de que hubiera más imágenes en *post*, estas aparecerían debajo de la que se está mostrando, en formato miniatura.

Aunque se puede elegir entre activar este sistema o utilizar el anterior, que simplemente despliega una ventana con la imagen, éste es más atractivo para el visitante e invita a ver las demás imágenes que acompañan al texto.

9.2.3. Móviles y Correo Electrónico

Desde este apartado se puede configurar el blog para publicar a través del correo electrónico o mediante un mensaje SMS o MMS, desde el teléfono móvil y editar el correo al que se quieren enviar las comunicaciones de comentarios.

- **Publicar entradas mediante SMS o MMS:** Aunque podría ser una utilidad muy atractiva, no es una opción muy recomendable, ya que su uso resulta confuso y tiene el coste propio de los mensajes de texto.

- **Publicar mediante correo electrónico:** Publicar mediante correo electrónico es mucho más funcional y efectivo, ya que la entrada se puede enviar en el cuerpo del mensaje a la dirección de correo electrónico.

  Además éste se puede configurar en esta misma opción, añadiendo a la dirección que aparece en esta opción unas palabras que completen el correo electrónico. El sistema comprobará que no existe otra dirección con esas palabras añadidas y la autorizará y enlazará con el blog.

  Se puede elegir entre dos opciones para esas entradas, bien publicarlas inmediatamente, o bien dejarlas en borrador hasta que se pueda acceder a un ordenador, editarla convenientemente y publicarla.

- **Correo electrónico de notificación de comentarios:** En la caja de texto se pueden introducir hasta diez direcciones de correo electrónico donde se enviará una notificación si alguien introduce un comentario en la entrada.

- **Enviar entradas por correo electrónico:** Al igual que en la opción anterior, se pueden añadir hasta diez direcciones de correo electrónico para enviar las entradas del blog realizadas por los editores.

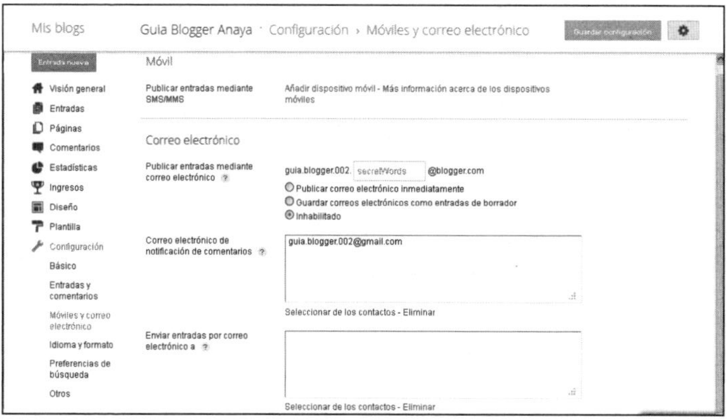

Figura 9.9. Página de Configuración con el menú Móviles
y correos electrónicos desplegado.

9.2.4. Menú Idioma y Formato

En este menú se pueden modificar los aspectos relacionados con el idioma y el formato de las fechas y el sistema horario.

- **Idioma:** Contiene las opciones que permiten cambiar el idioma del blog entre varias opciones (véase figura 9.10).
    - **Idioma:** Lo que cambia cuando se selecciona el idioma no es el contenido de las entradas, que las incorpora el editor, sino el idioma de los menús del mismo. Para elegirlo, se ha de desplegar el menú haciendo clic sobre la flecha y seleccionando el que se busca.
    - **Transliteración:** Esta función traduce el sistema alfabeto occidental a otros alfabetos, como el cirílico o varios de origen asiáticos. Normalmente está deshabilitado, a menos que se deba trabajar con estos alfabetos.
- **Formato:** Esta opción permite el cambio del uso horario y su representación en los *posts*.
    - **Zona Horaria:** En esta opción se selecciona la zona horaria, que por defecto utiliza la zona del Pacífico. En España se utiliza la zona (GMT +1) Madrid, que se puede seleccionar en el menú desplegable que se abra haciendo clic en la flecha que hay junto a la caja de texto que contiene la zona horaria.

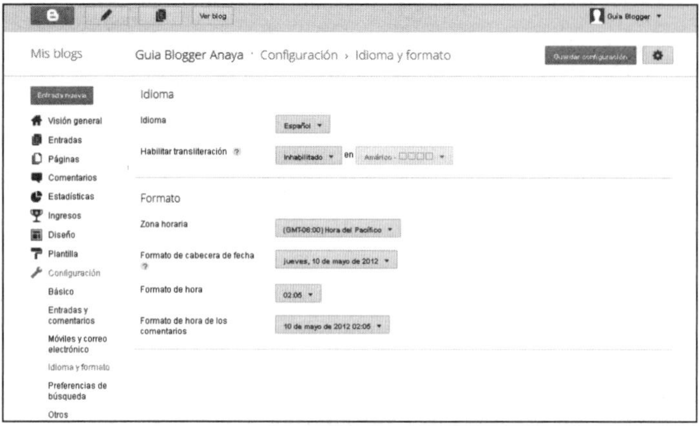

Figura 9.10. Página de Configuración con el menú de Idioma y formato.

- **Formato de cabecera de fecha:** En esta opción se puede determinar el formato de la fecha. Hay varias opciones, ya que cada país tiene una manera de representar la fecha. Por ejemplo, se puede elegir un modelo tipo *día/mes/año*, o *#día# de #mes# de #año#*, cambiando cada valor por lo que le corresponda. Se selecciona, igual que en el caso anterior, seleccionando la opción elegida en el menú desplegable.

- **Formato de hora:** A través de un menú desplegable se puede cambiar el formato de presentar la hora en las entradas del blog, funcionando de manera idéntica a los supuestos anteriores.

- **Formato de hora en los comentarios:** Es idéntico a los anteriores casos, pero referido a la manera de mostrar la fecha y horas en que se realizan los comentarios en las entradas del blog.

  Una vez realizados todos los cambios, se ha de hacer clic en el botón **Guardar cambios**, para confirmarlos y que se apliquen al blog.

9.2.5. Menú de Preferencias de Búsqueda

Con este menú se habilitan y deshabilitan funciones que ayudan a los usuarios que buscan en los motores de búsqueda (Google, Yahoo, etc.) a localizar y hacer clic en los resultados que llevan hasta el blog.

- **Etiquetas meta:** Permite escribir un pequeño texto descriptivo del blog para ayudar a identificarlo en los buscadores. El texto debe tener como máximo 150 caracteres, y debe ser claro y conciso. Un ejemplo para el que se está poniendo como ejemplo podría ser: *Blog de ejemplo para la Guía Blogger de Anaya.*

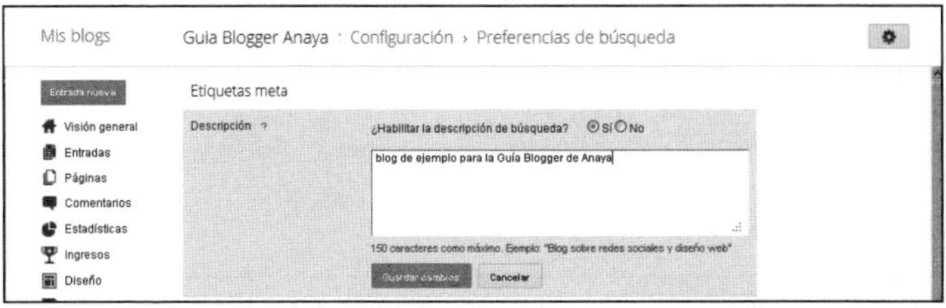

Figura 9.11. Caja de texto de la meta etiqueta para facilitar la búsqueda en los motores de búsqueda.

Este texto no aparecerá en el blog, sino en los resultados de los buscadores, a modo de explicación sobre el tema tratado en el blog.

- **Errores y redireccionamientos:** A través de estas opciones se pueden cambiar los mensajes por defecto de error en la página no encontrada y añadir un texto personalizado.

  - **Mensaje de página no encontrada personalizado:** Al hacer clic para habilitarlo, se abre una caja de texto donde se puede añadir un mensaje personalizado (véase figura 9.12). Este mensaje aparecerá cuando se busque una dirección en el blog, de alguna entrada en concreto y ésta tenga algún error. Se puede dejar un mensaje tipo, o hacerlo más original, para que el visitante que se ha equivocado tenga un mensaje que le resulte atractivo, aunque no sea la página que estaba buscando.

  - **Redireccionamiento personalizado:** Esta función se utiliza cuando hay muchos enlaces a una determinada entrada del blog desde otras páginas web. Si, por algún motivo, esa entrada se elimina, los enlaces que apuntan hacia ella desde esas otras webs llegarán hasta la página con el mensaje de error. Para evitar que eso ocurra, se puede añadir una dirección URL de una entrada que sí existe, de manera que al hacer clic sobre el enlace antiguo, éste llevaría al usuario hasta una entrada que sí existe, aunque no sea la que enlazaba originalmente.

De esta manera, se evita que se llegue al mensaje de error y sí lo haga al blog, aunque no sea la entrada original.

Figura 9.12. Caja de texto con el mensaje personalizado de mensaje de página no encontrada.

- **Rastreadores e indexación:** Estas herramientas se utilizan para afinar la búsqueda de los robots de los motores de búsqueda. Son muy delicadas, en el aspecto hay que saber muy bien qué se ha de poner y su utilización está reservada a auténticos expertos en el manejo de este tipo de aplicaciones. Cualquier error en su utilización haría que el blog quedará fuera de los algoritmos de búsqueda de Google, Yahoo, Bing, etc., por lo que no recomiendo su utilización.

9.2.6. Menú Otros

En esta opción se encuentran otras preferencias de configuración que no pueden estar incluidas en el resto, como la información sobre los *feeds*, la posibilidad de exportar el blog, etc.

- **Herramientas del blog:** A través de estas herramientas se puede exportar el blog a otros servicios de edición, como WordPress, etcétera; importar entradas y comentarios de otro blog, mediante un archivo de exportación de Blogger o suprimir definitivamente el blog.
  Al importar desde un archivo de exportación de Blogger, el sistema reconoce las fechas e intercala las nuevas entradas con las antiguas, en su lugar correspondiente, como si siempre hubieran formado parte del blog.

Figura 9.13. Página del menú Otros en la opción Configuración.

Para importar un blog, se solicita el archivo, que debe estar almacenado en el disco duro del ordenador. El archivo tiene una extensión .xml, así que es sencillo de localizar en la carpeta donde se haya almacenado.

Después, el sistema solicita la comprobación de palabras, para determinar que no es una acción que se realiza de manera automática, y tras activar la casilla de verificación que permitirá publicar todas las entradas de esta manera, se tendrá que hacer clic sobre el botón **Importar blog** para finalizar la importación.

Figura 9.14. Ventana de importación de blogs en el menú Otros.

Para crear el archivo de descarga del blog, es decir, un archivo que contiene toda la información del blog para ser almacenada en el disco duro del ordenador, se ha de hacer clic sobre la opción Exportar blog.

Entonces se abrirá una ventana en la que se puede ver el botón **Exportar**, sobre el que se ha de hacer clic. El sistema pedirá entonces confirmación para almacenar el archivo .xml en el disco duro.

Una vez almacenado en el disco duro, estará disponible para recuperarlo si es necesario o para llevarlo hasta otro servicio de edición de blogs, evitando así comenzar desde cero y manteniendo todos los *posts* realizados hasta el momento.

Esta opción se puede utilizar como copia de seguridad del blog, ya que mantiene todos los datos, modificaciones y preferencias guardadas.

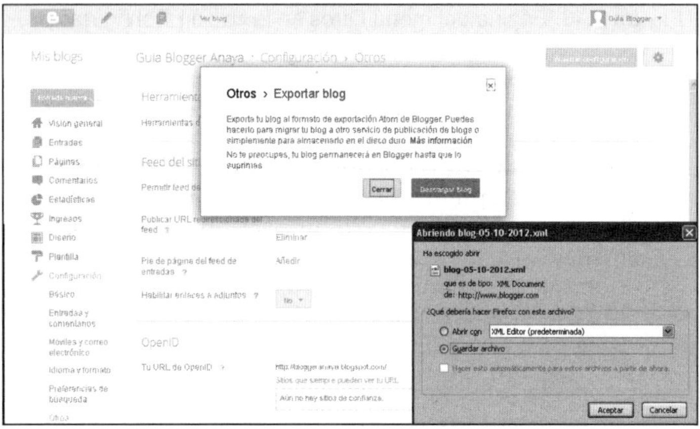

Figura 9.15. Ventana de descarga del blog al disco duro, con la petición de confirmación para guardarlo.

La última opción permite eliminar el blog definitivamente del servidor de Blogger.

- **Feed del sitio:** En esta opción se puede configurar los *feeds*, que permiten compartir los contenidos del blog con otros usuarios sin necesidad de acceder constantemente al blog (véase figura 9.16).

  El *feed* permite que un usuario se suscriba con cualquiera de los muchos lectores de *feeds* que existen en Internet, como Google Reader, para que cada actualización aparezca reflejada en su cuenta.

  - **Permitir feed de blog:** El menú desplegable muestra diferentes maneras de configurar el *feed* del blog. Se puede permitir que comparta la entrada completa, tal y como se publica; hasta el salto de página, si se hubiera utilizado al publicarlo; corto, si se prefiere que solo se distribuyan los primeros 400 caracteres o ninguno si no se quiere que se distribuya el contenido del blog.

En este último caso, los buscadores como Yahoo, Google, Bing, etcétera, no podrán acceder a su contenido y no se indexará en sus resultados. Por este motivo, es conveniente dejarlo configurado en cualquiera de los tres anteriores.

Para conseguir más visitas al blog, es aconsejable no publicarlo completo, para hacer que el lector interesado en el artículo acceda a la entrada original para leerlo completamente.

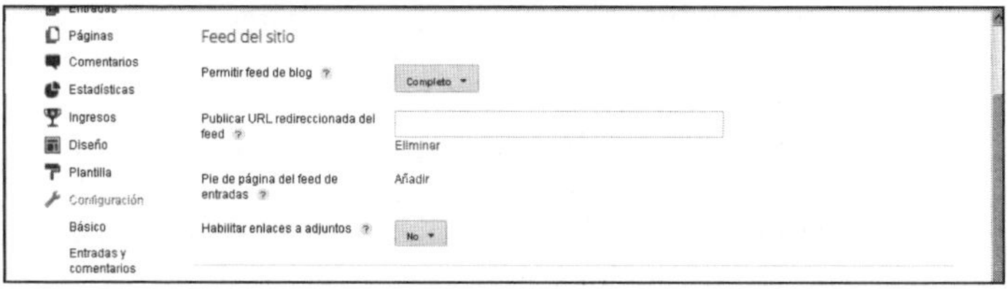

Figura 9.16. Menú de configuración del *feed* del blog.

- **Publicar la dirección redireccionada del feed:** El *feed* permite, como se ha comentado, hacer llegar a los suscriptores del blog las nuevas entradas, sin necesidad de acceder al blog. El *feed* del blog es suficiente para hacerlo, pero algunos usuarios prefieren utilizar otros servicios, que son más efectivos que este, como Feedburner. Como es una herramienta de Google, se hablará de ella, la manera de acceder y de utilizarla en el capítulo correspondiente.
- **Pie de página del feed de entradas:** Cuando se quiere añadir alguna característica fija a los *feeds*, como anuncios u otros elementos, éste es el lugar para hacerlo. Al hacer clic en **Editar**, se abrirá una caja de texto donde incluir el texto o los códigos HTML de los elementos que se quieren distribuir con el *feed* de la entrada. Para que se puedan visualizar correctamente, se debe mostrar el *feed* completo.
- **Habilitar enlaces a adjuntos:** Permitiéndolo, los archivos incluidos en el *post* que se distribuye vía *feed*, como *podcasts*, Mp3 y otros contenidos se pueden

reproducir en el *feed*. Por eso, es aconsejable autorizarlo, haciendo clic en la opción Sí.

- **Open Id:** El sistema Open ID es un sistema de autentificación digital descentralizado, que permite que no se tenga que recordar todos los datos de registro en varias webs. Así, se puede acceder a través de una identificación única. En este caso, sería la dirección URL del blog.

  Los sitios de confianza son a los que el usuario permite compartir la identificación Open Id, para poder acceder más adelante sin necesidad de más trámite que poner la dirección que aparece en este apartado.

- **Contenido para adultos:** Seleccionando la opción Sí en este apartado, se indica al blog que las entradas contienen contenido susceptible de herir la sensibilidad de algunas personas y que no es adecuado para menores.

  El visitante que vaya a acceder al mismo, recibirá una notificación avisándole al respecto y le pedirá confirmación de que quiere acceder al mismo.

- **Google Analytics:** Esta opción se utiliza para enlazar el blog con la cuenta de Google Analytics, una de las herramientas que más se utiliza para la monitorización de las visitas del blog.

  Al abrir la cuenta en el servicio, el sistema genera un código que le permite rastrear el blog y obtener los parámetros que necesita para efectuar los análisis de visitas, etc.

  Esta herramienta también se explicará con más detalle en el capítulo correspondiente.

Páginas del blog

10

Además de la página principal del blog, donde se van añadiendo los artículos de manera cronológica, Blogger permite tener más páginas, en las que se pueden ordenar los artículos con determinadas etiquetas o crear contenidos nuevos.

Estas páginas también pueden ir enlazadas a otros sitios web fuera del blog, de manera que haciendo clic en ellas se pueda ir a otro blog, o cualquier página web que sea de interés.

También pueden servir para incluir información acerca de editor o editores, si hay más de uno, crear un mapa, si se trata de orientar al usuario para llegar a un lugar en concreto, como una tienda física o cualquier otro contenido que pueda resultar interesante.

Por ejemplo, el blog puede tener entradas con vídeos insertados, pero también con audios.

Se podría hacer una página que reuniera todos los vídeos, y otra que hiciera lo mismo con los *posts* que contengan audios. Para hacerlo, basta con enlazarla con la URL correspondiente a las etiquetas que se quiere compilar.

Para crear una página se ha de acceder a la opción **Páginas**, en la barra lateral derecha.

Al hacer clic en ella, se accederá a la pantalla de creación, en la que se pueden ver dos botones, uno de creación de página y otro que indica cómo mostrar las páginas.

Bajo estos botones, se pueden ver las páginas ya creadas, con opciones para editarlas.

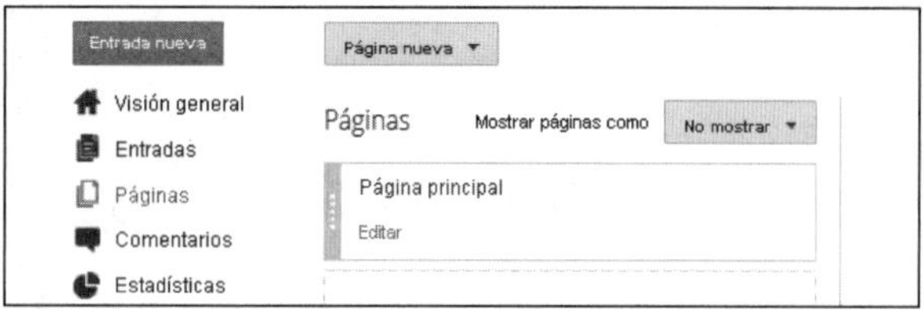

Figura 10.1. Menú de creación de Páginas adicionales para el blog.

Al hacer clic en el botón de **Página nueva**, se abre un menú desplegable, con dos opciones para crear la página.

- Página en blanco: En esta página se pueden añadir textos, imágenes y archivos multimedia, como vídeos y reproductores audio, por ejemplo. No se actualiza constantemente, y por ello es una buena opción para poner algún texto sobre quién es el editor, sus intereses y una breve biografía para que los visitantes conozcan mejor quien actualiza el blog.

- Enlace a otro sitio web: A través de esta opción, al hacer clic sobre ella, el visitante es redirigido hacia otro sitio web, que puede ser otro blog, una página web externa o una recopilación de entradas con determinadas etiquetas, que mediante el enlace, aparecerán ordenadas cronológicamente.

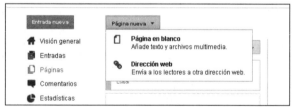

Figura 10.2. Menú de Páginas con las dos opciones que se ofrecen.

10.1. Crear una página de presentación

En un blog, es conveniente crear una página presentándose, tal y como se ha comentado más arriba. Se trata de una página personal, donde muchas de las entradas que se publicarán tienen un fuerte cariz personal, y conociendo a la persona que las escribe, se pueden entender mejor.

Así pues, ha llegado el momento de ofrecer un poco de información sobre el editor de blog en una página aparte, con material adicional, como una imagen y una pequeña biografía.

Para comenzar, se hará clic en la primera opción para crear la página, **Página en blanco**.

De esa manera se accede a una ventana que es prácticamente idéntica a la que se utiliza para la creación de *posts*, con lo que simplemente se ha de escribir igual que se ha hecho al editar el primer *post*, utilizando indistintamente los modos **Redactar** o **HTML**.

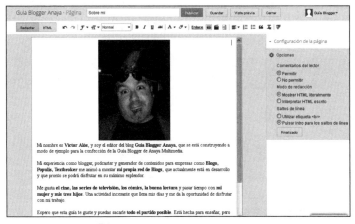

Figura 10.3. Página de presentación con un texto incluido y el menú de configuración desplegado.

En la página de presentación se ha puesto un breve texto, que sirve para que el lector conozca al editor, y una imagen, que en este caso es bastante desenfadada, para dar más sensación de informalidad al blog.

Obviamente, si se trata de un blog más formal, dedicado a alguna actividad empresarial o como potenciador de una marca personal, esa imagen deberá ser más seria, de acuerdo con las necesidades del proyecto o la imagen que se quiera ofrecer.

En la barra lateral derecha se encuentra un único menú, el de **Opciones**, que es igual al que aparece en la pantalla de edición de *posts*.

En este caso, tratándose de una presentación, se seleccionará la opción **No permitir comentarios**, activando el correspondiente botón de verificación, ya que no es un lugar donde se deban recibir.

10.2. Creación de una página con enlace

Las páginas también enlazan con otras páginas web, blogs o incluso con etiquetas dentro del mismo blog.

10.2.1. Creación de una página con enlace externo

Estas páginas pueden crearse, como se ha dicho para enlazar con una página externa, relacionada con el tema del blog, o con una de las etiquetas para que aparezcan todas las entradas relacionadas en una misma página.

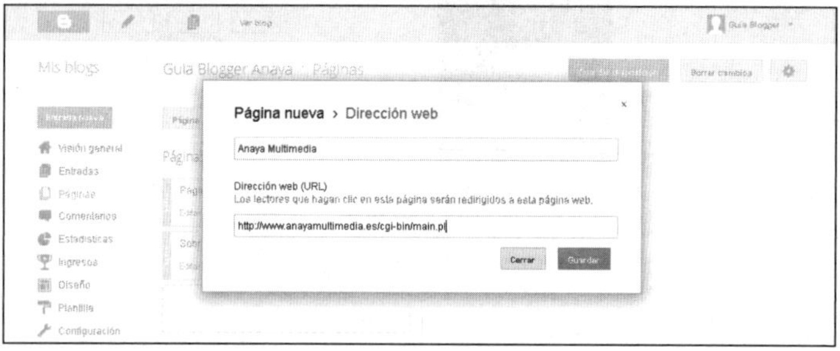

Figura 10.4. Ventana de creación de una página con enlace a una página externa.

Primero se ha de poner un título a la página, de manera que quede identificada. Después, en la caja de texto debajo, se ha de pegar la dirección URL de la página externa a la que se quiere enlazar, tal y como aparece en la figura 10.4.

Al hacer clic sobre el botón **Publicar**, ésta aparece como una página adicional del blog.

10.2.2. Creación de una página con enlace interno

También se puede enlazar con *posts* publicados en el mismo blog, que tienen una determinada etiqueta en común.

Para encontrar la dirección URL de la etiqueta que se desea ubicar en la página, primero se debe acceder a una de las entradas que la contenga.

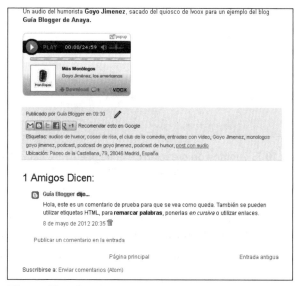

Figura 10.5. Detalle de las etiquetas del *post*, en el que se ha seleccionado la etiqueta *posts* con audio.

Al hacer clic en esta etiqueta, se abre una ventana que contiene todos los artículos que están etiquetadas con ella. Para enlazar con todas las entradas etiquetadas con ella, se ha de posicionar el cursor en la barra de direcciones, seleccionar la URL y copiarla.

Figura 10.6. Detalle de la dirección URL de la búsqueda de *posts* con la etiqueta *posts* con audio.

Después se crea el título que llevará la página, en este caso, *posts* con audio, y se pegará la dirección URL en la caja de texto correspondiente.

De esta manera, cuando se haga clic sobre la pestaña correspondiente a esta página, ésta se abrirá, con todos los *posts* relacionados ordenados, sin que aparezcan el resto, que no tienen esa etiqueta.

Figura 10.7. Ventana de creación de la página con enlace interno a *Posts* con Audio.

En la pantalla que se abre tras hacer clic en la opción **Páginas,** aparecen todas las que se han creado, y se pueden editar en el momento en que se quiera.

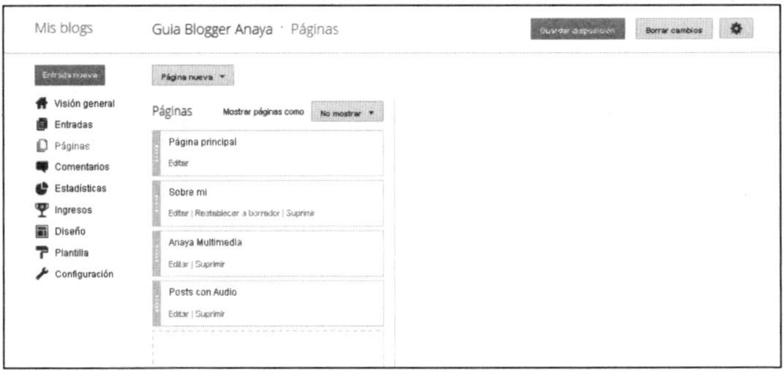

Figura 10.8. Vista de las páginas del blog desde la opción correspondiente.

10.3. Instalar la barra de pestañas de acceso a las páginas

Las páginas permanecen ocultas hasta que se les habilita un lugar donde se muestran en el blog, y se puede acceder a ellas.

Para que las páginas se muestren en el blog, se ha de volver a la opción correspondiente y observar que, sobre el listado de las páginas hay una opción con el texto **Mostrar páginas como,** seguida de un menú desplegable.

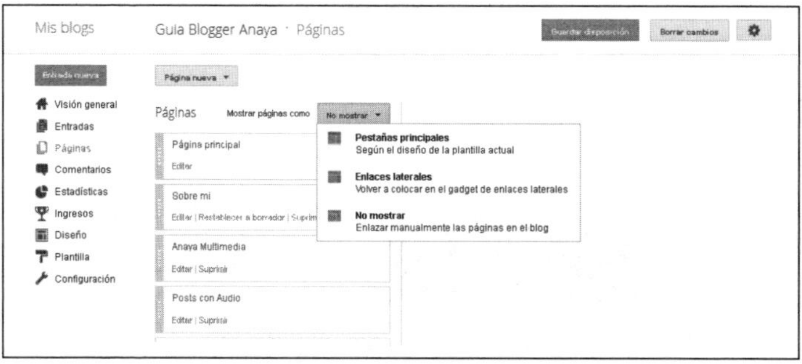

Figura 10.9. Menú de posicionamiento de la barra de pestañas en el blog.

En este se pueden leer tres opciones.

- **No mostrar:** Es la opción que aparece por defecto.
- **Pestañas principales:** Es la opción que sitúa las pestañas con las páginas en la parte superior del blog, justo debajo del título. Esta opción puede estar en otra posición dependiendo de la plantilla utilizada.

Figura 10.10. Imagen del blog con la barra de pestañas en la parte superior.

- **Enlaces laterales:** Seleccionando esta opción, las páginas aparecen como enlaces en la barra lateral derecha. Esta posición puede variar dependiendo de la plantilla utilizada.

Figura 10.11. Imagen del blog con las páginas situadas en la barra lateral derecha, a modo de enlaces.

Se pueden crear varias páginas, pero es conveniente no abusar de ellas para no provocar una acumulación excesiva de pestañas, que pueden entorpecer la lectura del blog.

11

Estadísticas del blog

Ya se ha comenzado a crear entradas en el blog, se han habilitado los comentarios, se han realizado los cambios necesarios para que sea atractivo para el visitante, y en teoría, deberían llegar los primeros visitantes.

Las redes sociales son indispensables para dar a conocer el blog a los lectores potenciales, y a través de ellas se atraen muchos potenciales lectores. Para controlar a todos esos visitantes, los que llegan a través de las redes sociales y desde otros puntos de acceso, existen las estadísticas.

11.1. ¿Qué son las estadísticas?

Las estadísticas permiten conocer el número de visitas que han llegado hasta el blog y cuál ha sido su comportamiento, qué entradas se han visitado, y desde dónde han llegado esas entradas al blog.

Además, con las estadísticas incluidas en Blogger se puede averiguar otros puntos de interés, como el sistema operativo, el país de origen de esas entradas y otros datos.

Todo esto se puede utilizar para controlar el contenido, conocer las preferencias de los lectores que se han acercado hasta el blog y optimizar el contenido para llegar hasta más personas interesadas en los temas que se tratan en él.

11.2. Menú de Estadísticas

Cada una de las secciones del menú de Estadísticas contiene los valores que permiten detectar y valorar las llegadas de los visitantes del blog, la manera en que lo han hecho, las palabras claves que les han conducido hasta él y los enlaces que han utilizado para conocerlo y visitarlo.

En todas y cada una de las opciones del menú aparecen dos elementos, que permanecen constantes, aunque cambian los valores que muestran según la opción elegida.

Estos dos elementos se muestran en forma de un gráfico estadístico, uno publica el número de visitas y el otro, los botones que permiten conocer los datos referentes a diversas opciones temporales.

- **Ahora**: Este botón permite saber las visitas recibidas en ese momento, que aparecen reflejadas en el cuadro estadístico.
- **Día**: Muestra las visitas durante las últimas 24 horas.
- **Semana**: Con esta opción se puede ver la evolución de las visitas a lo largo de los últimos siete días. Esta opción es la que aparece por defecto cuando se accede a las estadísticas desde el menú de la barra lateral situada en la izquierda o en el menú desplegable.
- **Mes**: Haciendo clic en esta opción, se despliega la información correspondiente a los últimos 30 días.
- **En cualquier momento**: Este botón muestra las estadísticas recogidas durante toda la existencia del blog, desde el momento de su creación hasta el momento en que se consultan.

Cada vez que se hace clic en uno de estos botones, aparecen también los títulos de las entradas que más visitas han recibido en los espacios temporales elegidos, con el número de visitas con las que cuenta cada una de ellas.

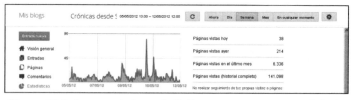

Figura 11.1. Imagen de las estadísticas que aparecen por defecto tras hacer clic en la opción Estadísticas del menú de edición.

11.2.1. Menú Vista General

Es la opción que aparece por defecto tras hacer clic en Estadísticas y ofrece una visión general del estado de las visitas.

Como se ha visto en el apartado anterior, se puede hacer un recorrido por distintos modos temporales para conocer los valores obtenidos en cada uno de ellos.

Tiene varios apartados, que muestran los datos más relevantes sobre las visitas al blog.

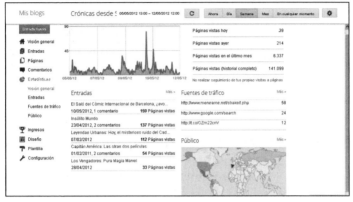

Figura 11.2. Visión general de Estadísticas, con los principales valores mostrados por la opción.

Al lado del gráfico estadístico aparecen varios parámetros, que ofrecen información acerca de las visitas del momento en que se ven.

- **Páginas vistas hoy**: Este valor recoge las páginas vistas desde las 0 horas del día en que se consulta hasta el momento de la consulta.
- **Páginas vistas ayer**: El valor mostrado corresponde a las páginas vistas el día anterior al de la consulta.
- **Páginas vistas el último mes**: Muestra las páginas vistas a lo largo de los 30 últimos días, incluyendo las que se producen en el día que se consulta.
- **Páginas vistas (historial completo)**: Esta cantidad es el total de páginas vistas a lo largo de la existencia del blog, incluyendo las que se visitan en el día de la consulta.

Debajo de estos datos hay una opción con el texto **No realizar el seguimiento de tus propias visitas a páginas**. Al hacer clic, se abre una ventana que solicita permiso para seguir las visitas realizadas por el editor y contarlas en las estadísticas, o no hacerlo.

Para llevar un buen control de las visitas, es aconsejable marcar la opción de no hacerlo. De esta manera, se puede conocer la cantidad de visitas realizadas por los usuarios, sin que sume las propias, una situación que puede llevar a confusión.

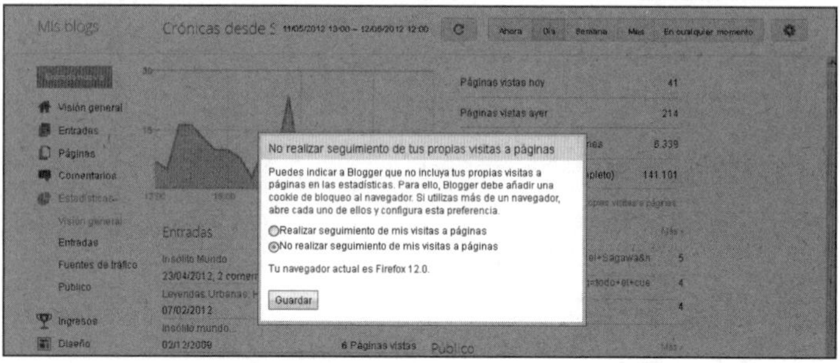

Figura 11.3. Ventana de confirmación para no seguir las visitas propias en las estadísticas del blog.

- **Entradas:** Debajo del gráfico estadístico se pueden ver los títulos de las principales entradas, ordenadas por la cantidad de visitas que ha recibido cada una de ellas. Esta clasificación cambiará según el botón de opciones temporales en que se haya hecho clic. Recordemos que por defecto aparece la opción **Semana**.
- **Fuentes de tráfico:** Junto a las **Entradas** se encuentra este apartado, que muestra las principales fuentes de tráfico, es decir, desde donde han accedido los visitantes del blog.

Junto a cada una de las dos opciones hay una opción, marcada con el texto **Más>>**, que enlaza directamente con los menús correspondientes donde se ven con detalle cada uno de los datos.

El último elemento de esta página es un mapa, donde aparecen reflejados en un tono más oscuro los países desde donde se han accedido los visitantes del blog. Cuanto más oscuro está marcado el país, mayor número de tráfico proviene de allí.

11.2.2. Entradas

Esta opción del menú estadísticas muestra con más detalle las entradas del blog más vistas, ordenadas según el número de visitas. Igual que en el resto de posibilidades, se pueden ver en distintas zonas temporales, según se quiera valorar.

Junto a los títulos de los *posts* y su número de visitas, también se puede ver cuántos comentarios tienen cada una de ellas.

En este apartado se puede comprobar también los valores de las visitas a las páginas, ordenados de la misma manera que las entradas.

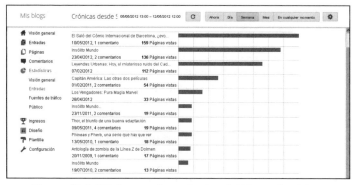

Figura 11.4. Página con las entradas del blog más vistas.

- **Fuentes de tráfico:** Al hacer clic en esta opción, se accede a la pantalla donde se pueden observar las distintas páginas desde donde se ha accedido al blog, y la información de la cantidad de veces que se ha hecho en cada una de ellas.

- **URL de referencia:** Este valor indica desde que dirección se ha accedido al blog y el número de veces en que se ha hecho. Estas direcciones pueden ser los enlaces que se han compartido en redes sociales, o desde otros blogs que han añadido el enlace hasta una determinada entrada o la página principal del blog (véase figura 11.5).

- **Sitios de referencia:** A diferencia del apartado anterior, en éste aparecen reflejados las páginas desde donde se ha accedido. En la figura 11.6 se puede apreciar que la mayoría pertenece a buscadores como Google, aunque de distintos países, y el portal Menéame.net, una de las redes sociales para compartir entradas de blogs más populares de Internet (véase figura 11.6).

- **Palabras clave de búsqueda:** Aquí aparecen las palabras que se han utilizado en los buscadores para encontrar los enlaces que han llevado hasta el blog o una determinada entrada del mismo.

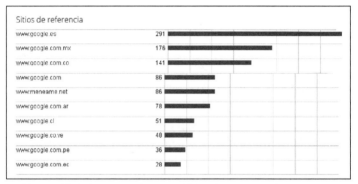

Figura 11.5. Página de Estadísticas con las direcciones URL desde las que se ha accedido al blog, y el número de veces que se ha hecho desde cada una de ellas.

Sitios de referencia	
www.google.es	291
www.google.com.mx	176
www.google.com.co	141
www.google.com	86
www.meneame.net	86
www.google.com.ar	78
www.google.cl	51
www.google.co.ve	48
www.google.com.pe	36
www.google.com.ec	28

Figura 11.6. Apartado del menú Estadísticas donde aparecen reflejadas las páginas desde donde se ha enlazado las entradas. Suelen ser los buscadores o un determinado blog o portal web.

Palabras clave de búsqueda	
cadillac	53
astronauta de salamanca	10
insolito	8
víctor palmero gay	7
el cuerpo humano	6
issei sagawa	5
jacks daniels	4
jesus callejo	4
wallpaper avengers	4

Figura 11.7. Imagen del apartado de Estadísticas donde se muestran las palabras claves que conducen a los visitantes del blog hasta el mismo.

Normalmente, esta información se utiliza para saber qué palabras son más relevantes entre las que conducen a los visitantes al blog y qué temas son los que más ayudan a acceder hasta él. Otras veces, aparecen palabras que, en un principio, no tienen nada que ver con lo que se muestra en el blog, pero de alguna manera, Google lo enlaza igualmente.

11.3. Estadísticas externas

En un capítulo anterior se ha visto como añadir un contador de visitas al blog, facilitado por un servicio externo a Google. En este caso se aconsejó instalar Statcounter, así que es el momento de realizar un recorrido por las funcionalidades del mismo.

11.3.1. Cómo funciona Statcounter

Tras acceder a la cuenta con el nombre de usuario y la contraseña con la que se abrió la misma, se accede a una página general, que contiene las páginas web o blogs a las que el servicio está realizando el seguimiento.

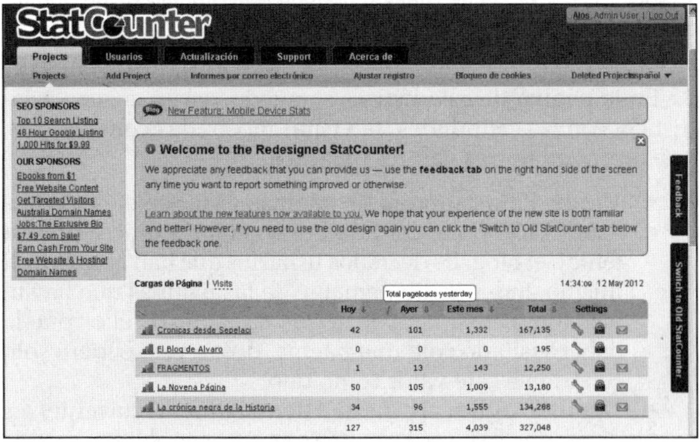

Figura 11.8. Página de acceso al servicio de Statcounter con los blogs y páginas web a las que se está realizando el seguimiento.

En el listado que aparece, se puede ver el título de cada uno de ellos, seguido de las páginas vistas hoy, ayer y este mes, de forma similar a la que utilizan las estadísticas de Blogger para mostrarlas. Además, al final de cada línea, están los iconos que representan la configuración de la cuenta, el nivel de privacidad y la posibilidad de enviar un correo electrónico con las estadísticas de cada uno de los proyectos registrados.

Al hacer clic en uno de ellos, se abrirá la página correspondiente a la medición de las estadísticas.

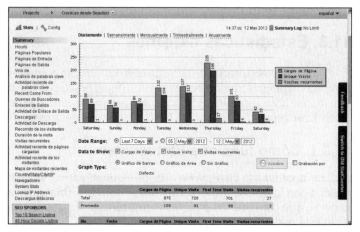

Figura 11.9. Página de Statcounter con las estadísticas de uno de los blogs a los que se está realizando el seguimiento estadístico.

En la página de estadísticas se puede ver un cuadro estadístico, con las cantidades de visitas mostradas como barras, que representan tres valores distintos.

- **Verde**: Es la cantidad de páginas vistas en el periodo.
- **Azul**: Muestra la cantidad de visitantes únicos que ha tenido el blog. Es decir, los usuarios que han accedido al mismo, independientemente de las páginas que hayan visitado. Esto quiere decir que cada uno de ellos puede haber visitado solo una página, dos, o varias, pero solo contará en este valor como uno.
- **Naranja**: Indica la cantidad de visitantes recurrentes, es decir, que han visitado dos o más veces el blog.

En la parte inferior del cuadro se sitúan los cuadros de selección de los rangos de tiempo. El primero, un menú desplegable, nos permite seleccionar el año en curso, el año pasado o los últimos 12 meses. Por defecto, se muestran los datos del año corriente.

La otra opción a elegir permite determinar por fechas concretas, seleccionándolas de un mes concreto de un año a otro mes y año.

Debajo de estos datos se encuentran las opciones para seleccionar los valores que se pueden ver en el cuadro de barras. Finalmente, se puede elegir la manera de representar el cuadro estadístico, con barras, tal y como se muestra por defecto, o por un gráfico de áreas. También se puede elegir no presentar ningún tipo de gráfico.

Para actualizar el aspecto del gráfico, solo hay que activar el botón de verificación de la opción escogida y hacer clic en el botón **Actualizar**, que se encuentra al final de la línea a la derecha de la pantalla.

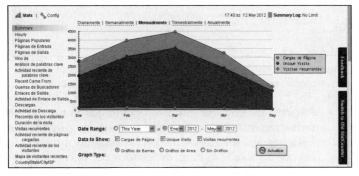

Figura 11.10. Página de Statcounter con el gráfico de áreas mostrando los datos referentes a las estadísticas del blog.

Este gráfico y todos los datos comentados pertenecen a la opción Summary, que se puede encontrar en la barra de opciones que se encuentra en el lado izquierdo de la pantalla. En esta barra lateral se encuentran el resto de opciones que ayudarán al editor a conocer y comprender cómo los lectores del blog acceden a él, a través de varios valores.

- **Hourly:** Esta opción permite ver el cuadro de barras segmentado por horas, para ver los datos recogidos durante las últimas horas. Los valores son los mismos que se han podido ver en el apartado anterior: páginas vistas, visitantes únicos y visitantes recurrentes.
- **Páginas populares:** Muestra las direcciones URL de las páginas del blog más visitadas, antecedidas por el número de visitas que ha recibido cada una de ellas.

Los valores corresponden a las 26 horas anteriores a la consulta, que es el rango temporal que ofrece este servicio de manera gratuita.

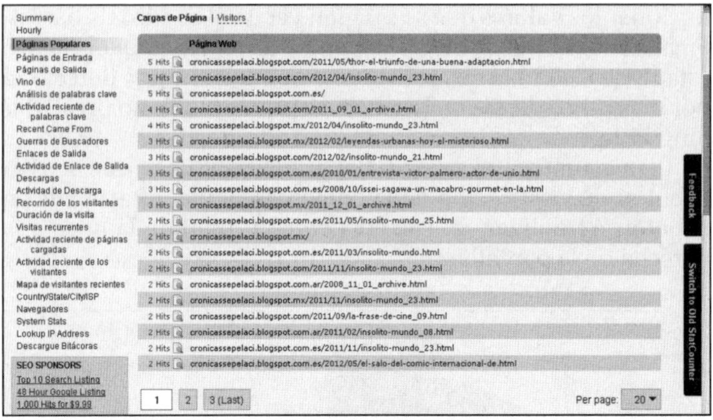

Figura 11.11. Imagen de la opción de Páginas populares con las entradas con más visitas durante el periodo seleccionado.

- **Páginas de entrada:** En esta opción, los datos que se muestran son los correspondientes a las direcciones URL son los relacionados con las páginas a través de las que se accede al blog, ordenados por la cantidad de entradas que han recibido.

- **Páginas de salida:** Funciona de manera idéntica que la anterior, pero lo que muestra son las direcciones URL de las páginas desde las que se abandona el blog.

- **Vino de:** La opción muestra los principales enlaces a través de los que se ha accedido al blog. Es decir, desde los resultados de un buscador o desde los enlaces situados en otros blogs o páginas web.

- **Análisis de palabras claves:** Opción muy importantes, ya que recoge las palabras clave a través de las que los visitantes han llegado al blog utilizando los buscadores (véase figura 11.12). Principalmente, claro, de Google.

- **Actividad reciente de palabras clave:** Esta opción muestra las últimas actividades relacionadas con las palabras clave, las páginas a las que se ha accedido tras buscarlas en Google y la hora en que lo han hecho.

- **Recent come from:** Muestra desde qué dirección URL han llegado las últimas visitas. Haciendo clic en la pequeña lupa que está situada delante de la dirección se abre un pequeño mapa que indica el lugar desde donde se ha accedido al blog. Otro dato interesante para conocer el perfil de los visitantes del blog.

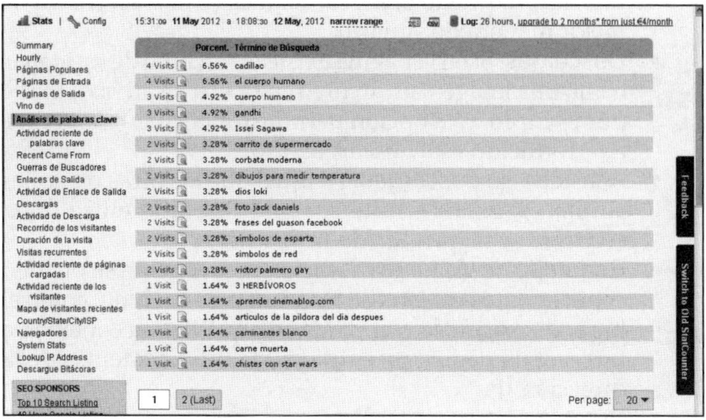

Figura 11.12. Imagen de la pantalla que muestra las palabras clave utilizadas para llegar al blog.

- **Guerra de buscadores:** Pese al nombre, se trata solo de un registro de los buscadores a través de los que se ha accedido al blog. Como se puede comprobar en la figura 11.13, Google sigue siendo el buscador más utilizado, aunque también se puede ver que pertenecen a varios países distintos.

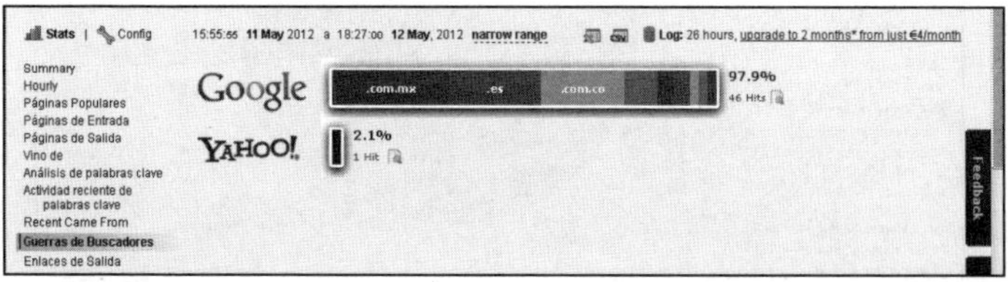

Figura 11.13. Página con los porcentajes de visitas llegados a través de los distintos buscadores. Como indica la imagen, Google continúa siendo el buscador a tener en cuenta y en consecuencia, hay que dirigir a él todas las acciones para optimizar las búsquedas.

- **Enlaces de salida:** Esta opción sirve para ver si se hace clic sobre los enlaces que se ponen en el propio blog y que llevan al visitante hasta otros sitios web. Muestra por defecto los clics realizados los últimos dos meses, ordenados por la cantidad de clics realizados.

- **Actividad de enlace de salida:** Muestra la entrada desde donde se ha hecho clic sobre el enlace de salida. De esta manera, se puede observar cuál es el más efectivo y la mejor manera de situarlos.

- **Descargas:** Si en la página existe un archivo descargable, como una imagen, un archivo en PDF o un archivo Excel, por ejemplo, esta opción permite saber cuántas veces se ha producido esta descarga.

- **Actividad de descargas:** Al igual que las otras opciones similares, ésta permite saber desde que entrada en concreto se ha producido la descarga.

- **Recorrido de visitantes:** Gracias a esta opción se pueden conocer datos exactos de los visitantes del blog, como el lugar de origen, la compañía con que tienen conexión a Internet, la página de entrada y la salida, además de la dirección IP.

- **Duración de la visita:** Esta opción nos muestra la duración de las visitas, por medio de un gráfico circular. Debajo del gráfico se encuentra el código de color correspondiente para medir la duración de las visitas que se refleja en el mismo.

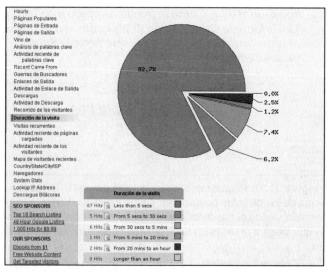

Figura 11.14. El gráfico circular que indica el tiempo que han pasado los visitantes en el blog, a través de códigos de colores.

- **Visitantes recurrentes:** Con el mismo tipo de gráfico, se puede ver el número y el porcentaje de los visitantes nuevos y visitantes recurrentes, con diversos códigos de color, según la cantidad de veces que han vuelto a acceder al blog.

- **Actividad reciente de páginas visitadas:** A través de esta opción, se puede comprobar las visitas realizadas con la IP, lugar de origen, empresa servidora de la conexión a la Red y las veces que ha accedido en el rango de tiempo elegido.

- **Mapa de visitantes:** Al hacer clic en esta opción, se abre una página con un mapa del mundo con la ubicación de los visitantes señalizada con una chincheta.

- **Country/State/City/ISP:** Muestra la ubicación por países de acceso al blog, por porcentajes.

- **Navegadores:** En esta opción se pueden ver los distintos navegadores que se utilizan para acceder al blog. En la figura 11.15 se puede ver que el que más se ha utilizado es Google Chrome.

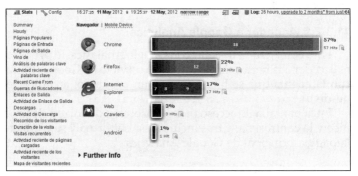

Figura 11.15. Imagen de los navegadores que acceden al blog, por porcentajes. De nuevo, el más utilizado

- **System stats:** Indica las características del sistema que conecta con el blog. Se puede comprobar la resolución de la pantalla y el sistema operativo, dos informaciones que pueden resultar útiles para optimizar los contenidos del mismo.

- **Lookup IP Adress:** Esta opción permite bloquear una dirección IP para que sus visitas no aparezcan registradas en las estadísticas. Puede ser la IP propia del editor, para que no confunda las estadísticas.

- **Descarga bitácoras:** Permite descargar todos los datos de las estadísticas en formato Excel, para estudiarlos *offline*.

11.3.2. Google Analytics

Google Analytics es la herramienta que tiene Google para controlar las estadísticas de las webs, aunque no pertenezcan a la red Blogger ni a nada relacionado con la empresa.

Actualmente, es uno de los servicios más utilizados para hacer un seguimiento de la analítica web, ya que es uno de los más completos.

Esa complejidad hace que sea bastante sencillo obtener los datos, igual que ocurre con Statcounter, pero es más complicado examinar y extraer conclusiones de ellos. Realmente, se necesitaría un libro completo para saber cómo se ha de evaluar los resultados de Google Analytics.

De todas maneras, este capítulo recorrerá las principales secciones de la herramienta para obtener, al menos, un acercamiento a ella.

11.3.2.1. Acceder a Google Analytics

Para comenzar a trabajar con Google Analytics, lo primero es acceder a la herramienta. Al ser un servicio de Google, basta con la cuenta que se ha abierto en un principio, accediendo desde `http://www.google.com/analytics/`.

En la pantalla de acceso pide la dirección de correo electrónico y la contraseña, y tras incluirla, se confirma y se entra en la página principal de Google Analytics.

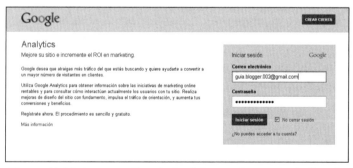

Figura 11.16. Acceso a Google Analytics con la cuenta de Google que se ha abierto al principio.

La página que se abre es una introducción a la herramienta, donde se explica en tres pasos lo que se ha de hacer para activar la cuenta y comenzar a recoger los datos. Lo que indica esta página es que hay que abrir una cuenta, introducir en el blog una herramienta de rastreo que facilita la herramienta y comenzar a recoger los datos.

En el lado derecho de la página está el botón **Sign up**, donde se ha de hacer clic para comenzar a utilizar Google Analytics.

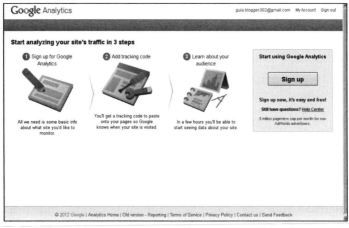

Figura 11.17. Página de acceso a la Google Analytics.

En la pantalla a la que se accede, solicita los datos del proyecto que se va a analizar, para darle un nombre y tener la dirección URL del blog para comenzar a recopilar los datos necesarios.

En primer lugar, solicita un nombre para el proyecto, que es el que servirá para identificarlo en la cuenta. Después se pueden añadir nuevas páginas web para su estudio, así que se tienen que diferenciar. Obviamente, lo mejor es utilizar el nombre del blog.

Después solicita el tipo de protocolo que utiliza la dirección URL. Esto significa que puede ser normal (http://), segura (https://) o no ser una web, sino otro tipo de sitio.

En la caja de texto junto al menú desplegable se ha de escribir la dirección URL del blog. Si no se recuerda basta con acceder al blog y copiarla desde la barra de direcciones y pegarla en ella.

Debajo se encuentra un menú desplegable que solicita el país desde el que se conecta el usuario, para determinar la zona horaria, que se encuentra al lado. Al seleccionar en el primero *Spain*, en el segundo aparecerán tres opciones: (GMT + 0) Canarias; (GMT + 1) Ceuta y (GMT + 1) Madrid.

Figura 11.18. Página de Google Analytics que solicita el nombre y la dirección del proyecto a analizar.

Seguidamente aparecen dos opciones que permiten compartir los resultados obtenidos por Google Analytics con otros productos Google y de manera anónima con Google y otras empresas que colaboran con ellos para hacer más efectivos los distintos complementos y utilidades relacionadas con los servicios que presta la compañía.

Como, por regla general, los datos que se ofrecen en el blog y los que se recogen en la herramienta Google Analytics no son, o al menos, no deberían serlo, susceptibles de causar problemas al usuario si se comparten, es recomendable activar los botones de verificación de estas opciones. Siempre es interesante sacar el máximo partido a todas las utilidades que se puedan utilizar.

Para terminar con el registro del proyecto, se han de autorizar las condiciones del servicio, que se encuentran en una ventana un poco más abajo.

Están en inglés, así que es conveniente leerlas con ayuda de un traductor *online* para comprenderlas y aceptarlas solo si se está de acuerdo con ellas.

Si se aceptan, hay que activar la casilla de verificación para aceptarlas y hacer clic en el botón **Create Acount**, que se encuentra en la parte inferior de la página.

11.3.2.2. Configurar Google Analytics

La próxima página es la que aparecerá siempre que se acceda a la cuenta, ya que incluye el código del blog y el nombre con que se ha registrado.

Figura 11.19. Página principal de la cuenta, con el código añadido por Google Analytics al blog y el nombre del mismo.

Al hacer clic en el nombre del blog, se desplegará un nuevo menú, que consta únicamente del nombre del blog. Se ha de hacer clic en él, para abrir la página de seguimiento de los datos, y comenzar a trabajar con él.

Como se observa en la figura 11.20, todos los valores están a 0, ya que no se ha autorizado a la herramienta a comenzar el seguimiento del blog. Para ello, se ha de introducir en el blog el código que demuestra que el usuario que ha abierto la cuenta es realmente el editor del blog y tiene acceso al mismo.

En la parte superior de la pantalla hay una banda de color con varias pestañas. La segunda, comenzando por la derecha, es **Administrador**.

Haciendo clic en ella, se accede a la página del Administrador, es decir, la persona que controla y administra la cuenta, y que puede confirmar la propiedad del blog y autorizar a su seguimiento por parte de Google Analytics.

La página del Administrador tiene, a su vez, otras pestañas. La que se está buscando es la segunda comenzando por la izquierda, llamada **Código de seguimiento**. Al hacer clic en ella, se abre una página, que contiene el código **ID de propiedad**, formado por las letras UA seguidas de un guión y varios números, que se debe copiar y pegar en el lugar correspondiente del menú **Configuración** en el blog.

Figura 11.20. Página para obtener el Código de seguimiento en la pestaña Administrador, que muestra el código en su parte superior.

Para copiarlo, se selecciona el código, y seguidamente se copia, utilizando la combinación de teclas **Ctrl-C** o utilizando el botón derecho del ratón y seleccionando la opción Copiar.

Ahora, hay que volver a la página de edición del blog, y hacer clic en la opción Configuración, que como hemos visto en el capítulo correspondiente, se encuentra en la última posición de la barra lateral que está en la parte izquierda.

Al hacerlo se abrirá el menú desplegable con todas las opciones, y se hará clic sobre **Otros**, que se encuentra la última. En la página que se abre, se ha de buscar el apartado Google Analytics, y en él la caja de texto señalada con el texto ID de propiedad web de Google Analytics, que también se encuentra al final de la página.

En esta caja de texto se ha de pegar el código obtenido en Google Analytics mediante la combinación de teclas **Ctrl-V** y finalmente, haciendo clic sobre el botón **Guardar configuración**, situado en la parte superior izquierda de la página (véase figura 1.21).

Ahora se ha de buscar el Código de seguimiento que se encuentra un poco más abajo de la misma página de Google Analytics (véase figura 1.22).

Las opciones que ofrece la página y que están situadas sobre la caja de texto que contiene el código se han de dejar como aparecen por defecto. Solicitan datos técnicos del tipo de dominio que se va a monitorizar, y muestran por defecto las más comunes. Es decir, las que corresponden a proyectos sencillos como el blog que se está añadiendo al servicio de Google Analytics.

Figura 11.21. Página de Configuración del blog donde se ha de añadir el código de propiedad que permite a Google Analytics determinar la propiedad del sitio web.

2. Pegue este código en su sitio

Copie el código siguiente y, a continuación, péguelo antes de la etiqueta de cierre </head> en todas las páginas web de las que desee realizar un seguimiento. ⑦

```
<script type="text/javascript">

var _gaq = _gaq || [];
_gaq.push(['_setAccount', 'UA-31688160-1']);
_gaq.push(['_trackPageview']);

(function() {
 var ga = document.createElement('script'); ga.type = 'text/javascript'; ga.async = true;
 ga.src = ('https:' == document.location.protocol ? 'https://ssl' : 'http://www') + '.google-analytics.com/ga.js';
 var s = document.getElementsByTagName('script')[0]; s.parentNode.insertBefore(ga, s);
})();

</script>
```

Figura 11.22. Código de seguimiento de Google Analytics para situar en la plantilla del blog para que comience a realizar el seguimiento de las estadísticas del mismo.

El código se ha de seleccionar y **copiar**, con la combinación de teclas **Ctrl-C** o haciendo clic en el botón derecho del ratón y seleccionando la opción Copiar.

Se ha de volver entonces a la página de edición del blog y hacer clic sobre el menú **Plantilla**, situado en la barra lateral izquierda.

Bajo la imagen actual del blog se pueden observar dos botones. El primero de ellos es **Personalizar**, del que ya se ha hablado en el capítulo correspondiente, y el otro es **Edición de HTML**.

Figura 11.23. Página del menú Plantilla, con el botón Edición de HTML bajo la imagen actual del blog.

Al hacer clic en este botón se abre una ventana advirtiendo que cualquier modificación en el código HTML del blog puede estropear el funcionamiento de algunas de las funcionalidades. Es aconsejable no acceder a esta opción, pero para instalar el código en el lugar correspondiente y utilizar las ventajas de Google Analytics, es necesario hacerlo.

Solo se añadirá el **Código de seguimiento** y no se realizará ninguna otra acción, para evitar dañar el código de blog. Tras hacer clic en el botón **Continuar** se accede a la ventana de edición en HTML y entonces se ha de buscar la etiqueta de cierre `</head>`, ya que es delante de ella donde se ha de insertar el Código de Seguimiento (véase figura 11.24).

Esta es una tarea no complicada, pero sí un poco tediosa, ya que hay que buscar entre todo el código la etiqueta. De todas maneras, es un blog recién creado, al que no se le han añadido muchos gadgets todavía y el código no es muy largo.

El Código de Seguimiento que se ha copiado desde la página de Google Analytics se ha de pegar justo antes de esa etiqueta, para que el sistema comience a seguir el blog y a recopilar la información que se produzca en él.

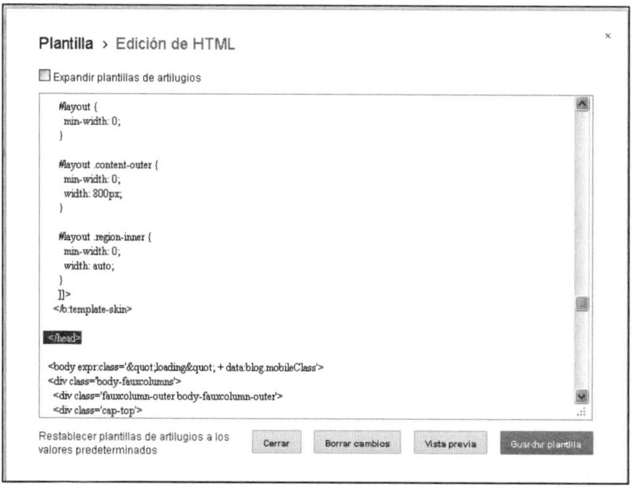

Figura 11.24. Ventana de edición de la plantilla en HTML con la etiqueta de cierre </head> remarcada.

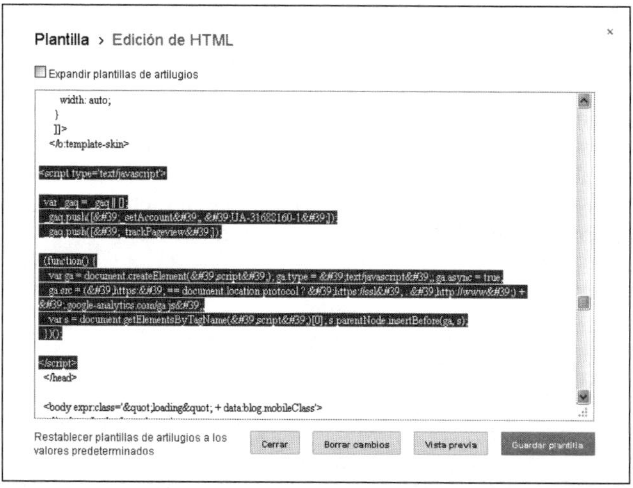

Figura 11.25. Código de Seguimiento de Google Analytics insertado en la plantilla HTML del blog.

Para confirmar los cambios realizados, se ha de hacer clic en el botón **Guardar plantilla**. Una vez hecho esto, ya se puede cerrar la ventana del editor, y volver a la pestaña en la que permanece abierta la página de Google Analytics.

Se actualiza la página desde donde se ha copiado el código, que mostrará un mensaje diferente, indicando que ya ha comenzado a recibir datos del blog y puede comenzar a realizar los análisis de visitas al mismo.

Figura 11.26. La página de Google Analytics con la herramienta ya enlazada con el blog y comenzando a recibir los datos de visitas.

El primer día, lógicamente, no aparecerán datos, ya que no ha dado tiempo al sistema a recopilarlos, pero a partir del día siguiente comienzan a aparecer en la pantalla principal.

Al volver a acceder a Google Analytics con la cuenta de Google, se abre la pantalla con el proyecto. Al hacer clic sobre él, se accede a la pantalla de seguimiento, donde se ven los resultados de visitas y otros parámetros dentro del rango de fechas que aparece en la esquina superior derecha. Por defecto, éste aparece señalando los últimos 30 días.

Figura 11.27. Detalle de la página principal de datos de Google Analytics mostrando el gráfico con las páginas vistas durante los últimos 30 días.

Como se puede ver en la figura 11.27, el gráfico muestra las páginas vistas durante el último mes, pero se pueden comprobar más datos, utilizando el menú desplegable que se encuentra sobre el mismo. Al hacer clic en él se puede comprobar que existe también la posibilidad de mostrar los valores.

- **Duración media de las visitas**: Indica cuánto tiempo han permanecido de media los visitantes.
- **Páginas/visita**: Con este parámetro se puede ver la media de páginas del blog que se han visto por cada visita.
- **Porcentaje de rebote**: Éste es la cantidad que indica, en tanto por cien, de visitantes que han llegado hasta el blog pero que han salido inmediatamente, quizás porque no se corresponde con la información que estaban buscando realmente. Suele ser bastante elevado, ya que si se llega desde una búsqueda desde Google, es posible que el contenido no se ajuste a lo que busca el visitante.
- **Porcentaje de visitas nuevas**: Es el tanto por cien de visitas al blog que no han entrado antes a él y que lo hacen por primera vez. Es interesante para comprobar el grado de fidelización de los visitantes. Normalmente, la mayoría de ellos llegan a través de enlaces en redes sociales o buscadores y no vuelven, pero una parte de ellos se sienten interesados por los contenidos y pueden regresar más veces.
- **Visitantes exclusivos**: Se trata de los visitantes que llegan al blog. Si accedieran dos veces en el mismo periodo de tiempo, se contabilizarían como uno solo.
- **Visitas**: Es el número total de visitas que tiene el blog, independientemente del usuario, de las páginas vistas o del tiempo que se pase en él.
  La parte inferior de la página de datos tiene esos mismos datos, pero representados numéricamente. También se muestra un esquema circular, que enseña los datos porcentualmente, y que ayuda a visualizarlos (véase figura 11.28).

También se pueden ver otros datos, como los idiomas de los usuarios, y mediante las opciones reflejadas en ella, el sistema operativo, la procedencia de las visitas, el navegador, etcétera. Todas estas opciones se pueden comprobar con detalle en sus correspondientes páginas, donde se detalla toda esta información.

Con todo ello, se puede conocer exactamente quién y cómo visita la página web o blog, qué interesa realmente del blog, qué no interesa y se pueden crear estrategias para potenciar los contenidos.

Aunque es bastante compleja de comprender, ésta es una de las herramientas principales para optimizar el contenido del blog, si lo que se pretende es que reciba muchas visitas y sea un referente del tema que se quiere tratar en el mismo.

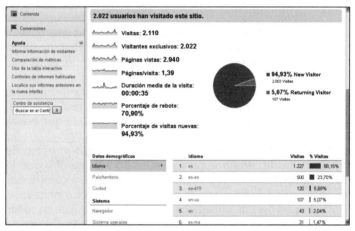

Figura 11.28. La parte inferior de la página de datos de Google Analytics muestra los datos más importantes en forma numérica y con un esquema circular.

Monetizar el blog

12.1. Conseguir beneficios desde el blog

Cuando una persona abre un blog, normalmente no piensa en ganar dinero con él. Se hace, principalmente, para compartir con otras personas unos pensamientos, temas o aficiones que le interesan y cree que puede haber más personas interesadas en ellos.

Pero esto no está reñido con la posibilidad de conseguir algunos ingresos extra utilizando la publicidad que puede aparecer en él, y que también puede resultar interesante para los visitantes.

Hay varias maneras de utilizar la publicidad en el blog y conseguir monetizarlo, consiguiendo una pequeña cantidad de dinero utilizando las herramientas que se ponen al servicio del editor para hacerlo.

12.1.1. Google Adsense

Google Adsense es una herramienta de Google que sitúa publicidad en la página web o el blog, con la que el editor del sitio puede conseguir unos ingresos extra mostrando los anuncios que utiliza la plataforma.

La ventaja que tiene este sistema es que Google Adsense utiliza publicidad conceptual, es decir, que ofrece el anuncio en relación al contenido del blog o de las últimas búsquedas del usuario. Así, no aparece a todo el mundo el mismo anuncio, sino que cada visitante tiene en su navegador una publicidad diferente según su historial.

El dinero que se gana con esta herramienta no es excesivamente grande. Normalmente, se puede ganar uno o dos céntimos por cada clic en la publicidad, lo que desanima a muchos editores. Realmente, se puede conseguir bastantes ingresos cada mes si se orienta el blog a crear una publicidad efectiva y dinámica, de manera que cada uno de los cuadros publicitarios sean relevantes e inviten a los visitantes a hacer clic en ellos.

De todas maneras, no todo vale para crear esa publicidad efectiva, ya que la herramienta controla los clics realizados y monitoriza a los usuarios para detectar posibles infracciones a las normas de uso.

Básicamente, estas normas penalizan los contenidos de sexo explícito, los clics realizados por el propio usuario y la utilización de la publicidad de manera que se confunda con el contenido, forzando al visitante del blog a hacer clic sobre ella.

Evitando estas malas prácticas, la cuenta de Google Adsense irá trabajando, de manera que producirá dinero poco a poco, sorprendiendo finalmente con una buena cantidad que irá a parar a la cuenta del editor del blog.

Google Adsense paga cuando se han conseguido reunir 70 euros, y lo hace mediante la forma elegida desde su página web, tal y como se verá en las páginas siguientes.

12.1.1.1. Configurar Google Adsense

Crear una cuenta de Google Adsense es muy sencillo, ya que se puede hacer directamente desde el menú de edición de Blogger.

Para ello, se ha de localizar en la barra lateral la opción Ingresos, y hacer clic sobre ella. Se abrirá entonces una pantalla que indica la posibilidad de crear una cuenta en el servicio Adsense y en Google Afiliatte. Por el momento, este último está todavía poco desarrollado, y se obviará, ya que no permite trabajar en el mercado de lengua española, que es el que interesa en este caso.

Se trata de un programa de afiliación en el que un anunciante coloca publicidad en el blog y ofrece directamente ingresos por cada venta o interacción con el anunciante. Por ahora solo cuenta con poca implantación, sin embargo, se hablará más adelante de los programas de afiliación.

Hay que hacer clic en el botón **Comenzar**, situado bajo la opción de Google Adsense para comenzar con el registro de la cuenta.

Figura 12.1. Página de inicio del registro en la herramienta Google Analytics desde Blogger.

La pantalla que se muestra a continuación solicita los datos personales del titular de la cuenta que se va a abrir. Primero se ha de especificar si se trata de una cuenta personal o de empresa y el idioma en que se desea abrir. En el caso del ejemplo, sería una cuenta personal y el idioma, español.

Solicita el nombre y apellidos, dirección postal, un número de teléfono válido y se deben activar las casillas de verificación que indican que se va a realizar un uso correcto de los anuncios, asegurar que no se dispone ya de una cuenta en el servicio, ya que solo se puede tener una, y no se van a incluir estos en los sitios web que se consideran inadecuados para ello, como los que contienen material para adultos o descargas de contenidos protegidos por los derechos de autor.

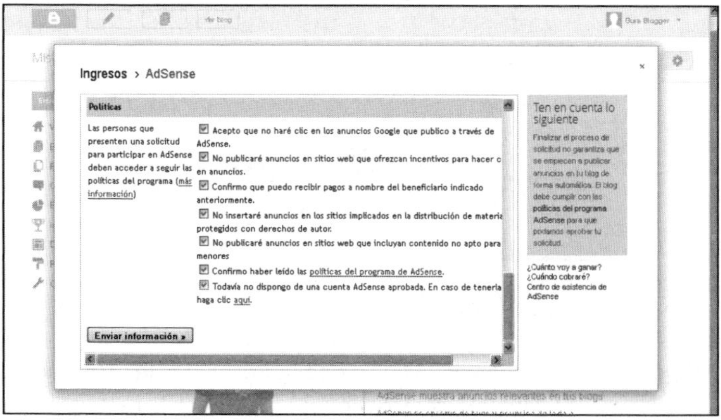

Figura 12.2. Detalle de las condiciones de utilización de Google Analytics, con las casillas de verificación activadas, indicando que el usuario se compromete a cumplir con cada una de ellas.

Una vez confirmados todos los datos, se ha de hacer clic en el botón **Enviar datos**, para continuar con el registro.

Antes de continuar con el registro, el sistema mostrará toda la información, para comprobar que todos los datos están correctos. Si hubiera algún error, se puede retroceder y editarlos de nuevo y si no los hubiera solo hay que hacer clic en el botón **Continuar** para seguir con el registro.

La siguiente página son las condiciones de utilización y uso, que se han de leer detenidamente para comprenderlas. Una vez hecho esto, y si se está conforme con ellas, hay que activar la casilla de verificación del texto que informa que, sin estar de acuerdo con ellas, no se puede participar en el programa Google Adsense.

Antes de hacer clic en el botón **Acepto**, se puede acceder a la sección de Preguntas frecuentes del servicio, para comprender mejor como funciona y las características que tiene.

Una vez configurada la cuenta, deberá pasar los filtros correspondientes de Blogger, y se deberán esperar unas 48 horas para que sean efectivos. Una vez pasado este tiempo, la cuenta será totalmente operativa y se podrá introducir publicidad en ella.

En la página de Ingresos aparecen varias opciones para situar la publicidad en el blog, visitar la página de acceso al servicio y utilizar las diferentes modalidades de cuadros de publicidad disponibles en el mismo.

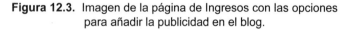

Figura 12.3. Imagen de la página de Ingresos con las opciones para añadir la publicidad en el blog.

El menú desplegable indica dónde se puede colocar la publicidad, ofreciendo varias opciones para hacerlo.

- **Mostrar anuncios en la barra lateral y en mis entradas:** Permite que Adsense sitúe la publicidad en el sitio elegido de la barra lateral, pero también al final de las entradas.
- **Mostrar anuncios en la barra lateral:** Con esta opción únicamente se insertan anuncios en la barra lateral, y no en entre las entradas.
- **Mostrar anuncios entre las entradas:** El anuncio se sitúa entre las entradas y no aparecen en la barra lateral.
- **No mostrar anuncios:** Evita que se muestren los anuncios en el blog.

La segunda opción que muestra esta página es la posibilidad de añadir anuncios en los *feeds* con que se comparte el contenido, tanto a nivel de correo electrónico como en los lectores de *feeds* como Google Readers y similares.

Para colocar la publicidad en el blog, se ha de volver al menú Diseño, para añadir el *gadget* correspondiente, y comenzar a generar anuncios de Adsense.

Se ha de seleccionar el cuadro *gadget*, para abrir la ventana de creación de éstos y buscar Adsense. Se ha de hacer clic sobre él y comenzar a seleccionar el tipo de espacio publicitario que se desea tener en el blog.

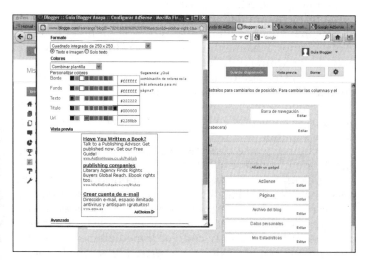

Figura 12.4. Ventana de Adsense en el blog con los diferentes tipos de publicidad que se pueden incluir en la barra lateral del blog. En este caso, muestra un cuadrado de 250x250 píxeles.

Existen varios tipos de anuncios, dependiendo del lugar a situarse. También puede ser banners alargados, que suelen situarse bajo el título o en los pies del blog.

En ocasiones, suele tardar unos minutos en aparecer en el lugar correspondiente, así que no hay que ponerse nervioso y esperar a que lo haga.

Cada usuario verá la publicidad dependiendo de sus acciones en Internet, como se ha explicado, así se optimiza al máximo el rendimiento de los anuncios.

También se pueden añadir los anuncios dentro del propio *post*, integrándolos con el contenido. Este sistema suele dar más resultados que dejándolos en la barra lateral, ya que interactúan con el contenido concreto del blog y son más atractivos para los visitantes.

El modo de colocarlo es muy sencillo. Se trata de un código de inserción, similar al de los vídeos de Youtube, que se puede conseguir en la propia página de Google Adsense.

Para acceder a la cuenta del servicio, se ha de introducir la dirección de correo con la que se ha creado la cuenta, en este caso la que se está utilizando desde el principio de la Guía, y la contraseña elegida.

La página que se abre es la que muestra los resultados de la cuenta, es decir, el dinero que se ha conseguido en el periodo de tiempo que se está visualizando.

La primera cantidad indica el dinero obtenido en el día de la consulta, mientras que la segunda es la cantidad obtenida el día anterior. Finalmente se encuentra el total obtenido en el periodo de tiempo completo.

Estos mismos datos aparecen más abajo, en forma de esquema, para que se puedan apreciar mejor.

El código de inserción de los anuncios introducidos en los artículos se encuentra en la pestaña Mis anuncios, situada en la barra superior.

La página que se abre permite crear un nuevo anuncio, añadiendo un nombre al formato elegido.

Por ejemplo, se le puede llamar "Anuncio Blogger", para relacionarlo con el blog de muestra que se está realizando.

Después se elige un formato de entre todos los existentes, por ejemplo, el cuadrado 250x250 píxeles, y se hace clic en el botón **Aceptar y obtener código**. Inmediatamente, se abre una ventana con el código de inserción, y se puede copiar, utilizando la combinación de teclas **Crtl-C** o haciendo clic en el botón derecho del ratón y eligiendo del menú contextual la opción Copiar.

Una vez obtenido el código, se debe hacer lo mismo que cuando se insertó un vídeo o un reproductor de audio, haciendo en clic en la opción de Edición HTML y pegando el código en la caja de edición de texto, utilizando las teclas **Ctrl-V** o la opción **Pegar** del botón derecho del ratón.

Una vez editado el texto, con todos los elementos en su lugar, solo hay que hacer clic en el botón **Publicar** y aparecerá en su lugar, tal y como se ve en la opción **Vista previa.**

Es importante, a diferencia de los códigos de inserción de los vídeos, no modificar ninguno de los parámetros *width* y *height*, ya que son módulos estándar de Google Analytics.

> **Nota:** *Las normas de uso de la cuenta de Google Analytics se han de respetar escrupulosamente. Google no duda en inhabilitar una cuenta si detecta algún incumplimiento en ellas. No quiere decir que no se pueda hacer clic sobre una publicidad propia si resulta interesante, pero incluso esto, se ha de hacer con muchísima precaución.*

Se inhabilitan muchas cuentas al cabo del día por pequeños errores y falta de previsión y es complicado recuperarlas. En cuanto ocurre esto, todo el dinero que podría haberse recaudado, desaparece de la cuenta, aunque finalmente se reactive.

Para reactivar la cuenta, se recibe un correo electrónico con instrucciones para rellenar un cuestionario que se remite a Google Adsense, con la explicación correspondiente de lo ocurrido. Normalmente, se da una oportunidad para reparar el error y recuperar la cuenta, pero cuesta unas semanas y algún cruce de correos electrónicos entre el usuario y la compañía.

12.1.2. Programas de afiliados

Los programas de afiliados son aplicaciones que muchas empresas utilizan para añadir publicidad en los blogs y páginas web relacionadas con su actividad, y que ofrecen porcentajes sobre las ventas realizadas a través de los enlaces que hay en el blog.

Se pueden buscar individualmente, accediendo a las páginas web de las empresas, o utilizando el servicio de plataformas de afiliación, que tienen muchas empresas en representación y es mucho más rentable suscribirse a través de ellas.

Algunas de estas plataformas son Tradedoubler.com o Zanox.com.

Como muestra, se indicará cómo se crea una cuenta en TradeDoubler y cómo se consiguen programas de afiliados.

Figura 12.5. Página de acceso de TradeDoubler, una de las plataformas de afiliación más activas de Internet.

Figura 12.6. Página de Zanox, otra plataforma de afiliación.

12.1.2.1. Conseguir programas de afiliación en TradeDoubler

Como en todos los servicios que existen en Internet, el primer paso es registrarse en la página web de Tradedoubler. El botón **Regístrate ahora** se encuentra en la página principal, en la parte inferior, justo debajo de las cajas de texto donde se pega el nombre de usuario y la contraseña elegida.

Figura 12.7. Página principal de TradeDoubler, con el botón Regístrate ahora en la parte inferior derecha.

En la página a la que se accede se han de cumplimentar todos los datos requeridos, incluyendo la dirección URL de la página web principal que se quiere incluir como referencia. Después se pueden añadir más páginas y blogs, para acceder a los programas de afiliación.

Antes de confirmar los datos, se ha de copiar la palabra de seguridad en la caja de texto y aceptar las condiciones de uso. El sistema enviará un correo electrónico para confirmar la cuenta y se puede comenzar a trabajar con las afiliaciones.

El primer paso es situar el blog en las principales categorías ofrecidas por el servicio, en una ventana que se abre tras confirmar el enlace enviado al correo electrónico.

El blog de ejemplo que se está creando en este caso se ha registrado en la opción **Social**, subgrupo **Redes sociales y foros** (véase figura 12.8), ya que se está hablado de la herramienta Blogger, y tras hacerlo, se ha de hacer clic en el botón **Guardar**, situado al final del listado.

Seguidamente, se ha de cerrar la ventana, utilizando el botón de cierre situado en la parte superior derecha de la pantalla.

La página que se muestra es la de comienzo del servicio, y muestra los porcentajes y totales de anuncios publicados en el blog, los clics efectuados sobre éstos y el dinero resultante de la actividad conseguida a través de ellos.

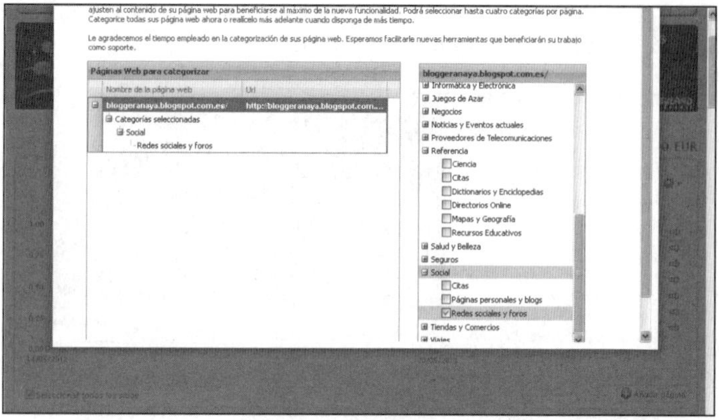

Figura 12.8. En el caso del ejemplo, el blog se ha registrado como Redes sociales y foros, en la opción Social.

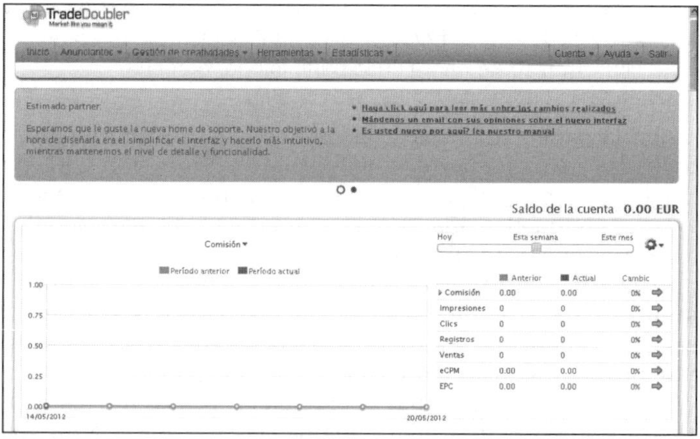

Figura 12.9. Página principal de TradeDoubler con las estadísticas de las páginas vistas, los clics y el dinero conseguido con los programas de afiliación, todavía sin iniciar.

Para comenzar a buscar programas de afiliación, de los cientos que hay en la plataforma, se ha de acceder a la pestaña Anunciantes, situada en la banda superior. Al hacer clic sobre ella, se abrirá un menú desplegable, con las siguientes opciones:

- Buscar anunciantes: Esta es la que permite encontrar los programas de afiliación, con cientos de empresas que ofrecen sus programas y las publicidades que se pueden añadir en el blog.

- **Mis programas:** Una vez seleccionados los programas de afiliación y aprobados, desde esta opción se puede acceder a ellos y modificarlos, cambiar las creatividades y comenzar a gestionarlos.
- **Nuevos anunciantes:** Muestra recomendaciones de programas de afiliación, además de los últimos en incorporarse a la plataforma.

  Dado que se están buscando programas de afiliación para comenzar se debe hacer clic en Buscar Anunciantes, para localizar las opciones que se consideren más interesantes y sobre todo, que puedan ser adecuadas para que funcionen en el blog.

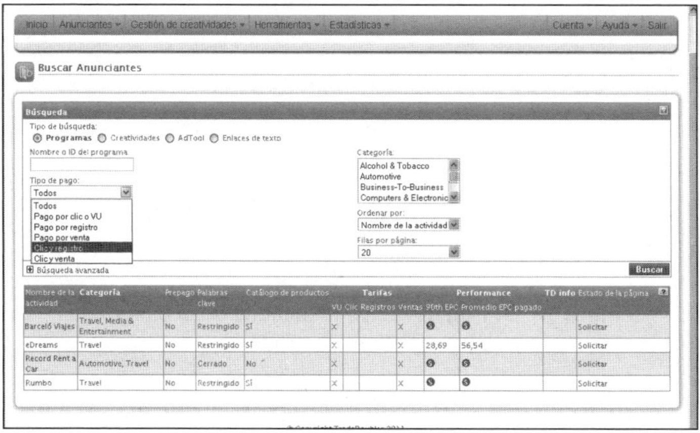

Figura 12.10. Página de Búsqueda de Anunciantes, con el menú de Tipo de Pago desplegado.

En la caja de texto de Nombre o ID del Programa no se escribirá nada, para poder localizar todos los programas, y elegir entre los que más interesen.

El menú de Tipo de pago, como se puede ver en la figura 12.10, se puede elegir el tipo de programa, entre pago por clic, pago por registro, pago por venta y otras opciones. Se elegirá la opción Todos, para extender la búsqueda a la totalidad de los programas.

En el lado derecho de la página se encuentra un menú en el que se puede seleccionar el tipo de programas que se busca, entre varias categorías. Si no se selecciona ninguna, el sistema entenderá que ha de buscar entre todas las que tiene registradas.

Obviamente, esto se trata de un ejemplo. El editor del blog es el que tiene que decidir qué categoría y tipo de pago prefiere para su proyecto y seleccionar los parámetros según sus preferencias y necesidades.

Una vez todos los parámetros seleccionados, se ha de hacer clic en el botón **Buscar**, que da como resultado, en este caso, todos los programas registrados en el sistema.

Nombre	Categoría										
1&1 Internet	Telecoms & Utilities, Computers & Electronics, Business-To-Business	No	Restringido	SI				X	250,00	55,15	Solicitar
Accorhotels	Travel	No	Restringido	SI				X	⊘ ⊘	⊘ ⊘	Solicitar
Acuista.com	Shopping & Retail	No	Restringido	SI				X	20,37	32,46	Solicitar
ADSL-JazztelOnline	Telecoms & Utilities	SI	Cerrado	No					65,71	21,90	Solicitar
Advantage Rent-A-Car	Automotive, Travel	No	Cerrado	No				X	0,00	0,00	Solicitar
Aer Lingus ES	Travel	No	Restringido	No				X	45,86	40,73	Solicitar
Agoda ES	Travel	SI	Restringido	SI				X	⊘	⊘	Solicitar
Agregadores_EURO	Telecoms & Utilities	No		SI					30,00	0,00	Solicitar
Air France ES	Travel	No	Cerrado	No				X	0,00	61,34	Solicitar
Airberlin ES	Travel	SI	Restringido	No					19,15	8,17	Solicitar
Aquilerdecoches-online	Travel	No	Cerrado	No				X	0,00	43,64	Solicitar
Alternate	Computers & Electronics, Shopping & Retail, Telecoms & Utilities	SI	Restringido	SI				X	5,12	61,74	Solicitar
Aprendum ES	Shopping & Retail, Education & Careers	No	Restringido	SI		X	X	1,08	0,00		Solicitar
Armería Alvarez	Sports & Recreation, Shopping & Retail	No	Restringido	SI				X	9,52	4,99	Solicitar
Atrapalo	Media & Entertainment, Travel	No	Restringido	SI				X	⊘	⊘	Solicitar
atraveo - mi casa de vacaciones	Travel	No	Restringido	No				X	0,00	0,00	Solicitar
AutoEurope Spain	Automotive, Travel	SI	Restringido	No				X	0,00	63,51	Solicitar
Avis España	Automotive	No	Cerrado	No				X	122,95	0,00	Solicitar
Bambino-world ES	Shopping & Retail, Fashion	No	Restringido	SI				X	13,64	36,87	Solicitar

Figura 12.11. Página de los resultados de la búsqueda de programas de afiliación.

Entre todos estos resultados, se elegirá el que más se ajuste al contenido del blog y que tenga más relación con los artículos publicados en él, para añadirlo tanto a la barra lateral como para insertarlo en los artículos, igual que un vídeo, un reproductor de audio o una publicidad de Adsense.

En el caso elegido para el ejemplo, y como se puede apreciar en la figura 12.12, el anunciante proporciona al editor un 3% sobre la cantidad vendida desde la publicidad insertada en el blog. Hay anunciantes que ofrecen más y otros menos, así como los hay que pagan por clic o por otras formas de acceder a la página de venta.

Por eso, hay que visitar varios anunciantes del mismo sector para solicitar el programa que más se ajuste a lo que se intenta ganar.

Se puede observar que en el lado superior derecho, bajo el nombre del anunciante, está el botón **Solicitar**. Haciendo clic sobre él, se inicia el proceso de solicitud para acceder al programa y comenzar a colocar publicidad en el blog. Normalmente, la empresa tarda unos dos días hábiles en contestar, aceptando o denegando la solicitud.

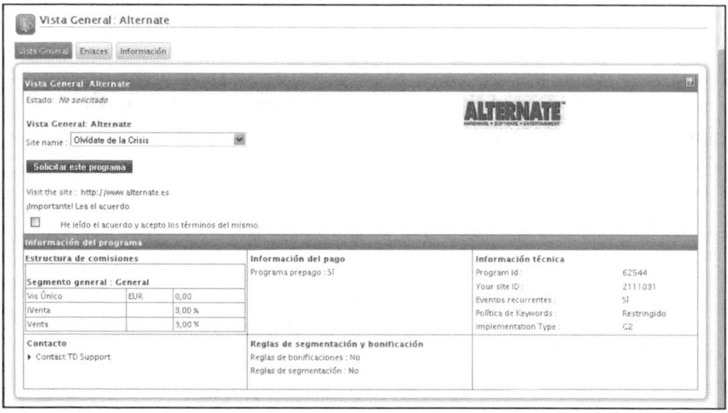

Figura 12.12. Vista del programa de afiliados elegido para el blog, con la información sobre el porcentaje en caso de venta desde el anuncio colocado en el mismo.

En este espacio de tiempo, los responsables de la empresa valoran si el blog se ajusta a los parámetros que buscan para su publicidad, y en caso afirmativo, envían un mensaje por correo electrónico confirmando su interés y aprobando el programa. Con el mismo sistema comunican que el programa no se ajusta a lo que buscan para colocar su publicidad.

No hay que preocuparse si alguno de los programas rechaza al blog, ya que no es definitivo y se puede volver a optar en otra ocasión. Además, existen decenas de empresas de cada sector, con lo que las posibilidades se multiplican.

Una vez aprobado, y para acceder al anunciante, se vuelve a entrar en la página de TradeDoubler, con el usuario y la contraseña seleccionada en el momento del registro.

La página de inicio vuelve a ser la misma que la vez anterior y se debe volver a la pestaña **Anunciantes**. Una vez desplegado el menú, se ha hacer clic en la opción **Mis Programas**, ya que se tiene activado, al menos uno de los solicitados.

Entonces se abrirá la página de búsqueda de los programas aceptados.

En el menú desplegable situado en la parte superior aparecerá el nombre del blog, que se ha de seleccionar. Después sin marcar ni añadir nada más, se hará clic en el botón **Ejecutar Informe** y se desplegará el listado con los programas aceptados.

Para comprobar los tipos de anuncios disponibles en el programa, se ha de hacer clic en el nombre de la empresa, y se abrirá la página con todos los datos referentes a ella.

En la parte superior se pueden ver varias pestañas, y se debe de hacer clic en **Enlaces.**

Desde ésta se accede a los distintos banners publicitarios que se pueden seleccionar para añadir al blog, ordenados por tamaños y por contenido, como se puede ver en la figura 12.13.

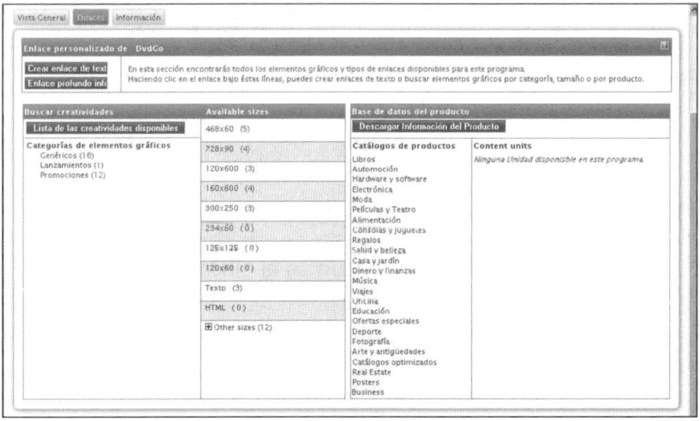

Figura 12.13. Imagen de la página del programa de afiliación elegido para el blog.

Se selecciona el tipo de anuncio que se quiere llevar hasta el blog y se hace clic sobre él. Se abrirá entonces una muestra de los distintos tipos de anuncios, para que se seleccione uno de ellos.

Se ha de buscar siempre un anuncio que sea coherente con el espacio a elegir. Es decir, si se dispone de una anchura para ubicar un anuncio, es aconsejable que éste la ocupe toda. También hay que controlar que no sea una publicidad que deje mucho espacio libre y que rompa la estética del artículo. La imagen también es importante para mejorar la experiencia de los visitantes.

Junto a la imagen del banner publicitario hay varias opciones. Se ha de escoger la opción **Mostrar código**, que es la primera de las tres que se pueden ver, y así se obtiene el código de inserción que permitirá colocarlo en el blog (véase figura 12.14).

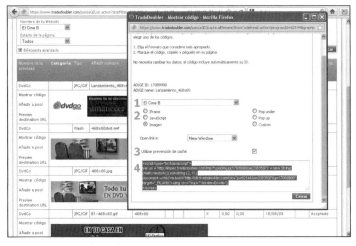

Figura 12.14. Ventana del código del anuncio seleccionado, preparado para ser copiado y pegado en el blog.

El código de inserción se ha de copiar, utilizando las teclear **Ctrl-C** o haciendo clic sobre el botón derecho del ratón y seleccionando la opción Copiar.

Con el código de inserción copiado en el portapapeles, se ha de volver al blog y acceder a la caja de edición de texto, y en el modo **HTML**, se ha de pegar en el lugar en que desee que aparezca en el *post* que se está editando. Se puede comprobar que esté en el sitio correcto haciendo uso de la opción **Vista previa,** que, como se ha visto en el capítulo correspondiente a la edición de *posts*, permite ver el artículo como si estuviera publicado.

Una vez editado el artículo, y con todos los elementos situados en el sitio que les corresponde (imagen, vídeo, audio, publicidad, etcétera), ya se puede publicar haciendo clic en el botón **Publicar**.

Si lo que se quiere es poner la publicidad en la barra lateral, se ha de acceder al menú Edición de la barra lateral derecha, e igual que se hizo al insertar el anuncio de Google Adsense, se ha de crear un *gadget*, en el esquema del blog.

Se abrirá la ventana de *gadgets* y se ha de buscar Configurar HTML/Javascript, de manera que se abrirá la ventana con la caja de texto donde se ha de insertar el código. De esta manera, y tras hacer clic en el botón **Guardar**, el anuncio quedará insertado en la barra lateral.

Para situarlo en el lugar que se prefiera, se ha mover el espacio por la barra lateral, para que quede ubicado en ese lugar.

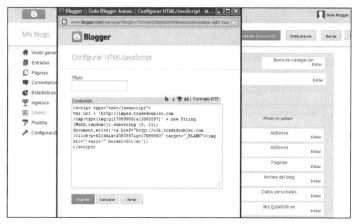

Figura 12.15. Ventana Configurar HTML/Javascript, para insertar el anuncio en la barra lateral.

13

Fidelizar a los lectores del blog

13.1. La importancia de la calidad para atraer lectores

El blog ya está en marcha y comienzan a llegar las visitas. Se ha habilitado una cuenta en Google Analytics para controlar la llegada y el comportamiento de los visitantes y comienza la labor más complicada para el editor: conseguir convertirlo en un blog relevante.

Desde el principio del libro, se ha insistido en la necesidad de dar al blog una temática concreta. Puede ser un lugar donde expresar reflexiones y pensamientos personales, o una página web donde compartir determinadas aficiones y gustos.

Lo importante es encontrar lectores que compartan todo eso con el editor y que, al fin y al cabo, acaban formando una comunidad con muchas cosas en común.

Las redes sociales son, no solo una herramienta tremendamente útil para crear esa comunidad alrededor del blog, sino un lugar común en el que se puede desarrollar de forma paralela la comunicación con los visitantes de la bitácora. Pero no son el único medio para hacerlo.

Hay que recordar, que por encima de todo, un blog es un medio de comunicación personal, con una filosofía de divulgación que parte de las inquietudes del editor, y por tanto, no es profesional, pero sí que permite hacer las cosas bien, con entradas y artículos bien fundamentados y correctamente escritos que atrapen la atención de los visitantes potenciales.

No sirve de nada comenzar a promocionar un blog si falla en lo más importante: comunicar de forma sencilla, efectiva y con conocimiento acerca de los temas que se tratan en él.

Los lectores que acudirán a leer los artículos querrán frescura, material original y veracidad en lo que se postea. No valen los copia y pega, porque a los blogs hoy se llega a través de los buscadores y una duplicidad de contenidos, con material creado por otro editor y publicado antes en otra página web, se detecta enseguida.

La esencia de los blogs es, desde siempre, compartir contenidos con otros usuarios y se puede tomar como referencia algo que se ha visto en Internet, pero, y se ha de insistir en ello, ha de llevar una buena cantidad de material original y de calidad.

Por otro lado, también se ha de buscar un lector de calidad, que sepa interactuar con el editor y aportar un valor añadido a lo que se publique en la bitácora. En ocasiones, contar con uno o varios lectores fijos, que comenten, debatan y compartan los contenidos puede llevar a más lectores a interesarse por lo que se cuenta en el blog.

Dicho esto, en las siguientes páginas se pueden encontrar diversas formas de hacer popular el blog, conseguir visitantes de calidad y convertir el blog en un lugar de referencia. O al menos, a crear una comunidad activa en torno a él.

13.2. Utilizar las redes sociales

Hay que invitar a los lectores a acercarse al blog, a conocerlo y a valorar el contenido con el que se intenta sorprender al público, y una manera de hacerlo es utilizar las herramientas que Internet pone en la mano del editor: las redes sociales.

Hoy en día, es difícil encontrar a alguien que no esté interesado por lo que ocurre en Internet y que no disponga de, al menos, una cuenta en alguna de ellas: Facebook, Twitter, Google + o las muchas redes sociales de temas diversos que existen.

13.2.1. Facebook.

En estos momentos es la red social más popular. No se pueden dar cifras de número de usuarios, porque cambia día a día, siempre incrementando la cifra y es casi imposible dar una que se ajuste a la realidad. Basta decir que en septiembre de 2011 se hizo pública una cifra oficial de 800 millones de cuentas en todo el mundo.

Hoy, con toda probabilidad supera los 1.000 millones de usuarios, que en su mayoría interactúan a través de la red social con muchas personas, compartiendo, debatiendo y disfrutando de todo lo que ofrece Facebook.

¿Cómo no se va a poder compartir el blog con todos estos usuarios, o al menos, encontrar un buen número de ellos interesados en lo que se cuente en él?

Pese a estas cifras y la a cantidad de material que se comparte en Facebook, hay unas normas que se han de seguir para que los *posts* en la red social funcionen correctamente y llamen la atención a los lectores, igual que ocurre en el propio blog.

La primera norma, y a riesgo de repetirme demasiado, es la calidad. No vale poner cualquier cosa y esperar que la gente acuda en masa a ver qué se ha posteado. Un mensaje introductorio al enlace, con buena redacción y una ortografía correcta demuestra que se trata de un enlace y un contenido de calidad, que contendrá buena información y que puede resultar interesante.

Un enlace puesto sin esa introducción, puede que pase desapercibido para los potenciales lectores. Si existe una cierta notoriedad entre los contactos de Facebook, una recomendación puede hacer que se fijen en él y se ayude a potenciar su valor.

No es necesario que sean grandes textos, solo una frase, o dos, que intente captar la atención de quien lo lea y le cree la necesidad de hacer clic sobre el enlace. Si lo que lleva ese enlace le gusta, no dudará en hacer clic en **Me gusta** o lo compartirá con sus propios contactos.

Cuantas más veces se comparte un enlace, o se hace clic en **Me gusta**, más repercusión tiene ese enlace y por supuesto, más posibilidades hay de que sea visitado por muchos lectores, que después pueden dejar comentarios en los comentarios del blog o directamente en la entrada de Facebook.

Todo esto ayuda a que se vaya conociendo la web que se enlaza y genere tráfico directo, en el que todos los días se acude a ver los artículos que se postean en ella.

Una manera de captar la atención de los potenciales lectores del blog es no compartir únicamente los artículos de éste. Si un usuario comienza a ser relevante por la calidad de los artículos que comparte, será más fácil que los lectores habituales de sus enlaces confíen en ellos y hagan clic en ellos, esperando encontrar temas que les interesen.

Se suele decir que es aconsejable que de cada diez enlaces publicados, solo uno o dos sean de material propio, y el resto de temas relevantes que se crea que puedan interesar al resto de contactos del usuario. Es una buena norma, que no es para cumplir a rajatabla, pero que está muy bien a tener en cuenta.

La frecuencia de la publicación en el blog marcará esa norma.

Si se publica un *post* diario, se deberían hacer unas diez publicaciones en Facebook al día para seguir esta norma, y podría no ser posible.

De todas maneras, siempre se debería tener en cuenta la posibilidad de realizar más publicaciones, para que las referidas a las publicaciones propias queden como *spam*, y los posibles lectores no accedan a ellas, aunque tengan calidad y sean de su interés.

Hay una costumbre en el mundo de Facebook que no es correcta, aunque se utiliza con demasiada frecuencia, creyendo que puede ser más útil para difundir los enlaces de un blog que un perfil personal. Se trata de abrir una cuenta personal, pero con el nombre del blog y centrado en las publicaciones del mismo.

Facebook no permite este tipo de acciones, y aunque en un principio puede funcionar muy bien y atraer a un buen número de contactos, el sistema puede detectar que no se trata de una persona física y eliminar la cuenta sin previo aviso.

Normalmente, pasa un tiempo hasta que se dan cuenta de esto, pero al final, ocurre que se intenta acceder a la cuenta y ésta ha desaparecido. Y ha arrastrado con ella a todos los contactos, acciones y entradas, eliminándolas.

Para evitarlo, se puede abrir un grupo o una página de fans del blog.

Se trata de una opción que permite Facebook para seguidores de un tema concreto, o de una página web o blog, creando una comunidad que puede ser gestionada igual que si fuera un perfil, pero enfocado a este tipo de perfiles que no son personas físicas.

13.2.1.1. Grupos de Facebook.

Los grupos permiten que se unan personas, mediante invitación o añadiéndolos en el propio administrador del mismo. Eso sí, a nadie le gusta que le impongan determinadas cosas, por lo que hay que tener cuidado a la hora de agregar contactos.

Es mejor invitar a los posibles usuarios a través de un mensaje privado, o incluso en su biografía, haciendo hincapié que en él van a encontrar información relevante y que les puede interesar y sobre todo, un foro abierto en el que se puede compartir, pero también opinar y debatir acerca del tema.

Para abrir un grupo, se ha de buscar la página de la aplicación de Facebook que permite abrirlos.

Normalmente esta opción se encuentra en la columna izquierda del muro del usuario, donde aparecen todas las publicaciones de los contactos. Para acceder a él, se ha de hacer clic en la opción Inicio, que lo abre y poder localizar esa función en la columna correspondiente.

Si no aparece, se puede buscar en la caja de búsqueda de Facebook, escribiendo la palabra **Grupo**. Aunque aparezcan varias opciones, las más relevantes, la última de ellas será la aplicación **Grupos**.

Figura 13.1. Opción de Grupos para crear un grupo relacionado con el blog.

Al hacer clic en esta aplicación, se abrirá una ventana que solicitará información acerca del grupo que se quiere abrir, como el nombre, el objetivo del mismo, etcétera.

Lo primero que se solicita es el nombre, que se deberá poner en la primera caja de texto.

La segunda indica a qué personas se quieren invitar a participar en él. Hay que recordar no añadir a personas indiscriminadamente, y solicitar su incorporación al mismo a través de un mensaje directo o una invitación en su biografía.

Al principio, se podía recomendar la pertenencia al Grupo desde la página de administración del mismo, pero desde hace unos años, esta opción ha desaparecido y solo se puede pertenecer a uno mediante la incorporación al mismo o la solicitud para formar parte de él.

La tercera parte de esta ventana se refiere a la privacidad del Grupo. Este puede ser:

- **Público**: Todo el mundo puede ver el contenido del grupo y los componentes del mismo.
- **Cerrado**: Aunque cualquiera puede ver el grupo y quien forma parte de él, solo los miembros pueden ver el contenido.
- **Secreto**: Si se escoge esta opción, solo podrán ver el grupo, las personas que pertenecen a él y por tanto solos sus miembros podrán ver su contenido. Para el resto de usuarios, no existirá.

Figura 13.2. Ventana de creación de nuevos grupos en Facebook.

Si lo que se intenta es promocionar el blog en Facebook, lo natural es que se elija la primera opción, para que todo el mundo pueda ver qué se publica en él y le sea fácil acceder a sus contenidos. Si hubiera un momento en que estos se especializaran y resultaran demasiado específicos para todo el público, se podría cambiar la configuración del mismo, accediendo a la opción de Configuración, representada en la página del mismo, como una rueda dentada, en la barra principal de la página.

Una vez incluidos los primeros miembros, al hacer clic en **Aceptar**, se abre la página del grupo, donde se puede publicar de la misma manera que se hace en una página normal. Todos los miembros del Grupo recibirán la información de todas las notificaciones, como si se tratara del perfil de un contacto físico.

13.2.1.2. Página de Fans del blog

La otra alternativa es crear una página de fans, que funciona de manera parecida a un grupo o a un perfil, pero en la que los usuarios deciden formar parte de manera activa, haciendo clic en el botón de **Me gusta** de la misma.

Para crear una página, se ha de acceder a la aplicación de creación de páginas. Una manera de hacerlo es escribir en la caja de búsqueda que se encuentra en la parte superior de la página de Facebook la palabra **Páginas**, y aparecerá la aplicación correspondiente a su creación.

Directamente, se puede acceder a través de la dirección URL `https://www.facebook.com/pages/create.php`, en la que se puede ver los distintos tipos de páginas de fans que se pueden crear.

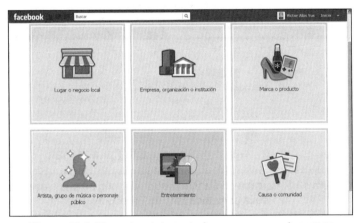

Figura 13.3. Tipos de páginas de fans que se pueden crear desde la página de la aplicación en Facebook.

Para el blog, se puede escoger la opción Sitio web, que se encuentra en la ventana de Marca o producto (véase figura 13.4).

Una vez seleccionada la categoría y añadido el nombre de la página, se han de leer las normas de uso de las páginas de Facebook y se puede comenzar a configurarla.

Lo primero que se pide es una imagen de perfil. Ésta se puede subir en ese momento o se puede dejar para más adelante.

Seguidamente se solicita información sobre la página. Esto ha de ser un pequeño texto, indicando qué es y qué temas va a tratar la misma. Debajo de esto se encuentra una caja de texto en la que se debe escribir la dirección URL del blog.

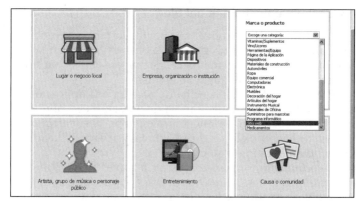

Figura 13.4. Opción Sitio web seleccionado para crear la página de fans en Facebook.

Figura 13.5. Ventana con la información del blog para la creación de la página de fans de Facebook.

Por último, el sistema asignará una dirección a la página, que se puede cambiar por otro, en el último paso antes de la creación de la página.

Una vez la dirección está creada, ya solo falta hacer clic en **Establecer dirección** y comenzar a trabajar en la página para difundir el blog y sus contenidos, buscando fans que accedan a ella y comiencen a crear la comunidad en la que comenten, disfruten y compartan los contenidos.

13.2.1.3. Convertir un perfil en una página de fans

En ocasiones, aunque está desaconsejado, no es mala idea abrir un perfil del blog, pero solo para comenzar la andadura. Basta con conseguir varios contactos, como si se tratara de un perfil de persona física. Luego, cuando ya hay una cierta cantidad de amigos con los que interactuar, se puede convertir el perfil en una página de fans y comenzar a trabajar con ella de manera normal.

La manera de hacerlo es muy sencilla, ya que Facebook tiene una aplicación que realiza todo este paso de manera automática.

Desde el perfil propio, se ha de teclear la dirección URL `https://www.facebook.com/pages/create.php?migrate`, a partir de la cual se comenzará el proceso para convertir el perfil en página de fans, siguiendo los mismos pasos como si se creara desde el principio, pero manteniendo el nombre del perfil.

Como toque de atención, hay que recordar que únicamente se traspasarán los datos relativos a los contactos, convirtiéndolos en fans y que otros datos como las galerías de imágenes y demás no podrán traspasarse, por lo que es aconsejable realizar una descarga de los mismos al disco duro del ordenador.

Para hacerlo con seguridad, es aconsejable acceder al menú de **Ayuda** de Facebook y teclear en la caja de texto **Cómo convertir el perfil en página de fans**, y seguir las indicaciones, para que no se olvide ningún paso que pudiera hacer desaparecer algún dato relevante.

13.2.2. Twitter

Twitter no es una red social propiamente dicha, sino un medio de *microblogging*. O lo que es lo mismo, un sistema de utilización de publicaciones breves, que, en 140 caracteres pueden aportar información acerca de cualquier cosa que resulte interesante para los seguidores de una cuenta.

Por eso, porque no se solicita el seguimiento, sino que viene principalmente por recomendación de otros usuarios, se ha de hacer especial hincapié en la calidad de los *posts* publicados.

En Twitter no vale compartir enlaces que no tengan un mínimo de calidad, ya que no se pueden compartir más que con las cuentas que, voluntariamente, sigan el *timeline* del usuario.

Para conseguir nuevos seguidores, es necesario comenzar a seguir a usuarios relevantes, participar en conversaciones que se produzcan entre ellos y sus *followers* y conseguir captar la atención de varias cuentas para que comiencen a interactuar con la del editor del blog y así conseguir que los enlaces del mismo comiencen a circular en las demás líneas temporales.

La manera de comenzar a interesar a los seguidores propios sobre los enlaces que se suban al Twitter es relacionarlos con introducciones atractivas, enlazando a algún usuario al que pudiera interesar el tema. Esto se puede localizar haciendo un seguimiento de los enlaces y temas que hacen otros usuarios del *timeline* y relacionarlos con las entradas propias del blog.

13.2.3. Google +

La red social de Google es la más nueva de las importantes, y aunque estaba destinada a ser una de las más activas, ha resultado no tener tan buena acogida como se esperaba y no ha representado la revolución que tenía que habar sido.

Aún así, cuenta con un gran número de seguidores que comparten sus enlaces y crean comunidad alrededor de ellos.

Google + funciona de forma parecida a Facebook, con contactos recíprocos, es decir, que existe una comunicación entre el usuario y su contacto. Por lo tanto, el efecto es similar al de la publicación en Facebook, permitiendo que los contactos de los contactos del editor del blog y titular de la cuenta vean el enlace compartido.

Para acceder a Google +, basta con entrar con la cuenta de Google que ya se ha creado, y acceder a la red social a través de la página de Gmail, por ejemplo. En la parte superior de la bandeja de entrada hay una banda con los servicios a los que se tiene acceso a través de la cuenta.

Al entrar a Google +, la red solicitará que se añadan a personas que se conocen y que tienen cuenta en Google para establecer los primeros contactos.

A diferencia de Facebook, la red social de Google se organiza por círculos, que reciben el nombre de la relación que se tiene con ellos. Por ejemplo, los contactos que pertenezcan a la familia se reunirían en el círculo **Familia**, mientras que los relacionados con el trabajo podrían estar en el círculo **Trabajo**. Cualquier contacto puede estar en dos o más círculos, sin que por ello reciba la notificación repetida. Es decir, que una actualización en la que se incluyan tres círculos, a los que pertenezca una misma persona, solo se recibirá una vez esa actualización.

Así, se puede compartir las publicaciones con un círculo determinado o con todos ellos a la vez.

Al igual que en los otros casos, es necesario ofrecer una calidad en las entradas que se realicen, para que los contactos vean que los enlaces que se comparten son de calidad y comenzar a seguir de manera más activa al usuario.

Figura 13.6. Página de Google + para un usuario con la cuenta recién activada.

13.2.4. Tuenti

Tuenti es la red social española orientada a jóvenes de entre 14 a 25 años. Normalmente, no se tiene en cuenta para las actualizaciones de blogs y páginas web debido a la edad de sus usuarios.

Una persona de esa edad no suele interesarse por determinados temas, y por eso es la gran olvidada en cuestión de marketing en asuntos que están orientados a personas tan jóvenes.

Aún así, hay temas que pueden resultar interesantes compartir en Tuenti, temas que pueden gustar a los usuarios de esa red social.

El funcionamiento de Tuenti es muy similar al de Facebook, y los contactos reciben los enlaces de la misma manera que lo hacen los de la otra red social.

Para registrase en Tuenti, se ha de acceder a la página principal de la red social, y hacer clic en la opción **Registrarse**.

Al hacer clic, se abrirá una ventana en la que se solicitarán los datos del usuario para comenzar a trabajar con la cuenta.

Figura 13.7. Página de usuario de Tuenti.

Antes de aceptar la cuenta, el sistema tiene que admitir al usuario, y esto lo hace enviando un sms al móvil, que debe de ser facilitado. También se puede acceder por invitación, envíada por algún usuario de la red.

Figura 13.8. Formulario de registro en Tuenti.

Una vez introducida la clave que se envía al móvil, se puede comenzar a completar el perfil de usuario con los datos que solicitan, subir una fotografía y el resto de requisitos complementarios para estar presente en Tuenti.

Como en el caso de Facebook, en esta red social se ha de estar registrado como una persona física, así que tampoco valen los nombres del blog para comenzar a enlazar las entradas. Sí que se pueden utilizar alias, solicitándolo a través de un formulario a los gestores de Tuenti, pero solo son válidas dos solicitudes al año. Y si se deniega por cualquier motivo, resta una de ellas.

El alias puede ser el nombre del blog, por supuesto, pero mi recomendación es que se utilicen las redes sociales de la manera más cercana a las condiciones de uso, para evitar problemas y conseguir cierta relevancia.

Siempre es más fácil atraer la atención si se es una persona reconocible que si se trata de un alias que no se puede identificar con nada. La recomendación de una persona siempre vale más que la de un concepto indefinido, como un blog, que se acabará viendo como una especie de *spam* continuado.

13.2.5. Enlazar el blog con Facebook

Aunque se ha comentado que es preferible realizar cada enlace del blog en Facebook de forma manual, para añadirle una introducción y crear de esa manera un cierto interés en el lector, existen varios medios para hacer que aparezcan de manera automática en la cuenta de Facebook.

Hay varias aplicaciones que realizan esta función, tanto desde Facebook como externas, que además pueden enlazar también con otras redes sociales para que el enlace aparezca en todas ellas.

13.2.5.1. Networked Blogs

Esta es la aplicación más popular para compartir de manera automática en Facebook, y se puede encontrar en la propia red social. Además, sirve de lector de *feeds* de los blogs que se añadan, para tener organizados los que más interesan y se quiera seguir, al estilo de Google Readers.

Gracias a ella, cualquier *post* que aparezca en la bitácora del usuario puede verse reflejada en ella automáticamente, además de poder hacer un seguimiento de otros blogs que estén registrados en ella.

Para comenzar a compartir de manera inmediata, se ha de acceder a la aplicación desde el perfil del usuario de Facebook.

La manera más rápida es acceder desde la caja de búsqueda situada en la parte superior. Se debe escribir el nombre de la aplicación, Networked Blogs, y se desplegará el menú con los resultados de la búsqueda, encabezado por ella.

Figura 13.9. Menú de resultados de la búsqueda de Networked Blogs.

Al hacer clic sobre el icono de Networked Blogs se abrirá una nueva ventana, que solicita el acceso a la aplicación a través de la cuenta de Facebook.

Una vez que se haya accedido, se ha de añadir el blog. Para hacerlo, se ha de buscar en la barra superior donde existen varias pestañas, la opción Register a Blog, que permite añadir un blog al sistema.

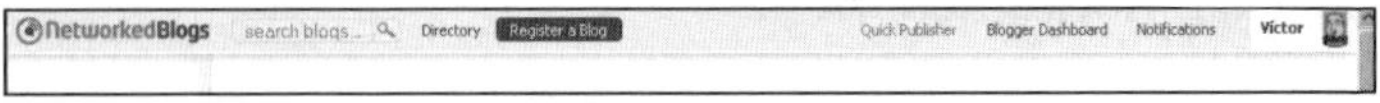

Figura 13.10. Detalle de la barra de opciones de Networked Blogs con la opción Register a Blog remarcada.

Se abrirá una página que solicita la dirección URL del blog a registrar, y al añadirla se desplegará una ventana en la que solicita toda la información posible acerca del mismo, para guardar todos los datos en el servidor.

- **Blog Link**: Es la dirección URL del blog, que se ha introducido en la página anterior y que aparecerá automáticamente.
- **Blog Name**: Hay que añadir el nombre del blog.

- **Tagline**: En la caja de texto se puede añadir, opcionalmente, una frase que defina al blog. Se suele utilizar una descripción corta y concisa, intentando llamar la atención a los posibles visitantes
- **Feed Link**: Se trata del enlace del *feed* del blog, que el sistema suele detectar automáticamente.
- **Topics**: En estas tres cajas de texto se ha de incluir tres etiquetas que definan el contenido del blog. En el caso del ejemplo podrían ser Blogger, crear blogs, guía Blogger
- **Language**: En el menú desplegable se ha de seleccionar Spanish.
- **Description**: Se ha de añadir una breve descripción del blog y su contenido, para ayudar a comprender su temática sin necesidad de acceder a él.
- **Your Email**: En esta casilla escribiremos la dirección de correo electrónico, que será utilizada para ponerse en contacto con el propietario del blog y confirmar que realmente le pertenece.

Una vez todas las casillas complementadas, se ha de hacer clic en el botón **Next**, situado en la parte inferior de la página para continuar.

El sistema enviará un correo electrónico a la cuenta registrada, para activar la cuenta. Basta con ir a la bandeja de entrada y seguir en el enlace que se muestra en el correo recibido para hacerla.

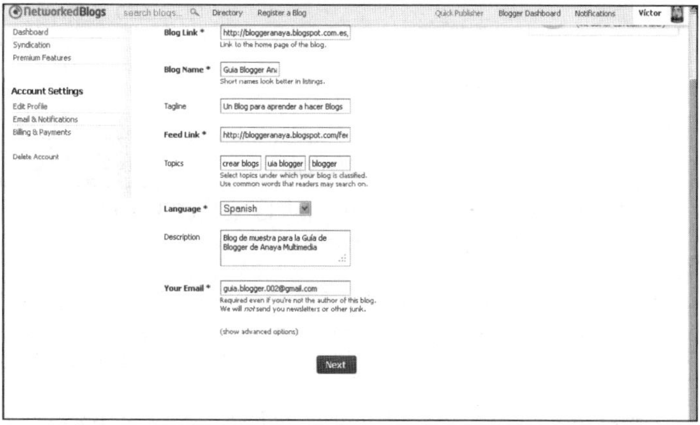

Figura 13.11. Detalle de la página de registro del blog en Networked Blogs.

La siguiente página pregunta si realmente el usuario es el propietario del blog, a lo que se deberá contestar haciendo clic en el botón **Yes**.

La página siguiente informa que se debe confirmar, y ofrece dos posibilidades. Una es hacerlo preguntando a amigos de Facebook, y otra, instalando un código en el blog, que permitirá al sistema rastrearlo y comprobar que, efectivamente, se tiene acceso al menú de diseño y gestión del blog.

Es más cómodo utilizar esta segunda manera de autentificación, para evitar molestias a los amigos de Facebook y, además, es más rápida, ya que no requiere que estos hagan ninguna acción. Así pues, se ha de hacer clic en la segunda opción, Install the widget.

La página ofrece dos tipos de *widgets*, con una estética diferente. Se puede elegir el que más convenga con el estilo del blog. De todas maneras, una vez confirmada la propiedad del blog, se puede eliminar, así que no pasa nada si no gusta ninguna de las dos posibilidades.

Figura 13.12. Códigos del widget de Networdked Blogs para añadir al blog.

Una vez copiado, mediante la combinación de teclas **Ctrl-C** o haciendo clic en el botón derecho del ratón y seleccionando la opción Copiar del menú, se ha de acceder al blog, haciendo clic después en el menú Diseño.

Igual que se han añadido otros *gadgets*, se ha de hacer clic en **Añadir Gadget**, y seleccionar de la ventana que se abre, HTML/Javascript. En el cuadro de texto, se ha de pegar el código que se ha copiado de la página de Networked Blogs, con la combinación de teclas **Ctrl-V** o haciendo clic en el botón derecho del ratón y seleccionando la opción **Pegar**.

Después, se puede mover la casilla con el código a un lugar adecuado de la barra lateral, haciendo clic sobre ella y arrastrándola al lugar elegido. En este caso, su lugar sería en la parte inferior de la misma, ya que se trata de un elemento de terceros y es solo para confirmar la propiedad del blog.

Si se dejara, mostrará los seguidores que existen y que han accedido al blog a través de la aplicación, lo que podría ser otra manera de promocionar el blog a los visitantes, haciéndoles saber que también lo pueden seguir a través de ella, si disponen de una cuenta.

Una vez el código insertado en el blog, se ha de volver a la pestaña donde se mantiene abierta la aplicación y se ha de hacer clic en el botón **Verify Now**. El sistema puede leer ahora el blog y confirmar que se ha instalado correctamente.

En la parte inferior de la página aparecerá un mensaje confirmando que todo se ha registrado correctamente y se puede continuar.

En la misma página, hay una columna lateral en el lado izquierdo con varias opciones. Una de ellas es Syndication.

Esta es la que permitirá que las entradas del blog se enlacen automáticamente con la cuenta de Facebook, y no se tenga que hacer manualmente.

Primero, la aplicación solicita un permiso para enlazar el blog con la cuenta de Facebook.

Figura 13.13. Página de solicitud de permiso para enlazar el blog con la cuenta de Facebook.

Al hacer clic en el botón, una ventana explica que la aplicación necesita ciertos permisos en Facebook, especialmente para poder realizar las publicaciones con los enlaces al blog.

Si se está de acuerdo, se aceptará y se abrirá una página en la que pide el nombre del blog que se quiere enlazar, en el caso de tener varios.

También solicitará, en el segundo apartado, una cuenta de Facebook donde publicar esos enlaces, así que se debe hacer clic en el botón correspondiente (véase figura 13.14).

En la ventana que se abrirá, se elegirá la cuenta principal del usuario, de manera que será ésta la que reciba las actualizaciones.

En el caso de tener una cuenta de Twitter, también se puede enlazar desde esta aplicación, haciendo clic en el botón correspondiente y permitiendo a la aplicación acceder a ella.

Figura 13.14. Autorización del usuario para que Networked Blogs actualice la cuenta con las entradas del blog en Facebook.

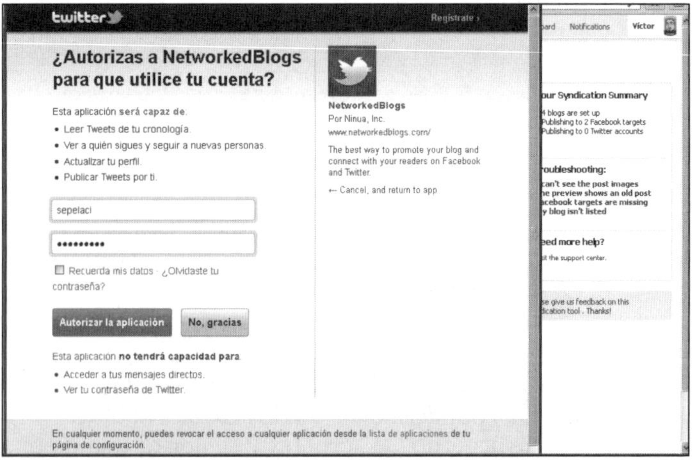

Figura 13.15. Autorización para actualizar la cuenta de Twitter con las nuevas entradas del blog.

Finalmente, la aplicación confirma que se ha publicado la última entrada del blog y que continuará haciéndolo a medida que aparezcan más artículos en él.

13.2.6. Suscripción por mail

Los visitantes del blog pueden estar informados de las diferentes actualizaciones que se realicen a través de un correo electrónico.

Para ello, se ha de habilitar un *gadget* que active ese proceso, y que se puede encontrar en el menú Diseño.

En la ventana de selección de *gadgets* se ha de buscar **Seguir por correo electrónico**, y seleccionarlo.

Figura 13.16. Gadget de suscripción por Correo Electrónico.

Al acceder al *gadget*, se puede modificar el título del mismo para que se muestre en la barra lateral del blog con una referencia que pueda ayudar al visitante a identificar su utilidad. En el caso del ejemplo, se ha puesto como título **Mantente informado de las actualizaciones** y debajo de él aparece la dirección URL del *feed*, que permite compartir el contenido de las entradas con los lectores de *feeds* y adjuntar parte del texto o todo al correo electrónico que se envía a los suscriptores, según la opción que se haya elegido en el apartado correspondiente, tal y como se vio en el capítulo en que se habló de la configuración del blog.

Aparecerá en la barra lateral del blog, y permitirá que los usuarios que lo deseen introduzcan su dirección de correo electrónico y puedan recibir en su bandeja de entrada todas las actualizaciones.

13.2.7. Suscripción por RSS.

También se pueden suscribir al RSS, a través de un lector de *feeds*, que les permitirá tener en el mismo las actualizaciones, bien de forma completa o de forma parcial, dependiendo de lo elegido.

El *gadget* se llama **Enlaces de suscripción** y se puede seleccionar de la misma manera que el anterior.

Figura 13.17. *Gadget* de suscripción a través de los *feeds* del blog.

13.2.8. Foros y otras redes sociales

Aunque parece que todo se limita a estas grandes redes sociales y métodos para compartir los contenidos, Internet está llena de foros y redes sociales que pueden resultar interesantes para promocionar los contenidos del blog.

Una búsqueda con Google acerca de la temática del blog puede ofrecer nuevos escaparates en los que no se había pensado como canal de promoción de los artículos que se publican en él.

Es interesante conocerlos y participar en ellos, de manera que se pueda interactuar con sus usuarios y compartir la información relevante que surge del blog.

Como en el resto de redes sociales, hay que recordar que solo se hace caso a los usuarios que aportan contenido de calidad, y los que se limitan a compartir las entradas del blog propio y a hacerse autopublicidad no se les hace ningún caso.

Aquí, como en el resto de los lugares de Internet donde se participe, se premia la originalidad y la calidad de cada intervención.

13.2.9. Menéame.net y Bitácoras.com

En estos momentos en los que existen tantos blogs y lugares de interés, probablemente no basta con posicionar la bitácora en los buscadores y compartirlo en las redes sociales habituales. También existen servicios que permiten a los usuarios subir las direcciones URL de las entradas que más les han gustado y compartirlas con el resto de usuarios. Después, a través de un sistema de votos esa noticia alcanza relevancia y puede llegar a situarse en la portada de la web.

Los dos principales servicios que existen son Menéame y Bitácoras.com, aunque existen varios más.

13.2.9.1. Menéame.net

Esta es, probablemente, la mayor web de este tipo que existe en España, y registra miles de visitas al cabo del día. Los usuarios comparten los artículos que han encontrado por los diferentes blogs o páginas web y que les han gustado y los proponen para que sean aceptados por la comunidad del sitio y reciban los suficientes votos para ser elevados a la portada.

Figura 13.18. Página principal de Menéame, con los artículos seleccionados por los usuarios para ocupar la portada.

La comunidad de Menéame puede hacer que una noticia suba hasta la portada, pero también que desaparezca en pocos minutos y no pueda ser votada. Esto se consigue mediante los votos al artículos o dejando votos negativos. Cuando lleva cierta cantidad de éstos, el enlace es retirado y ya no es visible.

Es normal que los primeros enlaces que se añadan sean rechazados por una comunidad que lleva tiempo y tiene sus gustos muy definidos. Solo los temas que se estiman muy relevantes pasan el corte y comienzan a subir como la espuma.

Para acceder, se puede entrar con la identidad de cualquiera de las tres grandes redes sociales, Facebook, Twitter o Google +.

El sistema de Menéame pedirá confirmación para acceder a la cuenta y con ella se puede comenzar a navegar por entre los distintos artículos presentados en la pestaña Portada o en los que se acaban de subir en Pendientes.

No es aconsejable comenzar a subir enlaces al blog propio, ya que se puede considerar publicidad no deseada o *spam* y los usuarios pueden comenzar a votar negativamente en cada una de ellas, restando karma al usuario.

El karma es el sistema de puntuación que permite al usuario a interactuar con el resto de integrantes de la comunidad. Si no hay suficiente karma, no se pueden enlazar noticias, porque se entiende que los últimos enlaces no han tenido suficiente relevancia y el resto de personas que participan activamente no quieren leer más cosas similares.

No hay problema, porque votando enlaces y participando vuelve a subir esta puntuación y se recupera la capacidad de publicar nuevos enlaces.

Es el momento de subir temas interesantes y si se quiere, enlazar con algún artículo del blog, que tenga suficiente interés y que pueda ser relevante para el resto de usuarios. Si lo es, se situará en posiciones más altas y será leído por más gente, permitiendo que se conozca y que alguno de esos lectores lo visite regularmente para compartir nuevos artículos.

Una pega: los artículos que mejor funcionan están relacionados con la política, y con cierta tendencia a romper con el orden establecido.

13.2.9.2. Bitácoras.com

Este servicio es similar al de Menéame.net, pero presenta varias diferencias. Para comenzar, en este sí se pueden dar de alta los blogs que edite el usuario, y presentarlos al resto de miembros de la comunidad.

Al igual que muchos otros servicios, para acceder basta con enlazar la cuenta de Facebook o Twitter con Bitácoras.com a través del botón que hay en la página de acceso.

Una vez activada la cuenta, se puede comenzar a introducir los datos del blog, para que se vaya actualizando a medida que se publiquen entradas en el mismo.

En Bitácoras.com se puede participar en la comunidad votando los artículos propuestos, siguiendo los blogs de otros miembros y comentando las entradas propuestas por otros usuarios.

En la parte superior derecha de la página se encuentra el nombre del usuario, que al entrar a través de Facebook, será el mismo que en la red social.

Figura 13.19. Portada de Bitácoras con los artículos más votados por los usuarios.

Junto al avatar o imagen de la cuenta, hay una pequeña flecha que despliega un menú en el que se buscará la opción Configurar mi cuenta.

En la página que se abre aparecen los datos personales, pero también una columna lateral en el lado derecho que contiene varias opciones. La que se debe seleccionar es Añade nuevas bitácoras.

Figura 13.20. Detalle de la página Configurar mi Cuenta en la que se puede encontrar la opción Añade nuevas bitácoras.

Una vez en la página, se puede añadir la dirección URL del blog para que el sistema lo añada automáticamente. La confirmación no llegará hasta que los responsables de la web lo autoricen, un trámite que puede durar unas horas o unos días, dependiendo del volumen de solicitudes registradas.

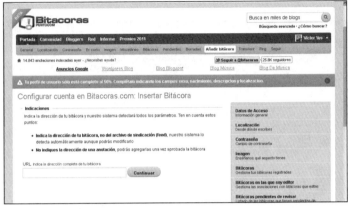

Figura 13.21. Página de registro del blog en Bitácoras.com

Una vez aprobado el blog, es aconsejable visitar y participar activamente en la comunidad para hacer destacar la bitácora y sobre todo, descubrir nuevos blogs y disfrutar con sus contenidos.

Para subir las entradas manualmente, se ha de acceder a la cuenta y buscar en la barra superior la opción **Bloggers** y en el menú que se despliega, **Ping**. Esta opción se utilizará para actualizar la cuenta y las entradas publicadas en la web para que sean votadas por los usuarios.

Figura 13.22. Acceso a la zona de publicación de Bitácoras.com

En ésta, se ha de elegir la bitácora que se quiere actualizar en la web, y en unos segundos, subirá los artículos publicados desde la última ocasión en que se realizó la operación. Entonces, los seguidores que se tengan y le resto de integrantes de la comunidad podrán comenzar a votar las entradas.

Figura 13.23. Lista de blogs registrados en Bitácoras.com por un usuario.

Complementos para el blog

14.1. ¿Por qué insertar más complementos en el blog?

Los pasos seguidos en esta guía han intentado iniciar el camino de creación y edición de un blog en la herramienta Blogger, una de las más sencillas e intuitivas que se pueden encontrar en Internet.

El autor espera que estas indicaciones sirvan para que el lector se motive a crear, experimentar y conocer más profundamente el mundo de los blogs y que descubra por sí mismo las muchas posibilidades, combinaciones y funcionalidades que van parejas a la creación de una bitácora personal.

Para aumentar la funcionalidad de los blogs, hacer más intensa la experiencia de los visitantes del mismo, o simplemente, dotarlos de más *gadgets* que resulten divertidos y útiles, muchos desarrolladores han creado complementos destinados a los usuarios de Blogger que consiguen todos esos objetivos, y alguno más.

En el presente capítulo se va a repasar algunos de ellos, para ofrecer una visión más amplia de todo lo que se puede encontrar para añadir a la bitácora.

14.1.1. Speak Pipe

Se trata de una aplicación que permite a los visitantes del blog dejar un mensaje de audio a modo de comentario. De esta manera se dinamiza un poco más la comunicación entre el editor y el lector, que puede no solo dejar por escrito su participación en el blog, sino que también puede hacerla sonora.

Es un complemento ideal si se dispone de un *podcast* y se quiere que los oyentes participen. No es necesario que el visitante del blog tenga que grabarse y editarse el audio, sino que la aplicación lo hace todo automáticamente. El usuario solo tendrá que disponer de un micrófono para grabar su mensaje.

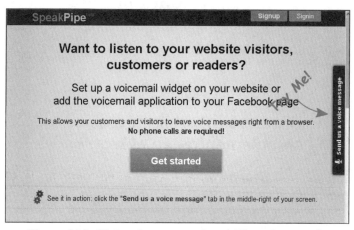

Figura 14.1. Página de acceso a Speak Pipe, el accesorio para dejar comentarios de audio en el blog.

Tras acceder a la URL: http://www.speakpipe.com, se ha de hacer clic en el botón **Get started**, que comenzará el proceso de registro para obtener la aplicación y poder añadirla al blog.

La página a la que se accede solicita una dirección de correo electrónico y una contraseña. En inglés, anuncia que el servicio es gratuito mientras está en fase beta, es decir, en pruebas, y que una vez se confirme definitivamente tendrá una opción gratuita y otra de pago. Obviamente, se utilizará la gratuita a no ser que se deseen nuevas funcionalidades.

El sistema enviará un mensaje a la dirección facilitada, en el que habrá un enlace para activar la cuenta, como ocurre en todos los servicios de Internet. Haciendo clic sobre él o copiándolo y pegándolo en la barra de direcciones se accederá a una página que solicita el servidor de blogs que se utiliza. En este caso se elegirá Blogger.

La siguiente página muestra como insertar el complemento en el blog. En el punto 2 está el botón para insertarlo en el mismo, por lo que se ha de hacer clic en él.

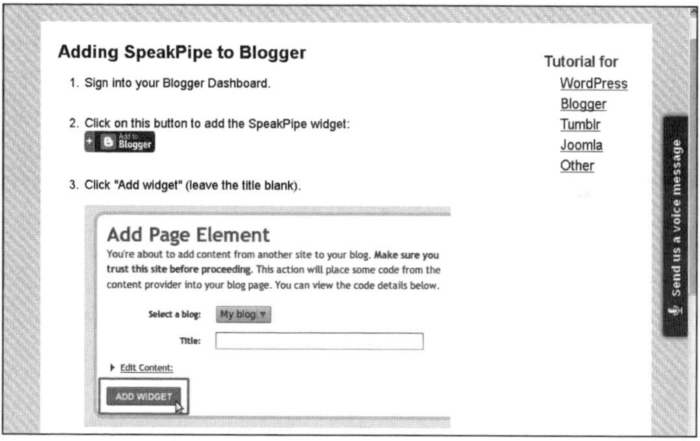

Figura 14.2. Página de Speak Pipe para incluir
el complemento en el blog.

Con la sesión en Blogger iniciada, se puede comprobar que ésta deriva a una página de Blogger donde se muestra el nombre del blog (o nombres, si se dispone de más de uno) y se ha de seleccionar. También se puede poner un título a la aplicación para facilitar a los visitantes la identificación del *gadget* y su uso.

A diferencia de otras aplicaciones, ésta se instalará automáticamente, haciendo clic en el botón **Añadir artilugio.**

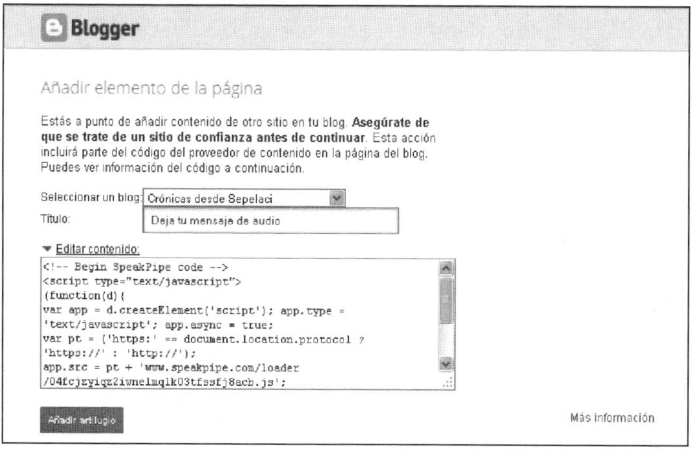

Figura 14.3. Página de Blogger para insertar Speak Pipe en el blog.

En el lado derecho del blog se podrá ver la aplicación, a la que se accede haciendo clic sobre ella. Se abrirá una ventana invitando a grabar el comentario, y tras hacerlo, se enviará al correo electrónico del editor, para que la escuche.

14.1.2. El pajarito de Twitter volando por el blog

Nadie ha dicho que los complementos del blog hayan de ser necesariamente útiles o prácticos. También pueden ser divertidos.

Los enlaces a redes sociales se pueden añadir en varios lugares del blog, pero esta aplicación puede hacer que se conviertan en algo sorprendente y que llame la atención a los visitantes.

El enlace a la cuenta de Twitter puede convertirse en un pájaro que vuele por la página del blog, y se pare sobre el texto. No molesta, ya que se detiene solo unos segundos y si se mueve el *scroll*, se cambia de lugar.

Para acceder a la cuenta de Twitter, simplemente hay que hacer clic sobre él y se abrirá la página de la cuenta. Es un código que se encuentra en muchos blogs, que lo ofrecen de manera desinteresada y que es muy sencillo de obtener.

Por ejemplo, se puede obtener desde el blog Todo para tu blog, al que se accede desde la dirección URL: `http://todoparatublog.masalladelogos.com`, en el que se puede encontrar ésta y otras aplicaciones y complementos para Blogger. Simplemente se ha de escribir **Pájaro de Twitter volando por el blog** en la caja de búsqueda del blog, situada en el lado superior derecho.

Se trata de un código HTML, que se ha de copiar con la combinación de teclar **Ctrl-C** o con el botón derecho del ratón y pegarlo en uno de los cuadros de HTML que se pueden crear en el menú Diseño.

No importa el lugar donde se sitúe este complemento, ya que vuela por toda la página y se detiene aleatoriamente en varios puntos de la misma.

Pero para que conecte con la cuenta de la que dispone el usuario, se han de realizar algunas modificaciones en el código.

Para hacerlo, solo hay que acceder a la cuenta pública de Twitter, copiar la dirección URL y sustituirla por la que aparece por defecto.

De esa manera, se tendrá al pájaro del célebre servicio de *microblogging* invitando de manera simpática a los visitantes a acceder a la información que se comparte en la cuenta relacionada.

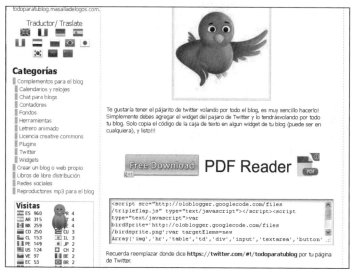

Figura 14.4. Detalle de la parte del código que se ha de modificar para añadir la dirección de la página de Twitter del editor del blog donde se inserte este complemento.

Figura 14.5. Imagen de un blog que ofrece el código del complemento con el pájaro de Twitter volando.

14.1.3. El tiempo en el blog

Una de las utilidades más comunes en los blogs, sobre todo en los personales, que cuentan cosas cercanas al editor, es un *gadget* que muestre el tiempo de su zona. Los complementos que existen para mostrar esto no se limitan a ofrecer la información de un lugar en concreto, sino que tienen en sus bases de datos la información de cualquier parte del mundo.

Uno de los lugares donde obtener una aplicación de este tipo es `http://eltiempo.es/widget/`, que permite acceder a una página donde configurarla e insertarla en el blog.

Figura 14.6. Página de El Tiempo.es para configurar la aplicación para obtener información sobre el tiempo.

La configuración se divide en cuatro apartados, que centran la información que se quiere ofrecer.

- **Selecciona ciudad y formato:** En este primer apartado se configura la provincia, la ciudad y el idioma. También el formato del *gadget*, que puede ser Mini, Delgado, Normal, Ancho, Alto o Completo.

- **Cambia el contenido:** La primera opción selecciona la cantidad de días que se muestran en la caja del *gadget*. También se pueden añadir distintos valores para dar más información al visitante. Se puede seleccionar también el formato de la temperatura registrada, en grados Centígrados o Fahrenheit.

- **Añade tu estilo**: Permite modificar anchura y altura del *gadget*, así como el color y el tipo de letra que utiliza.

  Finalmente, se han de aceptar las condiciones de uso y hacer clic en el botón **Generar código**.

  Después de copiarlo, se ha de abrir el menú de Diseño del blog, crear un espacio de HTML y pegar en él el código. Al hacer clic en **Guardar**, se activará el complemento, y después se puede arrastrar hasta el lugar en que se quiere situar.

14.1.4. Mapa de visitantes

En el blog de ejemplo que se ha ido creando para mostrar los distintos pasos de estas guías, ya se ha insertado una aplicación para controlar el tráfico de visitantes y se ha realizado una aproximación a Google Analytics, pero hay otra manera de mostrar este tráfico, más original y más divertida para los visitantes.

Se trata de colocar un mapa, en el que unas chinchetas señalan desde dónde acceden los lectores del blog.

Uno de ellos es el mapa de Clustr.com, que es muy sencillo de instalar y cuyo código se consigue muy fácilmente.

Tras acceder a la página a través de la URL: `http://www.clustrmaps.com`, en la que se solicita la dirección del blog y un correo electrónico, que el sistema chequea para comprobar si es auténtico y no se trata de una petición falsa.

Una vez confirmado, envía un mensaje hasta la misma, para confirmar la cuenta y generar el código para crear el mapa.

En el mismo mensaje viene insertada una contraseña, que se utilizará para acceder al menú de edición y gestión de la aplicación. Al volver a la página de Clustr, se ha de hacer clic en el botón **Continuar**, y escribir esa contraseña en el lugar correspondiente.

El código aparece en la parte inferior de la página, y para instalarla se ha de repetir el mismo procedimiento que en los casos anteriores.

Figura 14.7. Imagen del mapa de Clustr insertado en la barra lateral del blog.

Esta aplicación se puede utilizar también para controlar el tráfico del blog, al igual que las demás. No son incompatibles entre sí, aunque se puede observar que hay cierta diferencia entre los datos ofrecidos por cada una de ellas y las estadísticas propias del blog.

Esto se debe a la diferencia de métodos de medición que utiliza cada uno de los sistemas, y que cada programador guarda celosamente.

Existen miles de aplicaciones más, que se pueden encontrar en los distintos blogs y webs de los desarrolladores o de bloggers que las utilizan. Es aconsejable visitar muchos blogs, conocer qué aplicaciones utilizan, cómo lo hacen y para qué sirven.

Esto ayudará a conocer muchas más, que aparecen diariamente y pueden resultar interesantes para el blog que se está construyendo.

14.1.5. Paperblog

Una norma básica para captar la atención de los visitantes potenciales es que, en cuantos más lugares aparezca el blog y su contenido, mucho mejor. Si hay más lugares de exposición, es más fácil que un lector interesado en el tema que se trata en él lo localice y quiera saber más.

Paperblog es una revista de blogs, donde se actualizan todos los artículos que se van generando y se ofrecen a los lectores en un mismo lugar, para que no tengan que buscar de manera independientemente cada uno de ellos.

Figura 14.8. Portada de Paperblog, con algunos de los temas destacados de la sección Creaciones.

Los *posts* de los distintos blogs se organizan por temas, y en cada uno de estos van apareciendo por orden de actualización. Los más relevantes van quedando en los puestos superiores, mientras que los que menos se visitan van perdiendo posiciones y quedando relegados a puestos más abajo.

Para registrarse se puede introducir un nombre de usuario y contraseña, o hacerlo a través de la cuenta en Facebook. Este sistema ayuda a no tener que utilizar un usuario distinto en cada servicio que se utilice y es una norma que se está aplicando en casi todos los servicios existentes, para facilitar el acceso rápido a las distintas aplicaciones.

Para crear la cuenta, se ha de hacer clic en la opción **¿Aún no eres miembro?**, que se encuentra en el lado derecho, debajo del banner con las distintas temáticas de los blogs. Al hacerlo, se abre la página de registro, en la que se han de introducir los datos. Solo hará falta una dirección de correo electrónico, un nombre de usuario, la fecha de nacimiento y activar la casilla de verificación para aceptar las condiciones de uso.

Las otras dos son opciones destinadas al tema publicitario, así que no es necesario seleccionarlas, si no se quiere disfrutar de las ofertas que se ofrecen en ellas.

Una vez confirmada la cuenta a través del correo electrónico, ya se puede comenzar a trabajar con el blog y darlo de alta para que se integre en el sistema.

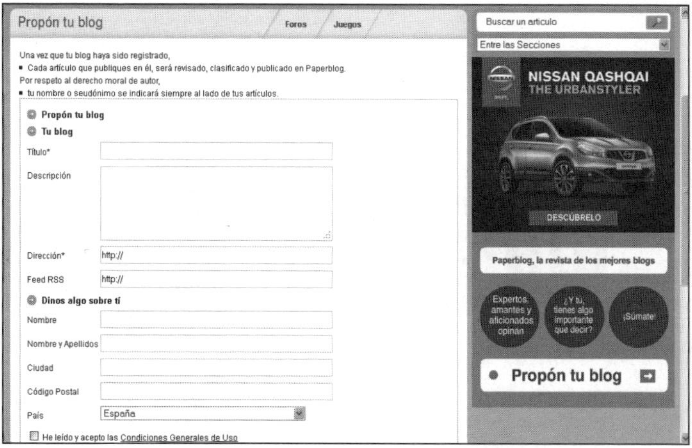

Figura 14.9. Página de introducción de los datos del blog para que se integre en el sistema de Paperblog.

En esta página se incluyen todos los datos referentes al blog.

- **Título del blog**.
- **Descripción**: En pocas palabras, se han de dar algunas claves de los temas que trata el blog, de cara a registrarlo en su categoría correspondiente en Paperblog.

- **Dirección**: Se ha de poner la dirección real del blog, aunque se disponga de una dirección personalizada comprada. De esta manera, enlazará directamente con la dirección del blog en Blogger y se evitarán problemas de redireccionamiento.
- **Feed del RSS**: Es el *feed*, a través del que se publican las actualizaciones de manera automática en Paperblog y en cualquier otro servicio de suscripción.

Debajo de los datos del blog se han de añadir algunos de carácter personal, como el nombre, la ciudad, el código postal de la misma, y el país desde donde se edita el blog.

En unos días, se recibirá la confirmación de aceptación del blog y comenzará a recopilarse junto a los otros que ya han sido dados de alta.

Una vez comiencen a visualizarse los artículos en Paperblog, se puede visitar el perfil y ver las estadísticas del blog, tanto a nivel general como deteniéndose en cada una de las entradas ya publicadas, para comprobar la efectividad de la difusión.

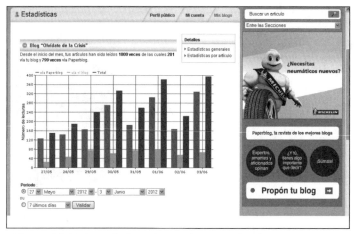

Figura 14.10. Estadísticas de un blog con difusión en Paperblog.

14.1.6. Imágenes con Picasa

Aunque normalmente la aplicación para compartir fotografías e imágenes más importante en estos momentos es Flickr, Google tiene un servicio similar para compartirlas. Se trata de Picasa, y como se ha comentado en su momento, es el servicio que utiliza Blogger para almacenar las imágenes que se publican en sus blogs.

Figura 14.11. Imagen de la página principal de Picasa, el servicio para compartir imágenes de Google.

Como es un servicio de Google, la misma cuenta que se ha abierto al principio para crear el correo electrónico de Gmail ya asegura el registro en la aplicación. Y eso es algo a tener en cuenta, ya que cualquier cosa que facilite la incorporación de complementos y funcionalidades al blog abierto en Blogger, siempre es bien recibido.

Para subir imágenes a Picasa, se ha de hacer clic en el botón **Subir**, y se abrirá la página correspondiente a este servicio (véase figura 4.12).

Al hacer clic en el botón **Seleccionar fotos de tu equipo**, se abrirá una ventana con las carpetas donde se tienen almacenadas las imágenes. Navegando por ella, se seleccionarán las imágenes que se quieren subir a Picasa y el sistema comenzará a hacerlo (véase figura 4.13).

En esta página también se puede crear un álbum, que contenga todas las imágenes que se suban y de esa manera, poder llevarlas hasta el blog, de manera que aparezcan en la barra lateral del mismo, mostrando todas las imágenes a los visitantes del blog.

Picasa permite, al igual que otros servicios similares, editar la imagen, volteándola si es preciso, añadiendo un título y también modificando otros valores como el zoom, la claridad,

269

recortándola si es necesario, etcétera, en su menú de edición (véase figura 4.14).

Figura 14.12. Página de subida de imágenes en Picasa.

Figura 14.13. Proceso de subida de imágenes a Picasa de una imagen seleccionada desde el disco duro del ordenador.

Una vez el álbum creado, éste se puede compartir en el blog, mediante la incorporación de un código HTML. Para ello, se accede al álbum recién creado, y se ha de dar permiso para que sea compartido. En caso contrario, no se podrá compartir y quedará únicamente para ser visionado o editado por el propietario de la cuenta.

Figura 14.14. Menú de edición de la imagen en Picasa.

Para hacer esto, se ha de buscar en la barra lateral derecha el nombre del álbum, con su correspondiente miniatura, donde se puede ver también la descripción del mismo y el nivel de privacidad que se le ha otorgado al crearlo.

Para compartirlo, se ha de hacer clic en la opción Editar que se encuentra en este apartado, y se abrirá una ventana para editar todos estos datos. Entre ellos, la Visibilidad, en la parte inferior de la ventana.

Se ha de seleccionar la opción Público en la Web, permitiendo que se pueda compartir con quien se desee hacerlo.

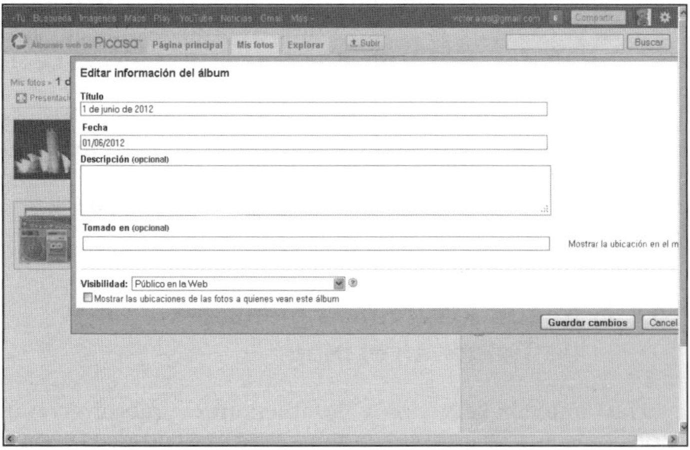

Figura 14.15. Configuración de la Visibilidad del álbum de Picasa.

Una vez con los permisos activos, en la barra lateral aparecerá la opción Enlazar a este álbum. Al hacer clic en ella, se desplegará la ventana donde se muestra el enlace para ver desde la propia página de Picasa las imágenes, para enviar a través de un correo electrónico, y el código HTML para insertarlo en el blog.

Figura 14.16. Opción Enlazar a este álbum en la barra lateral de Picasa.

Una vez copiado, se ha de abrir el menú Diseño del blog y Anadir un Gadget, en este caso, para incluir el código HTML/Java, tal y como se ha hecho con complementos anteriores. Se pega el código y el blog tendrá, en el lugar que se haya seleccionado de la barra lateral, el pase de diapositivas de las imágenes almacenadas en este álbum de Picasa.

También se puede insertar en una entrada del blog, de manera que este complemento aparecería como un complemento del artículo correspondiente, como una imagen normal, o un vídeo, pegando el código en la caja de edición de la entrada.

14.1.7. Añadir los últimos mensajes de Twitter en el blog

Hay muchos servicios y complementos que ofrecen el servicio de añadir las últimas actualizaciones desde la cuenta de Twitter en el blog, pero en el propio servicio de *gadgets* de

Blogger se puede encontrar la aplicación Twitter Updates, que permite, precisamente esta función.

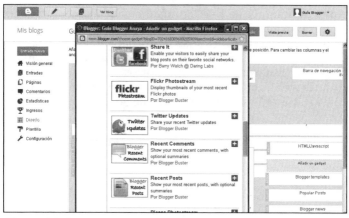

Figura 14.17. Imagen del gadget de Twitter Updates en la sección Destacados de Blogger.

Para activarlo, solo hay que seleccionarlo y se abrirá la ventana de configuración del mismo. Se ha de añadir un título, si no que se quiere dejar el que aparece por defecto, el tamaño del *gadget*, que por defecto aparece con 200 píxeles, el nombre de usuario del servicio y la cantidad de tuits que aparecerán en el cuadro que se instalará en la barra lateral, en el lugar elegido.

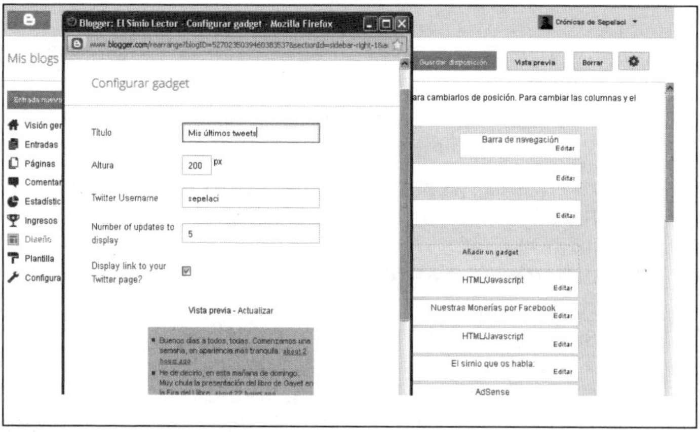

Figura 14.18. El gadget de Twitter Update configurado para recibir los últimos tuits actualizados en el blog.

14.1.8. Añadir un chat al blog

Además de compartir imágenes, vídeos y audios, en los blogs de Blogger se pueden añadir chats, para aumentar la comunicación con los visitantes habituales del blog. Últimamente, esta función se ha trasladado a las redes sociales, pero todavía es una función que se utiliza bastante en blogs con visitas de lectores periódicos.

En la web http://www.cbox.ws, se puede encontrar uno de ellos, bastante sencillo, para instalarse en el blog.

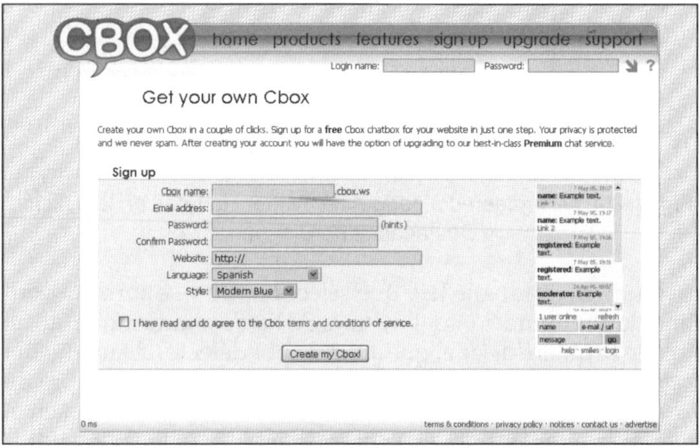

Figura 14.19. Registro en Cbox, proveedor de chats para blogs.

Primero se ha de proceder al registro, en la opción **sign up**, situada en la parte superior de la página principal. Se abrirá entonces la página de registro, que necesita varios datos para comenzar a crear la cuenta.

- **Cbox name**: Nombre de usuario para acceder a la cuenta. Tiene como terminación .cbox.ws, para poder utilizar el chat.
- **Email adress**: Se utiliza para activar la cuenta una vez dada de alta.
- **Password**: Aquí se pondrá la contraseña para acceder, que se tiene que repetir en la caja de debajo.
- **Website**: La dirección del blog donde se instalará el chat se ha de escribir en este apartado. Hay que recordar que se tiene que escribir la dirección de Blogger, no los posibles enlaces comprados que dirijan a esta dirección.

- **Language**: El menú desplegable permitirá localizar el idioma deseado, en este caso, **Spanish**.
- **Style**: Finalmente, este apartado contiene varios diseños del chat, para elegir el que mejor se acople al estilo de la plantilla del blog.

Después de leer las condiciones de uso, para finalizar la creación de la cuenta, se ha de hacer clic en la casilla de verificación de las mismas y hacer clic en el botón **Create my Cbox!**

Una vez activada la cuenta, a través del correo electrónico enviado a la dirección añadida en el momento del registro, se ha de acceder con los datos y se obtendrá el código necesario para insertarlo en el lugar de la barra lateral del blog en que se desee.

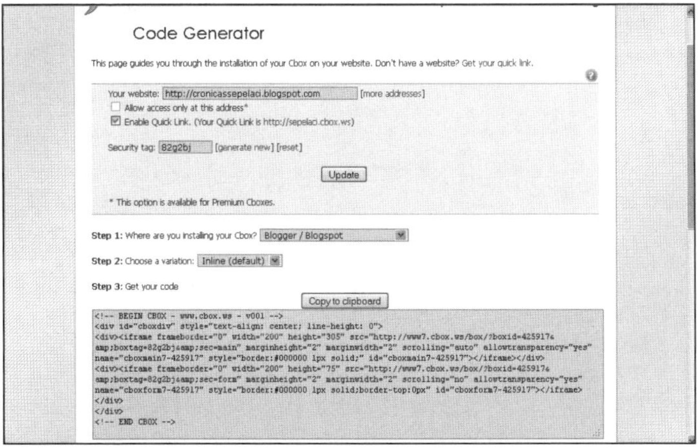

Figura 14.20. Imagen de la pantalla de generación del código para insertar el chat en el blog de Blogger.

Existen cientos de aplicaciones que se pueden añadir en el blog, y éstas son solo una muestra de lo que puede utilizarse para dotar a la nueva bitácora de Blogger, de elementos que puedan hacer que la visita del lector sea más intensa. Te invito a que busques más en Internet, para hacer de tu blog de Blogger un lugar único y especial para tus visitantes.

Publicar artículos de calidad

15.1. Elegir un tema para el blog

Ya se ha hablado en el capítulo correspondiente a la creación de artículos sobre lo importante que es escribir correctamente y enfocar cada uno de los *posts* o artículos del blog hacia los lectores objetivos del mismo.

Un blog es un espacio personal, en el que el editor tiene completa libertad para publicar todo lo que crea conveniente, sin más limitación que sus propios intereses. Pero también hay que tener en cuenta que cuando se crea un blog es para que alguien lo lea, así que ha de ser agradable para esas personas a las que va dirigido cada uno los artículos.

Los anteriores capítulos se han centrado en los aspectos técnicos de la creación de los distintos aspectos del blog, pero nos podemos detener también en otras consideraciones, que no suelen aparecer en los manuales de este tipo.

¿Sobre qué se va hablar en el blog? ¿Conviene hacer uno personal, destinado a servir de válvula de escape de los problemas diarios? ¿Mejor dedicarlo a esa afición que se tiene y que se desea compartir con el resto del mundo?

Una pista. No hay un límite de blogs que puede gestionar un mismo editor. Incluso, alguno de esos blogs temáticos pueden ser editados por varias personas, todas relacionadas con el tema del que se habla en el mismo.

Un blog dedicado a una temática personal no es igual en su forma que uno pensado para compartir aficiones. El primero es mucho más informal, y se debe enfocar como un lugar donde compartir experiencias y pensamientos, reflexiones más o menos intensas, pero dentro de un ámbito más reducido.

La redacción de artículos en este tipo de bitácoras tiende a tener un estilo de redacción más elaborado que en el otro caso.

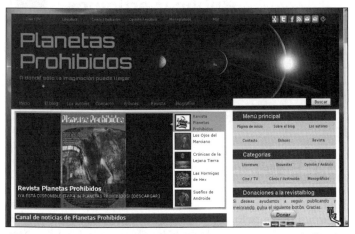

Figura 15.1. Ejemplo de un blog temático, en este caso dedicado a la ciencia ficción en todas sus vertientes.

Un blog dedicado al cine, a los coches o al mundo ciclista, por ejemplo, suele ser más abierto y con otro tipo de redacción, más dinámica y con ánimo de ser compartida con lectores con los mismos intereses.

Se ha de tener en cuenta, porque del estilo de blog depende el número de visitas de calidad (es decir, las que dedican tiempo a la lectura de los *posts* y vuelven de manera frecuente) y el número de usuarios que comparten los contenidos.

Al contener unos artículos más específicos, y necesariamente publicados con una cadencia más seguida, los artículos se pueden perder en la *home* con mucha facilidad. Puede ser que un visitante que acuda a la página principal de manera habitual se pierda algún *post*, incluso publicado en el mismo día.

Se ha de buscar una posición en los buscadores, para indicar a los aficionados a ese tema en concreto donde pueden encontrar información relevante sobre el mismo. Esto se consigue, entre otras formas, con varias actualizaciones diarias, de manera que exista una cadencia lo suficientemente regular como para comenzar a destacar entre otros lugares parecidos, con información similar.

En estos casos, en los que se quiere ofrecer un tipo de información más específica y que perdure más tiempo, es aconsejable buscar una plantilla compatible con Blogger que mantenga los últimos artículos visibles durante más tiempo en la página principal.

Como se ha visto en el capítulo correspondiente, es posible encontrar muchas plantillas, de muy diverso tipo y forma, en páginas como `http://btemplates.com`. Estas plantillas, que están confeccionadas por editores y diseñadores aficionados, pueden instalarse de manera muy sencilla en Blogger, a través del menú de plantillas y dotar de una nueva imagen, distinta a las propuestas por el propio sistema y de ese modo, con una mayor visibilidad y diferenciación con otras webs semejantes.

Un blog personal puede utilizarse no solo para transmitir reflexiones personales, sino que también puede ayudar a la hora de crear una marca personal, es decir, una reputación en Internet que viene dada por la influencia de los contenidos que se comparten con los visitantes del blog. En este tipo de bitácoras, no sería recomendable insertar publicidad, y centrarse en realizar artículos periódicos de calidad, definiendo los temas que se quiere compartir, aportando una información veraz, un estilo lo más correcto posible y enfocado a ganar relevancia.

Una utilización de este tipo de blogs podría ser para crear, por ejemplo, una especie de currículo profesional.

Si se tratan temas relacionados con el campo profesional, sea el que sea, un futuro empleador podrá conocer más sobre las capacidades del editor en ese campo.

En este caso, se ha de cuidar muy especialmente la inclusión de opiniones personales sobre algún tema que pueda hacer que el posible empleador valore la actitud del editor sobre temas que no tienen una relación directa con el puesto de trabajo para el que se está buscando un candidato y estropear las posibilidades de optar a él.

Se ha de tener en cuenta que actualmente los empleadores también buscan en Google referencias de los empleados en muchos trabajos y el blog y su contenido puede ayudar o perjudicar al editor.

Otra de las opciones que existen es crear un blog donde el editor pueda ofrecer sus servicios profesionales, en el campo del trabajo que realice.

Como se ha comentado anteriormente, es aconsejable tener una presencia activa en Internet, y estar presente en todos los lugares donde pueda surgir una oportunidad de trabajo, creando una marca y cierto prestigio en el mundo digital.

El editor que quiera presentar su trabajo en una página web tiene muchas opciones para hacerlo, y hay que recalcar que Blogger es una de ellas, sencilla, gratuita y de muy fácil utilización, como se ha podido comprobar a lo largo de la presente guía.

A la hora de afrontar el reto de convertir un blog en una tarjeta de presentación de una actividad profesional, se han de tener en cuenta algunas cuestiones, para acercar los contenidos de manera adecuada a los potenciales clientes.

Como en los dos casos anteriores, se ha de mantener un nivel de publicación constante, para que los lectores permanezcan fieles al blog y estén atentos a los nuevos artículos que se vayan publicando.

Realmente, no es necesario que la actividad profesional esté relacionada con el mundo de Internet, ya que los contenidos de los blogs pueden orientarse a cualquier tipo de tema.

También hay que valorar que sería aconsejable compaginar y completar la información que se ofrezca en el blog, a través de vídeos, imágenes y presentaciones varias, con su difusión en las redes sociales y las otras herramientas que hay a disposición de todos en la red.

Obviamente, el estilo de redacción también será distinto en este caso, en el que se ha de ofrecer información sobre los servicios a prestar, algún apunte sobre los realizados anteriormente y los datos de contacto con la empresa bien visibles.

En los tres casos, se ha de seguir la norma de ser claro, conciso y tratar el tema que se pretende compartir, sin buscar otros experimentos y tratando de llegar al público al que se pretende en cada uno de estos tipos de blog.

15.1.1. Cambiar la plantilla del blog

En otro capítulo se ha hablado acerca de modificar la plantilla del blog, utilizando las que ofrece el propio Blogger, y también se ha comentado la posibilidad de cambiar éstas por otras, descargadas de páginas web externas a Blogger.

Hay cientos de páginas que ofrecen estas plantillas, que en inglés se llaman *templates,* y que pueden dar una imagen distinta a la bitácora creada en Blogger.

Para instalarla, solo hay que visitar una de estas webs, por ejemplo `http://btemplates.com`, como se ha sugerido anteriormente, y recorrer las distintas páginas hasta encontrar una que se amolde a lo que se está buscando.

Igual que en las plantillas propias de la herramienta, pueden modificarse fácilmente, si bien es algo más complejo, al no tener la posibilidad de hacerlo desde el menú de **Personalizar**, como sí se puede hacer con aquellas.

Figura 15.2. Página web de Btemplates.com, donde se pueden ver algunas de las plantillas disponibles y una barra lateral a la derecha con los distintos tipos que hay en la web.

En la barra lateral de la página Btemplates.com hay una enumeración de los distintos tipos de plantillas que se pueden encontrar en la misma, para determinar los valores de la búsqueda a realizar.

- **Columns:** En este apartado se pueden buscar plantillas que tengan una, dos o hasta cuatro columnas. Dependiendo el diseño que se tenga en mente, puede resultar más adecuado uno u otro modelo.
- **Styles:** Si se busca un estilo concreto, se ha de buscar en este apartado, ya que restringe las plantillas al estilo seleccionado. Estos pueden ser:
  - **Adapted from Wordpress:** Son plantillas utilizadas en Wordpress, pero modificadas para poder ser utilizadas en Blogger sin que generen ningún tipo de problemas de compatibilidad.
  - **Premium:** Es un estilo algo más elegante y trabajado que el resto.
  - **Magazine:** Este grupo de plantillas da al blog un aspecto más profesional, de revista on-line.

- **Photolog:** Las plantillas de este apartado dan mayor importancia a las fotografías que al texto, al estilo de los hasta no hace tanto populares Photologs.
- **Elegant:** Aportan un poco más de diseño, elegante y con líneas más claras y sin diseños recargados.
- **Grunge:** Estas plantillas tienen un estilo de diseño más recargado y vistoso.
- **Fresh:** En este tipo, las plantillas tienen un aspecto más fresco, gracias a un diseño muy ligero y con colores vivos.
- **Web 2.0:** Las plantillas que se pueden encontrar aquí son bastante dinámicas y potencian la interacción del visitante con el editor.
- **Minimalist:** Es el estilo más sencillo de todos los que se pueden encontrar en esta web.
- **Rounded corners:** Incluye una selección de plantillas con diseño de esquinas redondeadas. Una manera más de organizar y distinguir los distintos diseños.
- **Gallery:** Las galerías o colecciones de imágenes, tienen preferencia sobre el texto en este grupo de plantillas.
- **Colors:** En esta sección se discriminan las plantillas con cualquiera de los colores predeterminados en la paleta que se muestra.
- **Sidebar:** Se pueden elegir las plantillas entre las que tienen la barra lateral en el lado derecho o en el lado izquierdo. No se restringe mucho la selección, pero puede ayudar a elegir lo que se busca, en relación a su situación.
- **Width:** En otro capítulo hemos visto que el valor *widht* significa la anchura del objeto a instalar en el blog, en este caso, la propia plantilla. Se puede elegir entre las plantillas que tienen la anchura variable (**Fluid**) o fija (**Fixed**).

Por último, hay otras maneras de seleccionar los distintos *templates*, con la opción de **Template Most...** que permite seleccionar los más descargados (**Downloads**), vistos (**Viewed**) y valorados (**Rated**).

Una vez seleccionada la plantilla que más conviene para el tipo de blog, se ha de seleccionar la opción **Demo**, para ver si es como se espera.

Una vez comprobado que es el tipo de plantilla que se estaba buscando, y que puede quedar bien con la temática y el diseño que se ha pensado, se puede descargar en el disco duro del ordenador para después copiar el código y pegarlo en la caja de edición de la plantilla de Blogger.

Figura 15.3. Previsualización de una de las plantillas
de Btemplates.com

Para hacerlo, se ha de hacer clic en el botón **Download**, que
se encuentra bajo la plantilla seleccionada, y aceptar la descarga
del archivo .rar o .zip que contiene el código HTML.

Una vez el archivo en el ordenador, se ha de abrir mediante
el programa para descomprimir que se tenga instalado, y seleccionar la carpeta con el nombre de la plantilla.

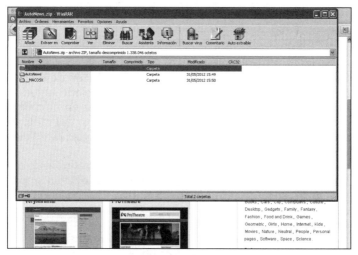

Figura 15.4. Programa Winrar abierto con los archivos
de la plantilla descomprimidos para instalarla en Blogger.

Una vez abierta la carpeta con el nombre de la plantilla, se ha de buscar el archivo con la terminación .xml y descomprimirlo en una carpeta creada en el ordenador, por ejemplo, en la carpeta **Mis Documentos**. Al abrirlo, aparece el código de la nueva plantilla, para utilizarlo en el blog.

Para llevarlo hasta el mismo, se ha de seleccionar todo el código, utilizando la opción **Seleccionar todo** del menú **Edición** y se copia con la opción **Copiar** o utilizando la combinación de teclas **Ctrl-C**.

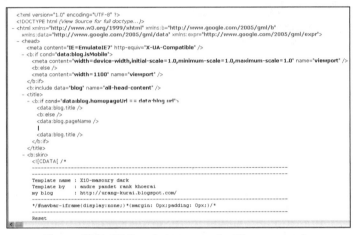

Figura 15.5. Código de la nueva plantilla, para copiar y añadir a Blogger.

Se ha de abrir la cuenta de Blogger para acceder al menú **Plantilla**, y desde allí hacer clic en el botón **Edición de HTML**. Se abrirá la ventana de la que ya hemos hablado anteriormente, y que avisa de que cualquier cambio en el código puede provocar cambios en el funcionamiento del blog. Al aceptar este aviso o advertencia, se abrirá la página de edición de la plantilla del blog.

Se ha de seleccionar todo el código existente y eliminarlo con la tecla **Supr**, de manera que se quede la caja de edición limpia, y después, se ha de pegar el nuevo código. Tras hacerlo, se ha de hacer clic sobre el botón **Guardar Plantilla**, y ya podremos ver la nueva plantilla instalada.

La plantilla se habrá instalado de forma estándar, y por lo tanto, se tendrán que realizar los cambios necesarios en el menú **Diseño** para ajustarla a las necesidades del blog.

Figura 15.6. Imagen del blog con la nueva plantilla instalada, a falta de organizar los elementos a través del menú Diseño.

Otra manera de instalar la plantilla, sin necesidad de hacer todo el trabajo de copiar y pegar, es subirla mediante el botón **Crear copia de seguridad/Restablecer**, situada en la esquina superior derecha de la página del menú Plantilla.

Al hacer clic en él, aparece la ventana que permite realizar la copia de seguridad de la plantilla en el ordenador, o bien la carga de una nueva pantalla, subiéndola desde el disco duro del ordenador.

Se ha de seleccionar el archivo correspondiente de la carpeta de la plantilla, previamente descomprimido y almacenado en el disco duro del ordenador.

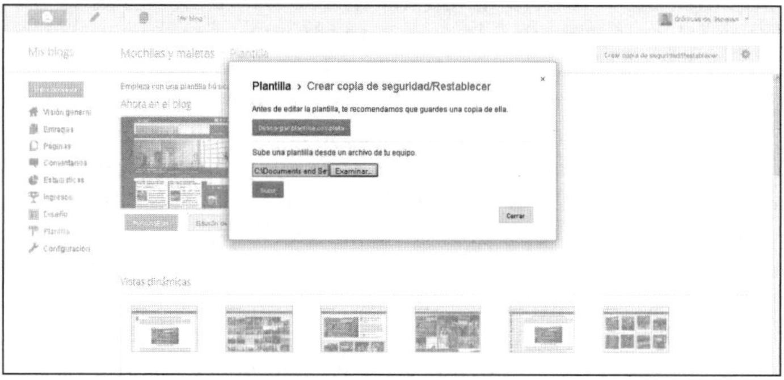

Figura 15.7. Página del menú Plantilla donde se puede subir directamente la nueva plantilla al blog.

Al subir el archivo, la plantilla se instala de manera automática, y solo hay que realizar los cambios que se deseen para darle el aspecto definitivo que se desee dar al blog.

15.2. Algunos consejos para escribir artículos de calidad

Muchas veces, se encuentran artículos en Internet, en webs u otros blogs, que pueden resultar interesantes y se quieren compartir. Lo normal en estos casos es hacerlo de manera íntegra, copiando lo que interesa y trasladándolo al blog propio, para hacerlo llegar a sus lectores, que no han de ser los mismos que los del lugar donde se ha encontrado la información.

Esto es un error. En primer lugar, se está tomando el trabajo realizado por otra persona y utilizándolo en un blog distinto.

En segundo lugar, porque el omnipresente Google detecta que existe el mismo contenido en dos blogs, y entiende que el más reciente ha sido copiado del anterior, y relega los resultados de la búsqueda de esa página con contenido ajeno hacía atrás, ocultándolos en lugares posteriores.

Esto no quiere decir que no se pueda utilizar, por ejemplo, un vídeo de Youtube o de cualquier otro servicio similar. De hecho, están ahí para ser utilizados y compartidos muchas veces.

Lo importante en este caso es crear un texto y una forma de presentarlo nueva y que no resulte ser una copia del blog de referencia. Utilizar una imagen diferente, crear un texto original y propio y situar el vídeo en cuestión en un lugar diferente del *post* puede ayudar a darle una visión distinta. Esto, ayudado por un título que no tenga los mismos términos que el *post* original, será reconocido como un artículo diferente y que no es una copia de otro, pese a tener algún elemento en común.

La originalidad es fundamental a la hora de crear un *post*. No hay que caer en la tentación de la copia, sino utilizar todas las herramientas al alcance de los editores para crear contenido que enganche y que consiga hacer volver al visitante. Esta afirmación se ha repetido en varias secciones de la guía, pero es porque es la norma de oro de la creación de contenidos, y se ha de tener siempre en cuenta.

Lo principal para escribir un artículo de calidad, es que se conozca bien el tema del que se quiere hablar. Es necesario que se trate de un tema sobre el que se pueda escribir con libertad y conocimiento.

Aún así, hay que tener en cuenta el nivel que puedan tener los lectores del blog sobre el tema a tratar y adaptar el lenguaje a él.

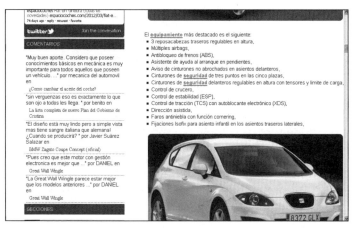

Figura 15.8. Detalle de un artículo sobre características técnicas de un coche publicado en un blog de Blogger.

No se puede escribir con palabras excesivamente técnicas si el público no es especialista. Por ejemplo, para hablar de un coche nuevo de una marca determinada, se debería incidir en los términos más conocidos por el público general en su presentación, y los términos más complejos y que pueden resultar un tanto farragosos, situarlos en un apartado diferente. De esta manera, la información general quedaría en un lugar del artículo, mientras que los detalles más técnicos estarían en otro. Un lector sin demasiados conocimientos podría leer lo que le interesa, mientras que el lector más técnico tendría también los datos que necesita para estar informado.

Además, tanto uno como otro podrían tener interés en ese apartado que no les suele interesar y la redacción debería estar pensada para invitarle a descubrir más sobre ese tema en concreto.

Si se trata de un tema muy especializado, se supone que los lectores estarán familiarizados con él, y se ha de redactar con esa idea.

Un blog de carácter personal es distinto, ya que entra en juego el propio interés del editor en lo que quiere compartir con sus lectores. De todas maneras, hay una regla que no se debe olvidar en todo lo relacionado con Internet: no se dan datos susceptibles a desconocidos. Y en cuestión de los lectores de los blogs, todos lo son.

A esta categoría pueden referirse datos bancarios, de residencia o cualquier dato personal que pudiera plantear problemas para el editor debido a su mala utilización.

Nada de esto ha de compartirse, a riesgo de convertirse en un blanco ideal para el *spam* o mensaje de publicidad no deseada o incluso alguna consecuencia más delicada y problemática.

Es posible que se quiera crear un blog con contenido para adultos. Blogger no suele ver con buenos ojos la incorporación de este tipo de material, pero tiene una opción, como se ha visto en el capítulo correspondiente, para determinar si el contenido es susceptible de herir sensibilidades.

Si se selecciona la opción **Contenidos para adultos**, que se encuentra en el submenú **Otros** del menú **Configuración**, antes de abrir el blog, al visitante se le abrirá una ventana de aviso para que sea consciente de este hecho y pueda salir sin ver el contenido.

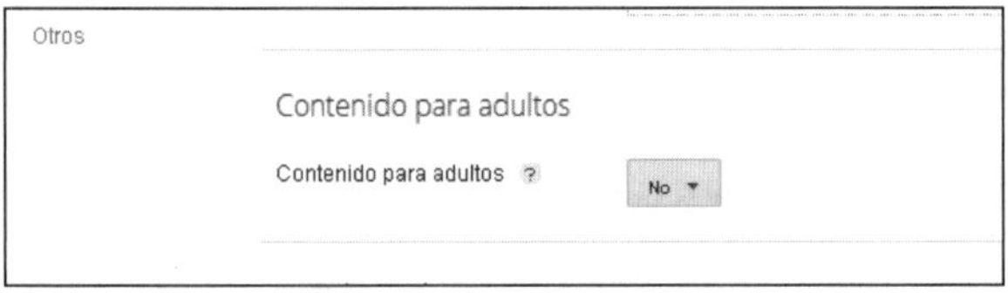

Figura 15.9. Situación de la opción Contenidos para adultos en el menú Configuración de Blogger.

Quizás no sea Blogger la herramienta más adecuada para la creación de este tipo de contenido, y se deban buscar otras alternativas antes de utilizarla para esto.

De todas maneras, si se utiliza bien esta opción, no debería existir ningún tipo de problemas para añadir el contenido.

15.3. Trabajar el SEO del blog

Es conveniente también conocer las palabras claves relacionadas con el tema del blog, de manera que los buscadores sean capaces de localizarlas y situar el blog en los lugares preferentes de sus búsquedas. Algo que, por otro lado, no es nada sencillo y que tiene como principal herramienta el tan traído y llevado SEO.

Este acrónimo oculta el término *Search Engine Optimization*, es decir los resultados de búsqueda orgánica, que son simplemente los que se sitúan en los primeros puestos de los buscadores, sobre los demás términos similares.

Para conseguir dominar el SEO existen muchas técnicas, y la mayoría pasan por trabajar la programación. Esto puede superar a los usuarios que no dominen ésta, pero Blogger es, precisamente, una herramienta que no necesita demasiado trabajo de programación, ya que es muy intuitivo y está diseñado para que sea lo más sencillo posible hacer cualquier cambio.

Se suele decir que, debido a esto, no es precisamente la más adecuada para realizar una labor de posicionamiento en los buscadores, pero se pueden hacer muchas cosas para mejorarlo.

Por ejemplo, accediendo a una de las herramientas más útiles para conocer qué se busca en Internet, Google Keyword. Con esta herramienta se puede conocer cúal es la incidencia de una determinada palabra en los buscadores y se puede hacer coincidir elementos del blog con ella.

La frecuencia de los *posts* también puede ayudar para crear una continúa llegada de visitantes. Cuantas más veces se publique, más posibilidades hay de que lleguen más lectores interesados en los temas que se tratan en el blog.

Pero esto también puede provocar problemas a medio plazo. Una cadencia muy intensa de publicaciones puede favorecer el número de visitas, pero si en algún momento se rompe ésta, los lectores pueden dejar de visitar el blog. Una vuelta de tuerca que provocaría que todo el incremento conseguido se perdiera de repente.

De todas maneras, no hay que tener miedo a tener cortos periodos sin una cadencia de subida de artículos de la manera habitual. Los periodos de vacaciones pueden hacer perder lectores, pero si se realizan en los momentos en que también estos están ausentes de los lugares comunes de Internet, como en periodos estivales o en otras fiestas, se minimizan los resultados adversos.

Una manera bastante efectiva de publicar artículos de calidad, con una periodicidad correcta y continua, podría ser dejar varios artículos programados, de manera que puedan publicarse automáticamente en los días señalados, y aunque no se esté en ese momento con el blog, se creará una seguida que permitirá a los visitantes y lectores tener su ración de información los días en los que está acostumbrados.

15.4. Redes de blogs

Muchos editores comienzan creando un espacio personal, para publicar sus inquietudes, reflexiones, etc., y después profundizan en otros temas conocidos a través de otros blogs.

También existe la posibilidad de condensar todas estas inquietudes en una misma página web, ya que gracias a las páginas y las etiquetas, en un mismo blog pueden convivir todas las temáticas que se quieran añadir.

Se puede hacer esto de manera en que aparezca todo en la página principal del blog, mostrando parte del texto y forzando que el lector tenga que hacer clic para leer de manera completa todo el *post*. El artículo completo puede estar publicado en el blog principal, el que enlaza con las distintas páginas temáticas, o en un blog aparte, al que se enlaza desde la pestaña, como si fuera un apartado del blog principal.

De esta manera, se pueden configurar las páginas enlazadas en el blog de manera distinta, ofreciendo una imagen adecuada a su temática.

Figura 15.10. Blog Crónicas desde Sepelaci con varias páginas temáticas enlazadas desde las pestañas de la barra superior.

En la figura 15.1 se puede observar un blog con varias páginas integradas en las pestañas de la barra superior, de manera que cada una de ellas enlaza con una de las páginas que conforman una red de blogs, de temática no necesariamente similar, pero que entran dentro de los intereses del editor del mismo.

Estas redes, además de poder centralizarse en un blog general, pueden hacerse servir para crear entradas centradas en otros temas que pueden no interesar a otros lectores de la bitácora.

Por ejemplo, el ejemplo es un blog personal, pero contiene enlaces a una página en la que se habla de cine de Serie B, otra que enlaza a una página con información sobre estrenos en cine y televisión, una página de reseñas de libros, otra de cómics, un *podcast* alojado en Ivoox y una que habla de viajes.

Temas muy dispares, que están separados pero a los que es fácil de acceder a través de la página principal.

Esto ayuda a crear una cohesión entre todas las páginas, que aunque son distintas entre sí, demuestran que pertenecen al mismo editor y siguen una línea editorial similar.

Realmente, estas páginas son blogs independientes, que se han centralizado en la página principal.

Estas redes de blogs pueden atraer a muchos visitantes, pero son bastante complejas de gestionar, principalmente porque necesitan nutrirse frecuentemente con muchas entradas en cada uno de ellos, algo que resulta complicado para un solo editor.

Pueden ofrecer bastantes posibilidades de monetización y conseguir unos ingresos, pero requieren mucho esfuerzo, tiempo y trabajo para conseguir situarse y ser realmente rentables.

15.5. Intercambiar enlaces

Una manera de promocionar el blog y mejorar su indexación en Google y otros buscadores es intercambiar enlaces con otros editores. El buscador trabaja buscando la relevancia de la web en cuestión, y tener enlaces en otros sitios de Internet favorece esa posición.

Hay que tener cuidado con este método, porque Google puede entender que se está haciendo trampa, que se han pedido los enlaces, e incluso que se han comprado, por lo que puede castigar al blog y lanzarlo atrás en los resultados del buscador.

La principal virtud que ha de prevalecer en la construcción de un blog y su promoción es la prudencia, el sentido común y el trabajo continuado, sin caer en el desánimo si una cosa se hace mal.

Poco a poco, se pueden solucionar todos los errores cometidos al principio.

Y sobre todo, se ha de estar informado de los cambios y adaptarse a ellos. Como en todo, una formación, aunque sea desde el ocio, es fundamental.

15.6. Crear eventos, organizar sorteos, etcétera

Una buena manera de fidelizar y crear expectación respecto a los *posts* que se publican, es dotarlos de un aliciente para que los lectores acudan a ellos.

Una buena manera podría ser la realización de un sorteo, bien de forma aislada como de forma periódica, que consiga fidelizar a esos lectores.

Es mucho más sencillo de lo que parece, ya que las redes sociales nos acercan a los creadores de productos que pueden gustar.

Un blog sobre libros puede sortear varios ejemplares, cedidos por un autor o una editorial. Un distribuidor de cosmética puede ceder productos de muestra, o un hotel puede ceder una habitación para hacer publicidad de su local.

Cualquier cosa puede servir para llamar la atención de los lectores y atraerlos hacia el blog. Este tipo de campañas, bien realizadas, puede atraer sobre la bitácora una gran cantidad de miradas, que si encuentran lo que buscan en ella, pueden volver de manera periódica en busca de más artículos de interés.

Estas apreciaciones sobre la calidad y la imagen del blog

Y por encima de todo, crear, editar y mover un blog ha de ser divertido, vibrante y emocionante.

Espero que todo lo comentado en esta guía haya sido de tu agrado, que sirva para comenzar una larga relación con los blogs de Blogger y que investigando, consigas ir un paso más allá y descubras todo lo maravilloso que se puede encontrar en esta útil, sencilla y agradecida herramienta.

Un saludín

Índice alfabético